国家社会科学基金一般项目最终成果
"民族地区义务教育财政支出绩效评价与长效机制研究"
（项目编号：09BMZ035）

民族地区
义务教育财政支出绩效评价与长效机制研究

王世忠 著

中国社会科学出版社

图书在版编目（CIP）数据

民族地区义务教育财政支出绩效评价与长效机制研究/王世忠著.—北京：中国社会科学出版社，2016.12
ISBN 978-7-5161-9272-6

Ⅰ.①民… Ⅱ.①王… Ⅲ.①民族地区—义务教育—教育财政—财政支出—研究—中国 Ⅳ.①G526.7

中国版本图书馆CIP数据核字（2016）第270862号

出 版 人	赵剑英
责任编辑	刘晓红
责任校对	周晓东
责任印制	戴 宽
出 版	中国社会科学出版社
社 址	北京鼓楼西大街甲158号
邮 编	100720
网 址	http://www.csspw.cn
发 行 部	010-84083685
门 市 部	010-84029450
经 销	新华书店及其他书店
印 刷	北京明恒达印务有限公司
装 订	廊坊市广阳区广增装订厂
版 次	2016年12月第1版
印 次	2016年12月第1次印刷
开 本	710×1000 1/16
印 张	19.5
插 页	2
字 数	313千字
定 价	72.00元

凡购买中国社会科学出版社图书，如有质量问题请与本社营销中心联系调换
电话：010-84083683
版权所有 侵权必究

前　言

本书是少数民族教育事业发展研究的系列成果之三，其中，成果之一即专著《少数民族教育发展研究》已于 2013 年由人民出版社出版；成果之二即专著《新时期少数民族基础教育政策理论与实践》于 2016 年由中国社会科学出版社出版。

本书是对民族地区实施新机制之后的义务教育财政支出绩效评价与长效机制构建的理论和实证研究。结合民族地区义务教育财政支出现状和现有研究存在的问题，对民族地区义务教育经费保障新机制实施后的效果，即民族地区义务教育财政支出绩效评价的基本指标体系分类、执行和质量控制的互动机制进行研究。这样的研究目标形成了本书的思路：在样本地区相关问题的调查分析基础上，探寻因少数民族和少数民族地区特性导致的民族地区义务教育发展特征及其与一般义务教育财政发展之间的特殊关系。

本书共十三章，分章论述，主要研究内容如下：

第一部分即第一章和第二章。第一，介绍了本书的研究背景；第二，界定了"民族地区"、"义务教育财政支出"、"绩效评价"、"长效机制"等相关概念的基本内涵；第三，采用文献分析和归纳的方法对民族地区义务教育财政支出绩效评价的相关理论进行了研究；第四，阐述了本书的研究内容、研究思路与研究方法；第五，从"公共产品理论"、"教育公平理论"、"制度理论"和"绩效评估理论"四个理论来为后面的研究提出理论依据。

第二部分即第三章。民族地区义务教育财政管理体制影响着民族地区义务教育财政绩效的提升，因此，本章对民族地区义务教育财政管理体制进行了研究。这一章以 21 世纪以来我国义务教育财政体制的变革问题展开，结合对我国黔南布依族苗族自治州的实地调查，来了解我国民族地区义务教育财政体制的现状、存在的问题，并对这些问题进行原因分析，提出完善民族地区义务教育财政管理体制政策建设的思考。

第三部分即第四章，对民族地区义务教育财政支出绩效评价进行实证研究。本章首先选取广西进行了个案的探索性研究，从"减负"、"办学条件改善"和"师资结构变化"三个角度分析了"新机制"实施后广西壮族自治区义务教育财政支出的效果，为后面指标体系的构建奠定了基础。然后，通过运用DEA数据包络分析的方法构建了绩效评价的指标体系，结合全国31个省、直辖市、自治区的面板数据，对31个省、直辖市、自治区义务教育财政支出绩效进行了综合评价。同时，本章还对8个少数民族聚居的省、自治区与非民族地区的义务教育财政支出绩效进行了横向比较。

第四部分即第五章至第十章，对提升民族地区义务教育财政支出绩效的实现机制进行了研究，该部分是本书的重点。本部分分别从价值诉求、事前管控机制、事后监督机制、动态保障机制和法治保障机制等多方面对提升民族地区义务教育财政支出的绩效进行深入探讨，提出相关政策建议。其中，第五章是民族地区义务教育均衡发展研究，第六章是民族地区义务教育财政支出预算研究，第七章是民族地区义务教育财政支出审计研究，第八章是民族地区义务教育教师绩效工资研究，第九章是民族地区义务教育布局调整研究，第十章是民族地区义务教育财政支出的法治化研究。

第五部分即第十一章至第十三章，分别介绍了我国、部分发达国家和发展中国家的义务教育财政支出特殊帮扶制度。发达国家主要介绍了美国、法国、日本和俄罗斯，发展中国家主要介绍了印度、泰国、印度尼西亚，分别从不利地区帮扶措施和不利人群帮扶措施两个方面进行了介绍，以期对我国义务教育财政支出绩效评价制度建设能够有所借鉴和启发。

该项目研究成果主要体现在四个方面：一是形成了专著《民族地区义务教育财政支出绩效评价与长效机制研究》，并由全国社科规划办组织专家鉴定后予以结项。二是形成了一系列论文，其中《人民日报》（理论版）1篇，CSSCI期刊3篇，核心期刊5篇。三是形成了湖北恩施州、贵州黔南州和广西壮族自治区义务教育财政问题的调研报告以及湖北省少数民族基础教育事业发展调研报告。四是形成了一系列硕士研究生毕业论文，感谢作者指导的研究生聂亮、刘璐、李亚楠、王靖、杨蕾、黄奇、杨楷、雷顺妮、刘颖、吴晓、童艳、毕菁等参与了本课题的具体研究，本书吸收了他们的部分研究成果，并在本书参考文献中均已作了具体说明。

本书作为专题性成果初稿完成于2013年，并于2016年通过了国家社科基金委的结项评审。王明露、杨朝林对书稿的文字进行了校对，对书稿的部分参考文献的整理、编辑做了大量工作，书中某些观点的形成也凝聚了集体的智慧。本书在撰写过程中，除了作者的研究成果外，还参考、借鉴并引用了国内外学者的有关研究成果，在此深表谢意。

本书从写作到出版得到了中国社会科学出版社刘晓红编辑的关心、帮助和支持。她为本书的文字润色、编辑成书付出了辛勤的劳动，在此深表谢意。限于作者知识水平和能力，本课题的研究还需进一步努力。书中的不当之处权当抛砖引玉。恳请各位专家同仁批评指正。

笔者于武昌南湖
2016年6月

目 录

第一章 导论 ... 1

第一节 问题的提出 ... 1
    一 研究背景 ... 1
    二 研究意义 ... 2
    三 研究目的 ... 3

第二节 文献综述 ... 4
    一 国外文献综述 ... 4
    二 国内文献综述 ... 8
    三 现有研究评价及下一步研究方向 ... 12

第三节 研究内容、思路与方法 ... 13
    一 研究内容 ... 13
    二 研究思路 ... 14
    三 研究方法 ... 14

第四节 本书的创新和不足之处 ... 16
    一 本书的创新之处 ... 16
    二 本书的不足之处 ... 16

第二章 核心概念与理论基础 ... 18

第一节 概念界定 ... 18
    一 义务教育财政支出 ... 18
    二 绩效评价 ... 20
    三 长效机制 ... 20
    四 民族地区 ... 22

第二节 相关理论阐述 ... 23

2 | 民族地区义务教育财政支出绩效评价与长效机制研究

  一 公共产品理论 ································· 23
  二 教育公平理论 ································· 24
  三 制度理论 ····································· 28
  四 绩效评估理论 ································· 29

第三章 组织保障：民族地区义务教育财政管理体制 ········· 33
 第一节 进入21世纪后我国义务教育财政体制变革 ······· 33
  一 义务教育财政管理体制基本内涵 ················· 34
  二 "以县为主"的义务教育财政管理体制 ············· 35
  三 "省级统筹、以县为主"的义务教育财政管理体制 ··· 36
 第二节 民族地区义务教育财政体制现状与问题 ··········· 38
  一 民族地区义务教育财政体制基本现状 ············· 39
  二 民族地区义务教育财政体制存在的问题 ··········· 42
 第三节 民族地区义务教育财政体制存在问题的原因与对策 ··· 45
  一 民族地区义务教育财政体制存在问题的原因分析 ····· 45
  二 完善民族地区义务教育财政体制对策与建议 ········ 47

第四章 个案探索：民族地区义务教育财政支出绩效评价分析 ······ 51
 第一节 个案探索性分析：以广西为例 ················· 51
  一 广西壮族自治区义务教育发展的基本情况 ········· 51
  二 "新机制"实施后义务教育财政支出的效果分析 ······ 52
  三 存在的问题及政策建议 ························· 59
 第二节 民族地区义务教育财政支出绩效评价 ············· 66
  一 评价指标体系构建 ····························· 66
  二 实证结果及其解释 ····························· 68
  三 研究结论 ····································· 71

第五章 均衡发展：提升民族地区义务教育财政支出绩效的
    价值诉求 ·· 73
 第一节 义务教育财政支出均衡发展概述 ··············· 73
  一 均衡发展 ····································· 73
  二 义务教育均衡发展 ····························· 74

三　义务教育财政支出均衡发展 ……………………………… 76
第二节　民族地区义务教育财政支出均衡发展的进程 ………… 77
　　一　编制民族地区义务教育阶段财政预算 …………………… 78
　　二　实行"校财局管"制度 ……………………………………… 78
　　三　实现义务教育经费网络化管理 …………………………… 79
第三节　民族地区义务教育财政支出均衡发展中的问题 ……… 80
　　一　实行"新机制"前学校负债较多 …………………………… 80
　　二　公用经费没有得到妥善使用 ……………………………… 81
　　三　建设性经费相对不足 ……………………………………… 83
　　四　城乡之间、校际之间投入不均衡 ………………………… 84
第四节　相关对策与建议 ………………………………………… 85
　　一　树立义务教育财政支出均衡发展的理念 ………………… 85
　　二　制定科学的教育财政支出均衡政策 ……………………… 86
　　三　明确各级政府的教育财政支出责任 ……………………… 86
　　四　确立规范的义务教育财政转移支付制度 ………………… 87
　　五　建立健全系统的义务教育财政监督机制 ………………… 88
　　六　加强义务教育投入法制建设 ……………………………… 89

第六章　预算管理：建构民族地区义务教育财政支出的事前决策机制 ……………………………………………………… 91

第一节　民族地区义务教育财政预算管理 ……………………… 91
　　一　民族地区义务教育财政预算的基本内涵 ………………… 91
　　二　民族地区义务教育财政预算编制的基本原则 …………… 92
　　三　民族地区义务教育财政预算现行管理体制 ……………… 93
第二节　民族地区义务教育财政预算制度执行现状调查 ……… 96
第三节　民族地区义务教育财政预算管理存在的问题 ………… 99
第四节　存在问题的原因分析 …………………………………… 101
第五节　相关对策与建议 ………………………………………… 102
　　一　完善民族地区义务教育财政预算制度的对策 …………… 103
　　二　完善民族地区义务教育财政预算制度的建议 …………… 105

第七章 财务审计：完善民族地区义务教育财政支出绩效的事后监督机制 ………………………………………… 109

第一节 民族地区义务教育财政支出的绩效审计概述 ………… 110
一 民族地区义务教育财政支出绩效审计的基本内涵 …… 110
二 义务教育财政支出的绩效审计与传统财务审计比较 ……………………………………………………… 111

第二节 民族地区义务教育财政支出的绩效审计现状 ………… 113
一 民族地区义务教育财政支出绩效审计实施的现状 …… 114
二 新机制实施后义务教育财政支出审计——黔南州的个案分析 …………………………………………………… 117

第三节 民族地区义务教育财政支出绩效审计中的问题 ……… 125
一 农村中小学"薄改工程"——以黔南州为个案 ……… 125
二 义务教育财政支出绩效审计存在的问题 ……………… 128

第四节 民族地区义务教育财政支出绩效审计中的成因 ……… 132
一 经济不发达，基层政府财力有限，教育经费缺口较大 …………………………………………………… 132
二 信息不对称问题突出，监控成本较高 ………………… 132
三 各级审计机关的行政体制有待进一步理顺 …………… 134
四 民族地区的客观条件对开展绩效审计的制约 ………… 134
五 监督管理机制不健全，缺少对资金项目的追踪监管 …………………………………………………… 135

第五节 相关对策与建议 ……………………………………… 135
一 完善民族地区的审计制度，保证审计机关的独立性 …………………………………………………… 136
二 加强预算管理全过程绩效审计 ………………………… 137
三 加快民族地区绩效审计相关法规的制定 ……………… 139
四 改进绩效审计技术，建立并完善评价体系 …………… 140
五 加大专项转移支付力度，建立专项资金监管机制 …… 141

第八章　绩效工资：解决民族地区义务教育财政支出绩效的动力保障机制 …… 144

第一节　我国义务教育教师工资制度的历史沿革 …… 144
一　由供给制过渡到工资制（1949—1955年） …… 144
二　职务和技术等级工资制度（1956—1984年） …… 145
三　结构工资制（1985—1992年） …… 146
四　岗位工资制度（1993—2009年） …… 147
五　绩效工资制度（2009年至今） …… 147

第二节　民族地区义务教育绩效工资实施的现状分析 …… 148
一　贵州黔南州绩效工资实施的基本情况 …… 148
二　贵州黔南州绩效工资实施效果的调查分析 …… 155

第三节　相关对策与建议 …… 170
一　国外发达国家教师绩效工资研究与启示 …… 170
二　相关对策和建议 …… 180

第九章　布局调整：保障民族地区义务教育财政支出绩效的动态协同机制 …… 188

第一节　民族地区义务教育布局调整概述 …… 189
一　学校布局调整 …… 189
二　少数民族地区义务教育布局调整 …… 190
三　影响民族地区中小学校布局调整的生态因素 …… 191

第二节　民族地区义务教育学校布局调整的现状 …… 196
一　中小学"寄宿制工程"——以黔南州为例 …… 196
二　广西H市、S县寄宿制学校建设的探索 …… 197
三　H市、S县对民族地区寄宿制学校研究的适切性 …… 199

第三节　民族地区中小学布局调整中的问题及其原因 …… 200
一　民族地区中小学布局调整中的问题 …… 200
二　存在问题的原因分析 …… 205

第四节　相关对策与建议 …… 206
一　科学规划民族地区学校布局 …… 206
二　确立民族地区中小学布局标准 …… 207

三　明确寄宿制学校建设的标准体系 ……………………… 208
　　四　提高民族地区义务教育教师队伍素养 ………………… 210
　　五　以人为本的权利保障 …………………………………… 211

**第十章　依法治理：恪守民族地区义务教育财政支出绩效的
　　　　　规范机制** …………………………………………… 212

第一节　民族地区义务教育财政支出的法治化概述 ………… 212
　　一　法治化的基本内涵 ……………………………………… 212
　　二　民族地区义务教育财政支出法治的基本特征 ………… 213
第二节　民族地区义务教育财政支出现状与法治化问题 …… 214
　　一　民族地区义务教育财政支出现状 ……………………… 214
　　二　民族地区义务教育财政支出法治化问题 ……………… 217
第三节　存在问题的原因分析 ………………………………… 220
　　一　民族地区义务教育财政支出法治化问题与思考 ……… 220
　　二　民族地区义务教育财政支出法治化建设的思考 ……… 223
第四节　相关对策与建议 ……………………………………… 224
　　一　增强义务教育财政支出法治化意识 …………………… 225
　　二　使用主体权责界定的法治化 …………………………… 226
　　三　明确义务教育支出管理体制 …………………………… 227
　　四　加强预算管理，制定相关政策配套措施 ……………… 228

第十一章　国情聚焦：我国义务教育财政支出的特别扶持制度 …… 233

第一节　处境不利地区与处境不利人群 ……………………… 233
　　一　处境不利地区 …………………………………………… 233
　　二　处境不利人群 …………………………………………… 234
第二节　我国义务教育财政支出的特别扶持制度 …………… 237
　　一　对处境不利地区的特别扶持 …………………………… 238
　　二　对处境不利群体的特别扶持 …………………………… 240

**第十二章　经验借鉴：发达国家义务教育财政支出的
　　　　　　特别扶持制度** ………………………………… 245

第一节　美国义务教育财政支出的特别扶持制度 …………… 245
　　一　对处境不利地区的特别扶持 …………………………… 245

二　对处境不利群体的特别扶持 …………………………… 247
第二节　法国义务教育财政支出的特别扶持制度 ………………… 251
　　一　对处境不利地区的特别扶持 …………………………… 252
　　二　对处境不利群体的特别扶持 …………………………… 255
第三节　日本义务教育财政支出的特别扶持制度 ………………… 258
　　一　对处境不利地区的特别扶持 …………………………… 258
　　二　对处境不利人群的特别扶持 …………………………… 259
第四节　俄罗斯义务教育财政支出的特别扶持制度 ……………… 261
　　一　对处境不利地区特别扶持 ……………………………… 261
　　二　对处境不利群体的特别扶持 …………………………… 262
第五节　韩国义务教育财政支出的特别扶持制度 ………………… 264
　　一　对处境不利地区的特别扶持 …………………………… 264
　　二　对处境不利群体的特别扶持 …………………………… 266

第十三章　国际比较：发展中国家义务教育财政支出的特别扶持制度 …………………………………………… 268

第一节　印度义务教育财政支出的特别扶持制度 ………………… 268
　　一　对处境不利地区的特别扶持 …………………………… 268
　　二　对处境不利群体的特别扶持 …………………………… 271
第二节　泰国义务教育财政支出的特别扶持制度 ………………… 274
　　一　对处境不利地区和人群的特别扶持 …………………… 275
　　二　对处境不利人群的特别扶持 …………………………… 277
第三节　印度尼西亚义务教育财政支出的特别扶持制度 ………… 278
　　一　对处境不利地区的特别扶持 …………………………… 278
　　二　对处境不利人群的特别扶持 …………………………… 280

参考文献 …………………………………………………………… 281

后记 ………………………………………………………………… 296

第一章 导论

2006年我国修订的《中华人民共和国义务教育法》指出："义务教育是国家统一实施的所有适龄儿童、少年必须接受的教育,是国家必须予以保障的公益性事业。"就一个国家公共教育制度而言,义务教育可谓是其最基础性,也是最重要的部分。在全世界范围内,义务教育都毫无例外地具有强制性、免费性等基本特征,因此,各国政府一般倾向于直接组织、投资和管理。众所周知,改革开放以来,我国经济持续发展、国家财力不断增强,农村义务教育投入实现快速增长,以"农村义务教育经费总投入中财政投入的占比"这一指标为例,1999年为61.8%,2004年迅速增长至80.6%。从2006年春季开学起,政府逐步将农村义务教育全面纳入公共财政的保障范围,如果不考虑教师工资增长因素,2006—2010年这五年间,中央与地方财政累计新增农村义务教育经费约2182亿元。面对如此高额的财政支出,构建财政支出绩效评价与长效机制,对经费投入的宏观政策主体行为和经费使用的微观学校主体行为、过程及其效果进行科学、公正的衡量比较和综合评判就成为亟待解决的重大课题。

第一节 问题的提出

一 研究背景

2005年12月23日,国务院常务会议上对农村教育问题进行了着重讨论,决定对农村义务教育经费保障机制进行改革。12月24日,国务院印发了《关于深化农村义务教育经费保障机制改革的通知》(国发〔2005〕43号),"新机制"政策提出。该政策规定从2006年开始,用五年时间,按照"明确各级责任、中央地方共担、加大财政投入、提高保障水平、分步组织实施"的基本原则，逐步将农村义务教育全面纳入公共财政保障范围，建立中央与地方分项目、按比例分担的农村义务教育经费保障新机制。"新机制"不仅有效减轻了农民家庭子女接受义务教育的经济负担，而且打破了多年来制约普及农村义务教育的经费"瓶颈"，成为继免除农业税之后又一个德政工程和民心工程。"新机制"在加大对农村地区的教育投入、减轻农民家庭的教育负担及提高入学率方面起到了积极的作用，并对我国义务教育经费均衡配置产生了重要影响。

当前，我国教育事业正处在全面落实《国家中长期教育改革和发展规划纲要（2010—2020）》的重要时期，纲要明确提出要贯彻落实好教育公平这个基本的教育政策，以实现社会进一步和谐稳定。这项政策正是针对我国这样一个少数民族众多、文化各异、区域资源禀赋和区域社会经济基础差异较大的发展中国家的义务教育发展不均衡而提出来的。

从义务教育经费扶持政策来看，农村义务教育经费保障新机制率先在西部地区实施，西部民族地区在经费上得到中央及地方财政的政策性倾斜。其中"两免一补"以及专项资金补助等政策的实施更是在经费上为民族地区农村义务教育提供了强有力的保障。如中央每年划拨 1.2 亿元对西藏农牧区中小学生实行包吃、包住、包学习的"三包"政策等。此外，针对 22 个人口较少的民族，2008 年中央还划拨 2499 万元专项资金用于义务教育阶段寄宿生生活费。

我国实施的一系列重大教育工程项目当中，也体现了向民族地区倾斜的政策取向。针对民族地区的"农村中小学危房改造工程"、"中小学校舍安全工程"、"寄宿制学校建设工程"、"国家贫困地区义务教育工程"、"农村中小学校现代远程教育工程"等一系列的教育工程项目，在办学条件和相关配套政策上为民族地区的义务教育的发展提供了有力的保障。

如何配置民族地区义务教育现有资源，如何进一步采取相关策略提高民族地区义务教育财政的支出绩效并形成长效机制成为教育财政管理工作的新课题。

二 研究意义

（一）实践意义

由于教育系统内部各要素之间的关系不断发生变化，政府教育管理权力出现分化和转移，政府教育管理职能也随之变化。在各级政府教育管理职能转变的背景下，构建义务教育财政支出的绩效评价和长效机制是实践教育均衡发展和提高政府管理职责的关键。由于我国少数民族众多，且长期以来少数民族分布以大杂居、小聚居为主，资源分布以及经济文化发展不平衡，因此为实现国家统一，发展平等团结、互助和谐的社会主义民族关系，我国在各少数民族聚居的地方实行区域自治，民族区域自治面积占全国国土总面积比重较大，已达到64%；实行区域自治的少数民族人口占少数民族总人口的71%左右。而目前还没有对民族地区义务教育财政支出有系统的研究，因此，如何把国家对该地区有限的义务教育财政支出合理使用并优化配置具有实践意义。

(二) 理论意义

教育是解决我国民族地区"三农"问题的关键，而要使民族地区农村教育得到均衡发展就必须优先发展民族地区义务教育。本书旨在丰富教育财政理论研究领域的内容：一方面，民族教育财政研究有其特有的研究范围和对象，研究我国少数民族教育财政在教育发展过程中的规律、特点及其内在矛盾显得尤为重要；另一方面，从现阶段的研究文献看，学界对财政支出整体框架的研究较多，对财政的投入与支出过程、支出名目的具体分析较少。其主要的研究方法是从教育经济学、民族学和社会学的角度，研究少数民族社会生产方式（主要是生产关系），多数是对现象的描述，而缺乏实证分析研究。为了弥补已有研究的不足，着重对我国民族地区义务教育财政支出绩效进行评价并对其长效机制的建立进行一个综合研究，努力探索建立一套科学、合理、完善的民族地区义务教育财政支出绩效评价内在机制，为政府制定相关政策提供科学的依据。

二 研究目的

首先，以史为鉴，通过文献梳理了解民族地区义务教育财政管理体制的历史发展脉络；正视当下，通过实地调研掌握民族地区义务教育财政支出的基本状况；开创未来，立足民族因素与区域因素相结合，展望民族地区义务教育均衡发展的愿景。

其次，建立民族地区义务教育财政支出绩效评价指标体系，对义务教育财政支出的绩效进行有效评估，探寻民族地区义务教育财政支出绩效管理中存在的问题，为后续的研究问题、解决问题奠定较为扎实的基础。

最后,从"价值诉求、事前管控机制、事后监督机制、动态保障机制和法治保障机制"等多个维度,提出构建提升民族地区义务教育财政支出绩效的长效机制的相关政策建议。明确中央及地方政府的职责,充分发挥政府财政转移支付的作用,各级政府相互配合,竭力消除地区间差异。

第二节 文献综述

义务教育作为世界推行的基础教育制度已成为公共教育制度的基石,义务教育大都由政府直接管理、投资,其支出是政府用于教育支出的重要组成部分,义务教育财政支出绩效评价是公共财政支出绩效管理的子系统。要建立民族地区义务教育财政支出的绩效评价和长效机制,就必须对我国已有的相关热点问题予以简要归纳、梳理和评析。

一 国外文献综述

由于受新公共管理思潮的推动,世界各国政府部门开始广泛关注公共支出绩效。而在着重提升教育质量的大环境之下,公共教育体制改革也越来越强调效率、责任,实现教育公共资源配置优化成为各国公共教育支出管理改革的重中之重。早期人们对教育财政的关注主要集中在教育经费分配和使用上,即经费的来源,经费使用在什么地方以及是否遵循公平、效率原则。但伴随着新公共管理运动和政府再造运动的兴起,美国公立中小学教育开始注重教育质量,尤其是学生的教育效果,并且试图将教育投入与产出联系起来。近年来,法国、澳大利亚等国政府也对公共教育支出实行不同程度的绩效管理,并取得显著成效。对世界各国的教育财政支出研究发现,公共财政支出中的主要部分是基础教育财政支出。在国外的相关文献中并没有统一的关于教育财政管理体制的标准。例如,义务教育经费的承担者在法国主要是中央政府,在德国主要由州政府负责,在美国则主要由地方政府承担。

1. 义务教育财政管理体制的研究

Stuart Landonze(1967)实证分析了不同的分权制度对地方教育支出的影响。C. V. Brown 和 P. M. Jackson(2000)指出各国不同的体制—

般按照本国的传统决定。M. Blaug（1989）在《教育经济学导论》中提到以地方政府筹资为主体的教育体制比以中央为主的教育体制更能承受压力。国外主要有四种关于义务教育财政转移支付模式，第一种是一般性转移支付；第二种是专项转移支付；第三种是一般性转移支付与专项转移支付相结合；第四种是中央政府负担教师工资。

目前，从静态角度描述义务教育财政体制的国际比较研究较多，大都是针对某一种目标模式或成熟阶段的描述。杨亚敏（2005）对中美农村义务教育财政的投资体制进行了比较分析。胡苹（2005）在其文章中集中介绍了韩国义务教育财政经费投入的经验，并对其启示进行了论述。"完善农村义务教育财政保障机制课题"（2005）重点在考察不同国家相似发展阶段政策实施的连续过程与效果的基础上，对样本国家的义务教育财政体制进行了连续、动态的深入研究。

2. 基础教育财政投入公平及分配原则

Charlse Tiebout（1962）将经济学中"看不见的手"的著名理论引用到地方财政体制构建中来，从"用脚投票"的角度出发，系统分析了各地方公共产品的有效供给问题。Micron 和 Darren（1963）首先提出了教育经费投入应遵循公平公正的原则。他们认为，政府应该对基础教育的经费投入负有直接责任，并且主张政府将教育资金直接分配给有需要的学校。Admen 和 Morris（1973）认为，各级阶层或全体人民都有权利公平地接受教育，并且提出了教育机会的社会公平原则。而 Mccann L. E. 和 Delon F. G.（1978）则基于所有国民都有责任支持教育制度和有权利接受教育制度所提供的利益等观点，提出教育财政资金分配的公平标准。他们主张较高一级的政府应该根据现实的需要，直接将资金分给较低单位的学生。[①] Admen 和 Morris（1983）提出人人享有公平接受教育的社会原则，他们认为无论是哪一个社会阶层或者是哪一个个体，均应该享有平等地接受教育的机会和权利。C. Benson（1985）提出应结合中央和地方的教育支持能力，按照基本分配制、加权人口补助金及百分比补足，以保障教育财政资金配置的公平性。

---

① 李郁郁：《公共财政体制下中国农村基础教育投入问题研究》，硕士学位论文，上海交通大学，2006年，第3页。

3. 财政支出绩效标准的研究

C. Benson[①]在《教育财政》中阐释了评判一个国家教育财政运行绩效的三个标准，即教育经费的供给是否充足、教育经费分配的效益如何和教育资源分配是否公平。H. M. Levin 在其文章中又将这三个标准加以扩展，指出合理的义务教育财政制度安排并非是完全由中央政府提供，也并非是完全由基层地方政府提供，它是介于中央政府与基层地方政府之间的一种形式，即基层地方政府与中央政府相互配合，基层地方政府负责的同时，上级政府也应提供财政补助。[②]

财政支出中用于教师工资而展开教师绩效工资的研究较为丰富，国外的研究者认为教师的绩效工资与教师的绩效管理分不开。企业中"绩效管理"的目的在于通过激发员工的工作热情和提高员工的能力和素质，以达到改善公司绩效的效果。学校绩效管理便是从企业绩效管理中引申而来，其目的在于对教师进行绩效评估以更好地提高教育质量。早在 2001 年 Bronwyn Croxson 和 Adele Atkinson（2001）就对绩效工资制度在学校的实施情况进行了实地采访。他们认为，教师绩效工资制度会对教学产生积极的影响，但在实行绩效工资时必须首先要明确目标，其次要清楚地阐述怎样的教学才是好的。Cohen（2002）认为，单纯地以上级的主观评价和学生考试分数来评估教师的绩效是不全面、不合理的。在考核教师绩效时，要课内、课外兼顾，在考虑教师课堂上的表现的同时也要考虑到教师课堂以外的表现，科学评估教师的课堂教学效果，充分考虑教师的职业发展。Murnane 和 Cohen（2002）认为，当前美国的教学中仍存在对不能考试或不参与升学考试的科目忽视激励的现象，而这一现象目前还未得到良好的修正，因此应有策略地分配时间给特殊学生以及特殊学科领域。

此外，一些研究者还通过委托—代理理论对公立学校实施绩效工资进行研究。Goldhaber 和 DeArmond 通过委托—代理理论模型来解释绩效工资制很少被学区采取的原因，发现教育的性质及教师工会化程度的改

---

① B. C. Benson, *Economics of Public Education*, Boston: Honghton Mifflin, 1978, pp. 1 – 3.
② 何流：《县级义务教育财政拨款机制研究》，硕士学位论文，西南大学，2012 年，第 2 页。

革成本是其显著因素。[①] Casson（2007）在运用委托—代理理论的基础上，构建了教师与学区之间的关系模型，并运用该模型论证了学区无法区分导致学生成绩低下的原因到底是教师失职还是学生质量不佳。认为应该实行绩效工资来规避教师道德风险行为导致美国中小学教育缺乏效率的问题。Ebberts、Hollenbeck 和 Stone（2002）通过各种研究证实，无法找到证据证明教师实行绩效工资制对提高学生的平均成绩起作用。Propper 和 Wilson（2003）认为，由于公共部门的多任务性，因此难以对其进行有效的绩效测评，而且测评指标也很难有大众统一接受的标准。如很难界定一所学校的教育目标，如果把为学生提供"好的教育"作为其评测标准，那么什么又是"好的教育"呢？在现实中教师普遍会注重学生的学习成绩而忽视学生的自身能力发展，在这种情况下不但难以全面地测评一个教师的工作绩效，反而使绩效工资成为应试教育的助推器。Han Naway 指出，教育的多任务性及多重委托人使得教育的目标本身难以界定，也使得无法精确地对教育目标进行衡量，因此，绩效工资制度很难有效。[②] Rosenholtz（1989）认为，实行绩效工资制的主要目的是促进教师提高个人的工作效率，但在这一过程中忽略了学校的团队合作文化，由于绩效工资的激励效果过分强调竞争而非合作，使得学校的整体绩效受到损害。

近年来，随着国外绩效考核方法不断发展，考核方法已经不再只是单一的评级量表法，对照法、关键事件法以及平衡计分卡方法都得到了大量运用。此外，通过 Ronald Fisher、Robert Wassmer、Thomas J. Nechyba 和 Robert P. Strauss 等经济学家的研究，发现在现实生活中很多人和家庭的迁移基于不同地方提供的基础教育服务水平与价格。

4. 义务教育阶段预算管理研究

目前，义务教育阶段教育预算管理的国际比较研究较多。陈冰（2004）以中美基础教育预算管理为切入点，对其异同进行了分析比较，并探索完善我国基础教育预算管理的途径。傅红春、王翔（2006）对纽约市公立中小学教育预算情况进行了考察，深入了解和探索了纽约

[①] 李萍、盘宇章、吕荣：《义务教育学校绩效工资改革的经济学分析——基于委托—代理理论的分析框架》，《经济理论与经济管理》2010 年第 2 期。

[②] 游佳忆：《义务教育教师绩效工资实施中激励效果研究》，硕士学位论文，西南大学，2011 年，第 23 页。

教育预算管理的背景、思路、制度以及具体做法,并着重阐述了对于我国当前教育预算管理的启示。薛海平(2011)介绍美国义务教育阶段学校预算制度,对我国义务教育阶段学校预算编制和实施工作有一定启发,认为我国建立义务教育阶段学校预算制度时应该注意实行标准预算周期,推行校本预算,探索效益导向的学校预算绩效考核模式,建立学校会计基金体系,建立全国联网的学校预算数据库管理系统等几个要点,这样才能最终促进我国义务教育阶段学校预算制度的建立和健全。

5. 寄宿制学校问题研究

长期扎根于农村学校的苏霍姆林斯基(2001)认为,农村教育的发展和农村整体文化的进步息息相关。只有农村的教育得到提高,农村的社会面貌才会有所改善。陈·巴特尔(2011)通过对加拿大原住民寄宿制学校自产生到消亡的历史发展过程进行研究分析,发现正确的管理制度对寄宿制学生的心理健康发展、我国寄宿制学校建设及文化传承具有积极的借鉴意义。

6. 义务教育财政支出特别扶持制度研究

学者就少数民族基础教育优惠政策做了国际比较研究。学者孙珂(2011)在对美国、英国和印度的基础教育阶段少数民族优惠政策进行比较后发现:首先,少数民族的成分会影响少数民族教育优惠政策理念;其次,义务教育的普及率会影响少数民族教育优惠政策向哪方面倾斜;再次,经费投入是少数民族教育优惠政策的应有之义;最后,政策监管水平影响少数民族教育优惠政策的实施效果。

二 国内文献综述

由于不同的国家的政治体制,不同的民族地区政治划分,因而国外学者对民族地区义务教育的研究与我国大有不同。本书主要目的是针对国内学者对我国民族地区的相关研究进行综述。

一直以来,针对我国义务教育财政问题的研究很多。学者王蓉(2004)在回顾过去 20 年来我国义务教育财政研究成就的基础上,对七个现有领域研究的问题进行了分析、总结,分别为教育经费在三级教育中的分配问题、教育投资的总量和比例问题、义务教育投入分配的公平性问题、义务教育投资的效益与效率问题、义务教育成本与家庭教育负担、多元化筹资体制研究以及义务教育财政体制与转移支付制度研究。《国务院关于深化农村义务教育经费保障机制改革的通知》(国发

〔2005〕43号）是我国有关义务教育的又一重大举措，此后研究大都在这一政策背景下展开，现对2006年春季西部实施农村义务教育经费保障新机制以来有关义务教育财政投入与使用研究进行综述。

1. 义务教育财政投入现状分析研究

郭忠孝（2005）以成本—收益理论为基础分析发现，基础教育具有外部收益的客观存在。外溢性的存在会导致成本与收益不对称，进而影响市场配置资源的效率的提高。一旦外溢收益没有回报，私人投资者就会较少地选择抑或放弃从事该类活动，这就会导致市场失灵和缺陷，这一规律体现在中国农村教育上就是所谓的"经济与教育的反比原理"。由此可见，只有中央及地方各级财政的支持和投入力度不断强化，才会改变目前中国农村基础教育的弱势状况，才能出现蓬勃发展的新局面。石小岑、张淑慧（2008）指出，中国义务教育财政投入存在支出总量不足；横向上非均衡涉及义务教育投入区域、城乡、各级政府之间负担不合理；农村义务教育财政投入资金管理存在资金分布不均；资金流失情况严重；资金使用效率低下等问题。造成这些现象的主要原因在于国家及各地区总体经济发展水平限制了教育投入水平，区域经济发展不平衡，对义务教育基础地位重视不足，管理主体层次过低且体制分散，转移支付制度不规范，财政拨款体制不合理以及中小学财政资金管理混乱等。曾以禹（2010）对农村义务教育投资主体、投资责任划分的论据以及如何保障农村义务教育经费来源等问题进行了深入研究分析，从理论上指出农村义务教育投资重心上移的必要性和可行性，并指出应加大转移支付力度并且规范政府间义务教育转移支付的方式。周亚梅（2013）从义务教育财政投入的政策现状来探讨义务教育财政投入的问题。从整体上看，义务教育财政投入结构不合理现象普遍存在，地区差异、城乡差异尤为突出且配置效率不高；从中小学校的校区配置和资源分配来看，在过度保护和垄断思想的诱导下，财政投入的使用效率不高；资源的有限以及使用过程中存在不公平现象严重影响中小学校的教师教学积极性，以致教育效率降低，农村教师资源的缺失现象严重；义务教育投入在使用过程中得不到应有的利用，中小学生的辍学现象、重读现象普遍存在等导致教育经费与资源的利用效率较低。

2. 农村义务教育财政投入体制研究

王善迈、袁连生（2001）和高如峰（2001）对义务教育政府投入不足的制度性根源进行了探讨，认为中央和省级政府投入不足且义务教育财政责任下放的级次过低。目前，两种完善义务教育财政体制的对策思路分别是以范先佐、高如峰和马国贤为代表的：范先佐（2002）、高如峰（2004）提出"国家办学、分类承担"的农村义务教育财政投入体制，即按照不同地区实际情况，各级政府分担不同的教育支出类型，中央财政应承担中西部欠发达地区的主要责任。马国贤（2002）认为，应按"缺口指标＋标准生均支出"法，使中央对缺口大的省份多补贴、对缺口小的省份少补贴来投入经费。李晓嘉（2008）认为，虽然国家的财政投入较之前有所增长，但仍存在投入不足和结构不合理现象。在分析不合理的农村义务教育财政投入体制深层次原因的基础上，提出了一系列政策建议，如提升财政投入主体重心，中央、省、地（市）、县四级政府按比例合理分担农村义务教育经费；由中央和省级政府承担主要经费投入责任等。陈婷婷（2012）阐述现阶段我国义务教育财政投入体制下农村义务教育中出现的一些新问题和不足，并对其原因进行分析后发现，首先，各级政府财权与事权划分不合理造成实际的投入体制重心过低；其次，高层次政府的义务教育财政转移支付方式以及额度缺乏强有力的制度与法律保障；最后，中央、省政府转移支付的教育资金的使用效率较低，使用过程不透明且缺乏有效的监督管理机制。

3. 义务教育财政投入法制研究

刘建发自 2006 年至 2009 年对我国农村义务教育财政投入立法框架、立法指导思想和原则、执法的措施等做了系列研究。黄泽越（2006）针对义务教育财政投入的监督机制进行了研究，发现教育投入缺乏基本制度保障以及有效的监督机制，使得政府不能依法保证教育投入的深层次。通过调查分析还再一次阐释了我国义务教育财政投入中存在的突出问题，因此有必要建立健全义务教育财政投入的监督机制。旭昭、苏峰（2013）对义务教育财政投入不足的法律救济问题从立法和司法两方面予以探讨并提出相应的对策和建议，他们认为：其一，要加快义务教育财政投入立法工作进程；其二，完善已有法律法规，使其具有可操作性；其三，建立义务教育财政投入公益诉讼。龚丽丹（2013）描述了我国义务教育财政转移支付法律制度的现状，分析了其中存在的问题，义务教育财政转移支付的法律法规不健全、各级政府责任承担缺乏明确合理的法定划分、义务教育财政转移支付资金的分配和支付标准缺乏法律规范、义务教育财政转移支付缺乏法律有效的监督。在借鉴日本、美国、法国和德国义务教育财政转移支付制度的经验基础上，提出了相应的对策，完善义务教育财政转移支付法律体系、明确各级政府义务教育财政转移支付的职责分担、完善义务教育财政转移支付资金的分配和测算管理、加强义务教育财政转移支付法律监督。

4. 少数民族地区义务教育经费投入问题研究

秦浩、金东海（2011）在对甘肃、新疆、宁夏6个民族县进行调研的基础上，从县域和学校层面探索了近年来我国西北民族地区农村义务教育经费投入状况。针对区域教育经费筹资渠道单一、投入差异大、公用经费比例低、贫困生资助力度不够等问题提出了应拓宽融资渠道，扩大义务教育经费来源；促进教育均衡，加大薄弱地区经费投入力度；构建实现机制，提高公用经费补助标准；完善资助制度，加大对少数民族贫困生的资助力度等一系列改善义务教育经费投入不足的政策建议。张学敏、贺能坤（2005）对云南省边境民族地区义务教育经费投入状况进行研究发现，边境民族地区大部分为贫困地区，因此其义务教育经费投入问题存在自身的特殊性，主要存在边境民族地区教育经费投入严重不足；民族教育专款种类虽多但数量偏小；民族"三免"政策设计欠合理等问题，针对存在的问题应建立以中央财政为主、适当实施"义务教育券"拨款的方式；完善多渠道筹措教育经费的义务教育经费投入体制以及超常规保障、促进边境民族地区义务教育的发展。

5. 我国义务教育财政支出的现状调查

曾满超、丁延庆（2003）在对我国义务教育财政1997—1999年的数据分析后得出：（1）城乡之间、发达地区与非发达地区间存在生均支出差异较大；（2）支出分布两极分化较大；（3）贫困、农村地区学校财务收入匮乏、非人员性投入不足；（4）杂费对义务教育投入的重要性增强致使贫困家庭教育负担加重；（5）省内不平等现象普遍存在且省间不平等现象有所加大。政府间财政转移支付可以成为解决这些问题的重要手段。钟智（2004）分析了税费改革对农村义务教育财政的影响。促进作用在于：教师工资的保障进一步加强，降低了辍学率，有利于教育的均衡发展。阻碍作用在于：学校运转难以维持，难以完成危房改造工程，以及现有债务偿还困难。

司晓宏、王华（2006）通过对1988—2001年中国教育经费统计数据进行统计描述，认为我国义务教育发展不平衡主要是：其一，各区域内的发展不平衡；其二，同一地区不同学校间发展不平衡；其三，东、中、西部区域发展不平衡。其中，中西部与东部之间发展的不平衡对我国教育公平实现和教育事业整体均衡发展的危害性最大。我国区域间义务教育发展不平衡的症结主要表现为教育质量的差异。

王文宏（2007）指出我国"以县为主"的义务教育经费投入体制存在弊端。第一，薄弱的县级财政难以承担巨额的农村义务教育经费财政支出；第二，县级义务教育财政支出负担重，缺口大，负债面大；第三，县级财政与县级财政义务教育支出呈负相关。郭灵康（2012）对我国政府间义务教育支出责任划分的结果进行了分析，并针对其中存在的问题提出了合理划分我国政府间义务教育支出责任的具体建议。首先，政府间义务教育支出责任划分较为明确，但仍存在相关规定的法律层级过低、县级政府的支出责任与财力不匹配、中央和省级政府的支出责任规定不规范等问题。其次，提出了受益原则和效率原则相结合、财力与支出责任相匹配等基本原则，并在此基础上提出了合理划分我国政府间义务教育支出责任的总体方案和具体建议，明确了各级政府的义务教育支出责任，并给出了相关的配套措施建议。

三　现有研究评价及下一步研究方向

从本章的文献综述可以发现，到目前为止有关义务教育财政投入现状、体制与财政支出实证调查、转移支付的制度设计研究已经很多，但从研究的对象来看，对少数民族地区义务教育财政投入和支出的研究较少，针对民族地区教育财政转移支付的运作、实施的过程的研究，以及转移支付的效果的研究仍然不多。从文献研究也可以看出，大多数学者都意识到我国因自然、经济社会因素的影响，造成的全国教育发展不均衡的现状，决定了要想扶持薄弱地区基础教育有成效，必然首先是体现在缓解或消除义务教育的资源配置高度不均衡状况、提高教育质量、改善教育公平的问题上。以上研究发现也为本书提供了方向。在接下来的研究中，我们通过个案研究描述和分析民族地区义务教育财政投入与使用的现状，以及取得的实际效果。对财政支出效果、绩效评价与长效机制的研究，将分别用对义务教育财政支出的效果的实地调查和全国教育财政基层统计报表数据的分析来进行。

第三节 研究内容、思路与方法

一 研究内容

本书是对民族地区实施新机制之后的义务教育财政支出绩效评价和长效机制构建的理论和实证研究。结合民族地区义务教育经费实施现状和现有研究存在的问题，对民族地区义务教育新机制实施后的效果，即民族地区义务教育财政支出绩效评价的基本指标体系分类、执行和质量控制的互动机制进行研究。这样的研究目标形成了本书的思路：在样本地区相关问题的调查分析基础上，寻找因民族特性导致的民族地区义务教育发展特征及其与一般义务教育财政发展之间的特殊关系，分章论述，分为以下五个部分：

第一部分即第一章和第二章。第一，介绍了本书的研究背景；第二，界定了"民族地区"、"义务教育财政支出"、"绩效评价"、"长效机制"等相关概念；第三，采用文献分析和归纳的方法对民族地区义务教育财政支出绩效评价的相关理论进行了归纳，阐述了本书的研究内容、研究思路与研究方法；第四，从"公共产品理论"、"教育公平理论"、"制度理论"和"绩效评估理论"四个理论来为后面的研究找出理论依据。

第二部分即第三章。民族地区义务教育财政管理体制影响着民族地区义务教育财政支出绩效的提升，因此，本章对民族地区义务教育财政管理体制进行了研究。这一章以21世纪以来我国义务教育财政体制的变革问题展开，结合对我国黔南布依族苗族自治州的实地调查，阐明了我国民族地区义务教育财政体制的现状、存在的问题，以及对这些问题进行原因分析，提出了完善民族地区义务教育财政管理体制政策性的思考。

第三部分即第四章，对民族地区义务教育财政支出绩效评价进行实证研究。本章首先选取广西进行了个案的探索性研究，从"减负"、"办学条件改善"和"师资结构变化"三个角度分析了"新机制"实施后广西壮族自治区义务教育财政支出的效果，为后面指标体系的构建奠定了基础。然后，通过运用DEA数据包络分析的方法构建了绩效评价的指标体系，结合全国31个省、直辖市、自治区的面板数据，对31个省、直辖市、自治区义务教育财政支出绩效进行了综合评价。同时，本章还对 8 个少数民族聚居的省、自治区与非民族地区的义务教育财政支出绩效进行了横向比较。

第四部分即第五章至第十章，对提升民族地区义务教育财政支出绩效的长效机制进行了研究，该部分是本书的重点。本部分分别从价值诉求、事前管控机制、事后监督机制、动态保障机制和依法治理机制等多方面对提升民族地区义务教育财政支出的绩效进行深入探讨，提出相关政策建议。其中，第五章是民族地区义务教育均衡发展研究，第六章是民族地区义务教育财政支出预算研究，第七章是民族地区义务教育财政支出审计研究，第八章是民族地区义务教育教师绩效工资研究，第九章是民族地区义务教育布局调整研究，第十章是民族地区义务教育财政支出的法治化研究。

第五部分即第十一章至第十三章，分别介绍了我国、部分发达国家和发展中国家的义务教育财政支出特殊帮扶制度。发达国家主要介绍了美国、法国、日本和俄罗斯，发展中国家主要介绍了印度、泰国、印度尼西亚，分别从不利地区帮扶措施和不利人群帮扶措施两个方面进行了阐述，以期对我国义务教育财政支出绩效评价的制度建设有所借鉴和启示。

二 研究思路

本书研究路径如图 1 - 1 所示。

三 研究方法

基于上述思路，本书主要采用以下研究方法：

（一）文献分析法

文献分析法主要是搜集、鉴别、整理文献，并通过对文献的研究，形成对事实科学认识的方法。本书在对现有国内外相关文献进行系统梳理的基础上，结合我国民族地区义务教育财政支出绩效评价与长效机制运行现状，提出研究理论设想。

（二）调查法

调查法是一种较为常见的研究方法，是在科学的方法理论与教育理论的指导下，科学合理地编制调查问卷或进行田野调查，以此来直接或间接地收集研究材料的一种调查方法。本书通过发放问卷与实地田野调查，获得了大量资料，并对收获的数据进行分析处理，以深入了解民族地区义务教育财政支出绩效评价与长效机制的运行现状及存在的问题。

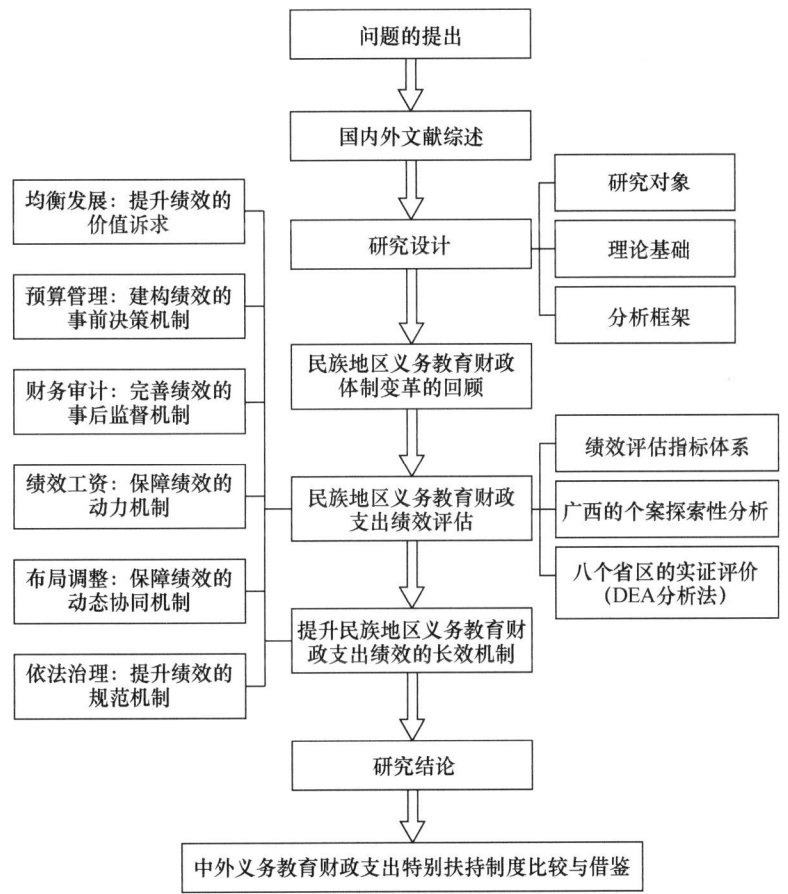

图1-1 本书研究路径

(三) 计量分析法

计量分析法是对研究对象的数量特征、数量变化和数量关系的分析。本书在使用计量分析法时，尤为注重"横向比较法"与"纵向比较法"的结合，在事实判断基础上进行价值判断。

(四) 个案分析法

本书以我国中南和西南少数民族聚居的广西、湖北、湖南、云南、贵州、重庆的部分县市为取样范围，抓住重点进行个案研究。在分析具体某一民族地区地方各级义务教育财政支出的运行结构、运行要素、运行特征等基础上，对该区域义务教育财政支出绩效评价运行机制进行深入研究。

（五）比较研究法

本书介绍了我国、发达国家和发展中国家的义务教育财政支出特殊帮扶制度。发达国家主要介绍了美国、法国、日本和俄罗斯，发展中国家主要介绍了印度、泰国、印度尼西亚，分别从处境不利地区帮扶措施和处境不利群体帮扶措施两个方面进行了介绍，以期对我国义务教育财政支出绩效评价的制度建设提供一定的借鉴和启示。

第四节 本书的创新和不足之处

一 本书的创新之处

本书主要是要建立一套民族地区义务教育支出的评价体系，本书的主要创新之处有二：一是基于"3E"原则和绩效评估理论构建了一套民族地区义务教育财政支出绩效评价指标体系，并对民族地区义务教育财政支出绩效的现状进行了实证研究与评价；二是从"价值诉求、事前管控机制、事后监督机制、动态保障机制和法治保障机制"等多个维度，对如何构建提升民族地区义务教育财政支出绩效的长效机制进行了较为系统深入的探讨，对理论探索有一定参考价值，对实践工作具有一定的指导作用。

二 本书的不足之处

首先，本书对于我国民族地区义务教育财政支出绩效评价指标体系的实证分析在数据的完整性上有所欠缺，原计划应该从省际差异、县际差异和校际差异三个层面的数据进行对比分析，由于数据资料获取困难，本书仅从省际差异和校际差异两个层面的数据进行对比分析，而缺乏完善的县际差异的数据分析。

其次，因为本课题的研究时间跨度长达 7 年，大部分调查数据和资料来源于 2009 年至 2012 年间，因此书中一些观点也是当时的归纳和概括。本课题的研究答案实际上是一定时期我国民族地区义务教育财政支出政策时效性的直接反映。近几年，我国民族地区义务教育在区域之间、城乡之间、校际之间发生了巨大的变化，但"均衡"与"发展"、"效率"与"公平"，这些矛盾冲突在进一步推进义务教育均衡发展的过程中会不断出现新问题，这需要我们因地制宜、因时制宜，在改革中不断进行新的探索。

最后，本书中对于我国民族地区义务教育财政支出绩效评价问题的研究，仅仅是"冰山一角"，也权当"抛砖引玉"，无论是研究的广度还是研究的深度都有待于在今后的研究工作中加以努力学习和进一步完善。

第二章 核心概念与理论基础

本章是对有关义务教育财政支出的理论依据的阐述和已有研究的归纳，为分析民族地区义务教育财政支出的现状、问题和提出对策的基础研究。本章从民族地区义务教育财政支出研究的相关核心概念的界定入手，并四个方面来探讨其理论渊源，即公共产品理论、教育公平理论、制度理论和绩效评估理论。这四个理论从不同角度解释、论证本书的事实与价值。

第一节 核心概念界定

一 义务教育财政支出

（一）义务教育

"义务"一词在词典中的解释是指政治上、法律上、道义上应尽的责任，是指在道德或伦理的一般强制下应尽责任。义务教育，是根据宪法规定，适龄儿童和青少年都必须接受，国家、社会、家庭必须予以保证的国民教育。其中，义务的内涵是：父母与家庭有使学龄儿童就学的义务；国家有设校兴学以使国民享受教育的义务；以及全社会有排除阻碍学龄儿童身心健全发展的种种不良影响的义务。在我国，义务教育主要是指宪法和法律规定的，适龄儿童和青少年都必须接受的，具有强制性、免费性、普及性特点的，国家、社会、家庭必须予以保证的，年限为九年的国民教育。

政府作为国家权力机关的执行机关，是国家公共行政权力的象征、承载体和实际行为体。因此，政府是实现教育公正的关键因素，只有政府确立公正的责任意识，制定公正的教育制度，平衡公共教育资源，重视教育资源的再分配，保护弱势群体的利益，才能真正实现教育公正。

而且针对不同层次、不同性质的教育，政府必须掌握好调节力度，使其基本职能在弹性范围内得到最大限度的发挥。作为公共产品的义务教育，其具有非排他性、非竞争性等公共性特征，决定了其提供者必须是政府。《义务教育法》第 4 条规定：国家、社会、学校和家庭依法保障适龄儿童、少年接受义务教育的权利。国家、社会、学校这三个不同维度的义务也各不相同，父母与家庭有使学龄儿童就学的义务；学校有向学生提供一定年限教育的义务；国家有设校兴学以使适龄儿童接受法律规定年限教育的义务。因此，政府是义务教育的主要"负责人"，有责任也有义务提供义务教育所需的财政资金。

（二）财政支出

财政支出（Public Finance Expenditure）通常指国家为实现其各项职能，将国家集中的财政资金向有关部门和方面进行支付的活动，亦称"预算支出"。它是在市场经济条件下，政府为提供公共产品和服务，满足社会共同需要而进行的财政资金的支付；它是国家将筹集上来的财政收入进行分配和使用的过程，是整个财政资源分配活动的第二阶段。政府职能随着现代社会技术的进步、生产的社会化以及经济的快速稳定增长，财政支出范围拓展到更多地集中于满足社会公共需要的支出领域。政府计划的安排、供应、使用、管理公共资源的过程是财政资金的规模、结构、流向和用途的反映。由此看来，政府职能的履行及政策的选择集中体现在其公共财政支出上。

（三）义务教育财政支出

义务教育财政支出属于公共财政支出的范畴，有着公共财政支出的一般特性，即公共性，是政府利用公共权力配置教育财政资源的制度安排。义务教育财政支出是国家用于教育的财政教育资金专门在义务教育上的支出，该专项支出的主要任务是提供义务教育公共产品、保障义务教育发展需要。从财政收入的角度看，在教育财政实践中，义务教育财政是具有相对独立的财政收入的制度安排，以保证义务教育财政投入的稳定性。从财政支出的角度看，义务教育财政支出是以公共财政体制为基础，配置教育财政资源以最大限度满足教育公共性实现的制度安排。本书主要对作为财政支出宏观主体的少数民族聚居的自治地方的政府和作为经费使用微观主体的学校在义务教育财政支出中财政资金筹集、分配、使用、管理的绩效进行研究。目的在于提高义务教育资金使用效率，提高财政资金使用绩效。

二 绩效评价

绩效被视为政府在公共支出领域中的"责任度量工具"，绩效管理是建立有效公共责任机制的基础。本书所指的"绩效评价"是指依照预先确定的标准和绩效的内在原则，运用科学、规范的评价方法，对经费投入的宏观的政府主体行为和经费使用的微观的学校主体行为、过程及其效果进行科学、公正的衡量比较和综合评判。也就是说，能否达到"低成本，高效率"的理想效果。

民族地区的义务教育财政支出绩效有其特殊内涵，具体特点如下：第一，民族地区义务教育财政支出绩效评价主体的确立是由谁执行义务教育财政支出绩效审计的问题。在政府公共服务并未透明化的情况下，公共支出的许多项目一旦涉及国家机密信息，便会造成不可预计的后果，所以以往有关财政支出事项的审查工作主要由政府的审计部门负责，因此民族地区义务教育财政支出绩效评价也主要由政府审计机关及其审计人员负责执行。第二，民族地区财政教育支出中用于义务教育的经费是义务教育财政支出绩效评价的主要对象。新机制实施后，义务教育经费主要包括义务教育公用经费、校舍维修改造资金、教师工资、公用经费补助金、"两免一补"免费教科书、免杂费补助金等财政项目资金。第三，根据绩效的三要素，民族地区义务教育绩效的内容也可以概括为效率性、效果性以及经济性。所谓效率性主要是审查民族地区义务教育财政资金投入与产出之间的关系，判断支出的项目是否经济有效，进而查明低效率原因。所谓效果性是对义务教育产出是否达到了预期的效果进行审计，"是否获得了理想的效益，评价产出的教育成果质量是否合格，义务教育成果是否符合预期要求，利用资源的具体方式和手段是否有效，是否实现了预期的经济效益和社会效益"。[①] 关注焦点在于是否实现了目标。而经济性主要是指对民族地区义务教育财政资金的使用和耗费是否节约、合理进行评价，考察具体哪些环节出现了浪费资源或资源配置不经济的现象。

三 长效机制

"机制"一词最早源于希腊文，解释为机体的构造、功能及其相互

[①] 王晓锦：《中国政府绩效审计研究》，硕士学位论文，暨南大学，2006年，第15—16页。

关系。后在社会学中引申为事物之间较为稳定的相互联系与相互作用。由于机制构成主体之间的相互联系与相互作用，使其既具有静态关系结构，又具有动态表现形式，在动静结合的情况下，机制构成主体间的相互联系与相互作用产生较强的稳定性和规律性，并具有了相应的功能作用。机制的建立依托于体制。这里所谓的体制，主要指的是组织职能和岗位责权的调整与配置。机制必须依托体制来形成和运行，体制必须有机制作为运作载体。没有体制依托的机制就会失去赖以存在的基础；体制需要通过机制运作来具体落实，实现自身的作用和价值，体制一旦转变，机制就要随之做出调整。因此，机制与体制之间存在一种明显的互为依存关系。

目前，我国义务教育财政管理体制是通过一定的方式调节政府间将财力分配给义务教育的发展并对其进行管理的基本制度安排。具体而言，义务教育财政管理体制是国民经济管理体制的重要组成部分，是各级国家权力机关划分财政收支范围以及财政管理职责与权限的一项根本制度。目前，我国现行的管理体制正急需一种科学、合理、高效的机制，以便发挥体制作用的载体和运作形态，以及实现体制的作用和价值的具体落实。

长效机制的确立具有重大的现实意义。首先，义务教育财政管理体制是国家财政体制的重要组成部分；它是对投向义务教育的财政资金进行管理的制度安排。其次，民族地区经济社会发展相对缓慢，特有的民族文化氛围、思维方式以及行为习惯对民族地区开展义务教育工作造成一定的困难。因此，国家针对民族地区尤其是中西部偏远民族地区制定了差异化的财政管理机制，投入了更多的财政资源，提供了更多的优惠政策，目的在于希望加快民族地区尤其是中西部偏远民族地区的教育发展，缩小中西部地区与东部地区之间的教育差距，减少同一区域内不同地区的教育落差，以教育助推经济，实现民族地区经济社会更好更快地发展。在这样的体制框架下，就需要形成针对民族地区自然地理条件限制、经济发展基础薄弱、市场开发条件差、自身发展能力脆弱等现状的长效机制，形成短期、中长期、长期的发展战略与部署。因此，为了保证政府宏观主体的拨款行为科学、有效，保证学校经费使用高效、合理，保证义务教育财政运行有法律依据，应尽快将义务教育财政投入、教育财政管理和办学经费的收支纳入到法治的轨道，完善相关制度建设，实现民族地区义务教育财政投入与使用的法治化和规范化，最终促进民族地区经济社会更好更快发展。

四　民族地区

多民族国家中除主体民族以外的民族通常被称为"少数民族"。新中国成立后，中央政府识别并确认了蒙古族、藏族、回族、维吾尔族、彝族、满族等人口相对较少的 55 个民族为少数民族。

少数民族地区从自然地理概念上来看，是指以少数民族为主聚集生活的地区，从法学的概念上来看，少数民族地区是指我国实行少数民族区域自治的地方。① 对于前者，有学者认为，在"一个地区里头，有相当数量是汉族以外的民族居住在那里，可以叫作少数民族地区"。② 即广义的民族地区，泛指有少数民族聚居的区域。对于后者，按《中华人民共和国民族区域自治法》第 12 条的规定，少数民族聚居的地方，按照当地民族关系、经济发展等条件，并参酌历史情况，可以建立以一个或者几个少数民族聚居区为基础的自治地方，即狭义的民族地区，特指实行民族区域自治的地方，我国现有内蒙古自治区、新疆维吾尔自治区、广西壮族自治区、宁夏回族自治区、西藏自治区五个民族自治区。③ 据统计，截至 2008 年年底，我国已建立 155 个民族自治地方，其中主要包括自治区 5 个、自治州 30 个、自治县（旗）120 个。除此之外，我国还建立了民族乡 1100 多个，作为民族区域自治制度的补充。④ 出于研究的可行性和课题的实际需要等方面的考虑，本书是以《中华人民共和国民族区域自治法》中对民族自治地方的定义与自然概念结合，以确定本书的研究范围，即民族地区是少数民族聚居的自治地方。本书选取贵州省黔南布依族苗族自治州、湖北省恩施土家族苗族自治州、广西壮族自治区、云南省曲靖市富源县和重庆的部分市、县、区进行相应的调查和研究。

---

① 王玉玲：《少数民族地区基本经济结构问题研究》，中央民族大学出版社 2006 年版，第 59 页。
② 于光远：《中国少数民族经济和少数民族地区经济》，载中国少数民族经济研究会《民族经济学》（第 1 集），宁夏人民出版社 1983 年版，第 112 页。
③ 中华人民共和国国务院新闻办公室：《中国的民族政策与各民族共同繁荣发展白皮书》，http://www.mzb.com.cn/html/report/105836-1.htm，2009 年 9 月 27 日。
④ 同上。

第二节 相关理论阐述

一 公共产品理论

公共产品（Public good）是私人产品的对称，亦称"公共财货"、"公共物品"。不同的译法对公共产品的理解也有所不同。一般将"公共产品"理解为具有消费或使用上的非竞争性和受益上的非排他性的产品。广义上指能为绝大多数人共同消费或享用的产品或服务。如国防、义务教育、公共福利事业等主要由政府或社会团体提供的产品。

最早提出"公共产品"一词的是瑞典经济学家 Lindahl（1919），真正明确区分开公共产品与私人产品的概念并给出清晰的公共产品定义的则是 Paul Samuelson（1954）。Paul Samuelson 将其定义为：公共产品是指每个人对这种产品的消费都不会导致其他人对该产品消费的减少。公共产品是指"不论个人是否愿意购买，都能使整个社会每一成员获益"。私人物品是指"如果一种物品能够加以分割，因而每一部分能够分别按照竞争价格卖给不同的人，而且对其他人没有产生外部效果"。[①]该定义从消费占有及个人角度对公共产品进行了界定。其中包含两个公共产品的基本特征，即消费上的非竞争性和非排他性。所谓非竞争性是指任何人对某一产品的消费，并不会影响其他人对该产品的消费；任何人从某一产品中受益，并不会影响其他人从该产品中受益，所有的受益对象间不存在任何的利益冲突。如国防保护了所有公民，其费用以及每一公民从中获得的好处不会因人口增加或减少而发生变化。所谓非排他性是指某一产品在消费过程中所产生的利益不为某个体或群体专属所有，将某个个体或群体排斥在消费过程之外，让他们无法享受该产品的利益是不可能的。因此，凡是同时具有非竞争性和非排他性的产品被称为纯公共产品；只具有其中一个特征的，但又具有外部性的产品，则被称为准公共产品；而任何一个特征都不具备的，则为私人产品。就公共产品而言，非排他性说明了即使消费者不付钱购买，也可以从其他人的购买

---

① Samuelson Paul, "The Pure Theory of Public Expenditure", *Review of Economics and Statistics*, 1954, 36 (11): 388 – 389.

中获得该产品的消费,也就是所谓的"搭便车"现象,最终结果是所有人都不会主动购买而等待其他人购买;若某一物品存在正外部效应,也就是说私人收益会小于社会收益,若由市场来配置资源,会使成本与收益不对称、供给不足从而导致市场失灵。由此可知,市场不宜提供公共产品而应由政府向公众提供,其成本补偿是消费公共产品的公众的税收。

James McGill Buchanan 在 Paul Samuelson 对公共产品的定义上发展出公共选择理论,正是由于这一理论推动着公共产品理论走向了成熟。众所周知,公共产品具有非排他性及非竞争性。换言之,就是任何人都能够得到的产品及服务,在把人视为"经济人"的情况下,为了稳定、有效、持续地提供公共产品,建立良好的公共产品评价激励机制就显得尤为重要。从体制上来看,我国义务教育是一种强制性的管理制度,在政府的干预管理的条件下义务教育具有了非排他性、非竞争性的特征,走入了"纯公共产品"范畴。然而,政府作为义务教育这一公共产品的唯一持续提供者,为了保障其最大限度地发挥正外部效应,政府应该强调效率评估与激励机制,建立有效的公共产品评价激励体制。

据相关学者[①]研究,义务教育从其性质来说,属于纯公共产品,尤其是农村义务教育,更应该作为纯公共产品来对待。因此,义务教育提供与否及质量好坏,从根本上取决于政府财政投入的多少。

从国际基础教育发展历程比较的角度看,目前,在全世界范围内,宣布实行法定义务教育的170多个国家中,有160多个国家规定免交杂费;40—50个国家规定免交书本费;还有的国家免交医疗费、午餐费、校车费、校服费等。不仅发达国家实行免费义务教育,一些发展中国家如印度、墨西哥、越南、古巴、朝鲜等也已实行免费义务教育。

我国民族地区义务教育之所以会产生这样那样的问题,最根本的一点就是资源配置不均衡、财政投入相对不足。最突出的问题和困难就是人民群众对于优质教育的强烈需求和优质教育资源供给不足之间的矛盾,这构成了当前和今后一段时期我国民族地区义务教育均衡发展面临的基本矛盾。

二 教育公平理论

长久以来对于公平一直不存在科学的概念,所有的定义都是模糊

---

① 陈昕:《我国财政分权与义务教育城乡均衡的关系研究》,经济科学出版社2014年版,第39页。

的，但在法律上，公平是法所追求的基本价值之一。它是人类追求的一大目标，它集中体现了人类社会实践活动的价值取向，因而在社会存在着什么是公平的问题。在政治领域，公平指的是一种社会政治制度及政府主张，体现为公正合理地配置权利与义务，保持稳定正常的社会秩序；在经济领域，公平指的是一种分配原则，决定着什么样的主体应享有什么样的经济利益。严格地说，效率是一个经济学概念，关注的要点是投入产出、投资回报；但效率的概念却经常与"效益"混淆，效益是一种广义的社会效率，其核心问题是"资源是否有效使用和有效配置"。公平则关注的核心是社会正义和社会资源"合理的配置"。经济效率、经济增长本身不是目的，发展经济是为了改善人民生活，增进社会福祉，包括增进社会公平。因而，公平是社会发展具有基础性和终极性的目标，而效率和经济增长则是一种工作性的、工具性的目标。对公平和效率的追求成为现代社会发展的两个基本动力，在大多数情况下，两者并不存在此消彼长的简单关系，而是可以相互促进的。[①] 在现代社会的治理中，公平与经济发展在两个不同轨道运行，政府与市场也是各自分工明确，"市场管效率，政府管公平"。教育公平的理念是自由、平等权利在教育领域的延伸，是国家对教育资源进行配置时所依据的合理性的规范或原则。这里所谓的"合理"主要是指要符合社会整体的发展和稳定，要符合社会成员个体发展和需要。平等接受教育的权利作为基本人权，成为现代社会普适的基础价值。因此，国家资助政策主要是通过国家财政的二次分配来帮助弱势群体，促进和维护现代社会公平，也是教育财政政策制定与制度设计的基本出发点之一。

目前，我国社会生活和教育领域的焦点就是教育公平与效率问题。自20世纪90年代以来，教育理论界就对教育公平与效率问题进行了深入研究和探讨，并形成了几种极具代表性的观点。第一种观点认为教育公平与效率之间具有对立或相斥性，认为教育公平与效率存在与生俱来的矛盾，在教育发展过程中只能有所侧重，无法平衡，因此存在着抉择和取舍的问题；第二种观点认为从本质上来看教育公平与教育效率是统一的，教育中公平即效率；第三种观点则是将前两种观点融合，在强调

[①] 杨东平：《中国教育公平的理想与现实》，北京大学出版社2006年版，第103—104页。

二者内在差异性和统一性的基础上又强调统一的过程性和历史性，认为教育的发展应当"效率优先、兼顾公平"。第三种观点受到了广泛的认同。不难发现，众多学者从不同角度对教育公平与效率的关系作了一定探索，但对于教育公平与教育效率关系的认识依然过于简单。由于公平与效率问题是教育能否健康发展的决定性因素，它关系到社会的发展和稳定，是教育决策和发展的重要议题，因此二者的关系应慎重思考，仔细揣度。

关于教育公平的界定。Coleman（1966）认为，完全的教育机会均等是永远不可能实现的，因为实现完全的教育机会均等的条件是消除所有校外的差异，而校外的差异无法消除。客观地说，阶层差异总是存在的，但其存在并非是危害性的，也并不可怕。核心问题是阶层之间能否公平合理地流动。目前，我国促进阶层流动的核心动力是教育，当然也包括就业、收入分配等其他促进流动的方法，然而就业以及收入分配又与教育有着密不可分的关系。因此，跨越阶层障碍的先决条件就是要保证教育公平。

在相对公平的探讨上，一部分学者认为教育公平主要包括教育机会公平和教育权利公平；而另一部分学者认为应该从动态过程中对教育公平进行探讨，即教育公平包括教育起点公平、教育过程公平和教育结果公平。在进行关于教育公平的讨论时，董云川等（2008）[1]认为，首先要区分是规范的范畴还是实证的范畴。公平不仅是指在个人或人群中资源的分布或分担，而且与公正相联系。因此确定是否公平必须以事实为基础，考察资源分布情况，从规范的角度来判断社会资源应如何分配，但由于每个社会存在不同的道德和哲学规范，因此判断标准也不尽相同。即使基于事实的公平分析也要包括这样的判断，即资源在人群中的分布是怎样的，就是说，首先要先将人群分组，再分析资源是怎样分布的。分类的基础是根据年龄、性别、社会阶层、收入水平、职业或其他相关的变量。

教育公平是一个历久弥新的话题，它自古就被思想家们所重视。从柏拉图的《理想国》到罗尔斯的《公平论》，从孔子的"有教无类"到

---

[1] 董云川、张建新：《高等教育机会与社会阶层：一项基于多民族边疆省份高校的实证研究》，科学出版社2008年版，第145—146页。

陈胜、吴广的"王侯将相宁有种乎",这些集中体现了人们对于教育公平的追求与研究。就如同公平与效率问题成为哲学、经济学、社会学、管理学、伦理学等学科的共同话题一样,教育公平也成为诸多学科的研究对象之一。有关公平的内涵和外延问题,有学者将我国已有的十几种关于公平的定义进行归纳,发现基本上可以划分成几种不同观点:第一种观点认为公平是收入分配规则的公正平等,即每个人的收入与投入的比例系数是否相等;第二种观点认为公平是指社会公平,即社会成员的收入和待遇的合理性;第三种观点认为公平是制度的公正、公平,换言之,公平是制度或规则在制约对象上是否权利与义务对等,制度本身的配置是否合理完善,制度所提供的机会是否均等;第四种观点认为公平是一种主观感觉,是因为个人的主观评价而产生的一种心理平衡。更有一种观点认为公平兼容上述的几种含义,指的是社会成员对其所处的地位、权利、收入和人格上的平衡状态,它与社会价值系统相关并受社会的政治经济制度的制约。综观上述观点,不难发现学者们从不相同的学科视角对公平进行了研究,并且在一定程度上也影响了教育公平的研究。在现有研究中,基于伦理学、社会学、经济学等基本理论的研究较多,而在教育学领域,对教育公平问题关注较多的则是教育社会学和教育经济学。

教育公平从本质上来看,它蕴含着人对自己、对他人、对人类的终极关怀。为了一切人的发展和人的全面发展,人们提出教育公平这一理念。实现教育公平其目的在于对社会不公平现象进行调节和解决,以促进社会超越某种程度的公平,同时也为弱者的生存提供最大限度的条件和机遇,把人与人之间的差异限制在社会所能承受的范围内,以保护社会稳定。另外,教育公平反映着教育利益在人们之间的分配关系。正由于教育资源的有限性,在进行分配时,对人的行为加以节制和选择,避免危及他人和整个群体的利益。基于此,就义务教育而言,公平的实现需要义务教育的平衡发展,而义务教育的均衡发展要求建立有效的财政转移支付制度。政府实施义务教育转移支付制度的主要原因在于维护教育公平,是为了解决横向不公平和纵向不公平而实行的上级政府对下级政府的财政转移。

从经济学角度来看待投资,发现其根本目的在于以小投入得到大产出,那么将这一理论应用于教育之上目的就是得到较高的教育资源利用效率。常万新、黄育云（2002）从人力资本、边际收益递减和边际效用最大化这三个角度分析了义务教育财政转移支付如何提高教育资源的利用率。

三　制度理论

有人将制度看作一种用于共同体内的、众所周知的规则，认为制度能够抑制人类某些交往中会出现的机会主义行为，并且能够对违规行为施加惩罚。当然任何规则必然伴随着强制性的惩罚措施，然而当惩罚不再适用时，制度也就失效。除此之外，还应意识到，制度是针对人类行为的一种人为约束，而非自然约束。制度即博弈均衡的结果。

制度在公共支出执行过程中扮演着约束财政资金使用单位和财政部门的角色，尤其是针对财政资金使用单位，制度的作用更为明显。制度通过各自的委托人和立法机构来制定，换言之，立法机构可以制定制度，财政部门也可以制定制度，只不过后者的法律地位不如前者，前者对于政府部门来讲是制度环境，而后者对于政府部门来讲则是制度安排。在公共支出执行过程中起到约束代理人的制度（包括制度环境和制度安排）包括监督制度、信息公开制度、自由裁量权控制制度以及政府部门的责任制度等。这些制度一般都是正式的制度，因为非正式的制度很难约束拥有公共权力的政府部门。

广义上可以将监督理解为人们为了达到某种既定目标（或契约）而对社会经济的具体运行过程所实施的检查、审核、监察、督导活动，它是一种特殊的管理活动，属于管理范畴。而从产权角度来看，监督可以是一种产权利益的界定与保护，其目的是为减少"搭便车"行为以及偷懒行为，从而尽量使团队生产成员的报酬与其边际贡献率相等。

公共部门资金使用的监督多为国家审计部门的监督、财政部门的专职监督和资金使用部门的内部专职监督。所谓国家审计部门监督主要是指：国家各级审计机构依据国家审计法规，按照一定的程序和方法，对财政资金使用单位或财政部门的财政资金使用和决策情况进行独立审计和评价等监督活动。财政部门的专职监督是指财政部门内部建立专职的监督部门，并由财政部门授予其监督权，由其代表财政部门对财政资金使用单位和财政其他职能部门进行监督。财政资金使用部门的内部专职监督是指在财政资金使用部门内成立专职的监督部门,多指单位内部的内审部门对本单位的财务收支、财政活动进行审计监督。

社会中介机构和公众、舆论监督也是公共支出全过程不可缺少的部分。社会中介机构监督是指社会中介机构如会计师事务所、审计事务所等对财政部门或财政资金使用单位的财政活动的监督。社会中介机构与国家审计部门、财政部门的专职监督部门以及财政资金使用单位的专职监督部门一样都是受别人的委托而进行的监督,内在本质上是代理人。立法机构、财政部门是社会中介机构的主要委托人,甚至是财政资金使用单位自身(这种情况是财政资金使用单位内部监督外部化、社会化的表现)。公共支出服务的对象就是公众,因此,在公共支出执行阶段公众易于获得信息,可以低成本地参加公共监督。前面这些监督是相互补充、相互协调的。在公共支出执行阶段公共支出活动的主体主要是财政部门和财政资金使用单位,所以此时的监督客体主要是它们。

四 绩效评估理论

当今世界,在各国政府重视构建有效公共责任机制的背景下,绩效评价作为政府在公共支出领域中的"责任度量工具",也日益受到社会各界的普遍关注。

1966年,教育评估研究者James Coleman在《教育机会均等》一书中发表了"科尔曼报告"(The Coleman Report),提出了教育评估以及教育政策评估的相关理念。伴随着绩效理念的不断发展,教育政策绩效评估成为学界及政府关注的主流动态。所谓教育政策绩效评估一般指教育政策评估主体按照一定的绩效标准和程序,采用科学的方法和技术,对教育政策的效益、效率、效果及价值进行评判,并以获得的信息作为决定教育政策调整、改进、终止和制定新政策的依据。教育政策绩效评估作为教育政策动态运行不可缺少的环节,它直接关系着教育政策的实效和教育改革的趋势。

就教育政策绩效评估的方法和维度而言,国外倾向于概括为结果评估和过程评估两种类型。[1] 一是教育政策结果评估。所谓教育政策结果评估主要是指:对具体教育政策预期效果的判断、对实际效果的评估、

---

[1] 李莹:《教育政策评价的发展脉络及启示》,《中国高等教育评估》2006年第2期。

对利益相关者的影响分析以及利益相关者对教育政策的回应等。这一过程评估的教育政策将涉及众多领域，如教育质量政策、教育经费政策、教育人事政策、教育体制政策、教师教育政策等。且研究会给出明确的评估结论及建议。二是教育政策过程评估。所谓教育政策过程评估是指对政策运行状况与目标的一致程度、组织情况、管理绩效、投入某项教育政策的资源以及分配状况等内容的关注。当前，国外倾向于把教育政策的绩效评估与绩效拨款进行整合研究，如 Betheny Gross 等（2009）在对美国联邦教育政策之一的"学校整体改革"（Comprehensive School Reform，CSR）的绩效进行评估时，就研究了联邦政府的资金资助及其绩效问题。[1] 基于上述理论，本书认为，民族地区义务教育财政支出的绩效评估也可以从过程绩效和结果绩效两个方面选取指标，构建绩效评估指标体系。

义务教育财政支出绩效评价是西方国家20世纪80年代开始实行的教育改革措施，旨在通过绩效评价，形成预算拨款与教育业绩相匹配的循环机制，以提高教育管理水平和教育质量。在我国，2005年，国务院颁布了《关于深化农村义务教育经费保障机制改革的通知》，逐步将农村义务教育全面纳入公共财政保障范围，建立中央和地方分项目、按比例分担的农村义务教育经费保障机制。但与此同时，中国义务教育的强制性、公益性、统一性与现实条件存在深层矛盾。义务教育涉及庞大的财政支出，我国为发展中大国，各地发展严重不平衡，如何明确责任，筹措教育资金，保障并提高教育资金绩效不仅是理论问题，更是重大的现实难题。

从我国教育财政支出绩效评价及其类型的政策沿革来看，2003年，党的十六届三中全会通过的《中共中央关于完善社会主义市场经济体制若干问题的决定》首次提出建立预算绩效评价体系。其中，明确提出推进财政管理体制改革、健全公共财政体制、建立预算绩效评价体系。这是我国开展财政支出绩效评价的政策依据，自此，中央部门和地方政府财政支出绩效评价试点工作落地生根，教育财政支出绩效评价也

---

[1] Gross, B., T. K. Booker & D. Goldhaber, "Boosting Student Achievement: The Effect of Comprehensive School Reform on Student Achievement", *Educational Evaluation and Policy Analysis*, 2009, 31 (2): 111–126.

在各地开启了试点。2009年,财政部印发《财政支出绩效评价管理暂行办法》的通知(财预〔2009〕76号)提出"部门预算支出绩效评价包括基本支出绩效评价和项目支出绩效评价"两种类型。2011年,财政部重新修订了《财政支出绩效评价管理暂行办法》(财预〔2011〕285号),明确提出,"部门预算支出绩效评价包括基本支出绩效评价、项目支出绩效评价和部门整体支出绩效评价"三种类型。2014年,中国资产评估协会印发《财政支出(项目支出)绩效评价操作指引(试行)》(中评协〔2014〕70号),将财政支出绩效评价类型具体化,对项目支出绩效评价的实施做出了具体的操作指引,规范了中介机构实施项目支出绩效评价的程序化要求。与此同时,在党的十六届三中全会之前,我国地方政府就开始了财政支出绩效评价试点。早在2001年,恩施自治州开展了包括教育财政支出在内的财政支出绩效评价试点工作,这是我国最早的地方财政支出绩效评价的实践。党的十六届三中全会明确了建立预算绩效评价体系之后,地方政府的财政支出绩效评价试点工作正式开启。2009年财政部印发《财政支出绩效评价管理暂行办法》之后,各地方政府相继出台了大量有关财政支出绩效评价的规范性文件。

有学者[①]认为,教育财政支出绩效评价可以从政府绩效评价和教育的特殊性两个层面拓展为四个类型,它们是基本支出绩效评价、项目支出绩效评价、部门整体支出绩效评价和财政支出综合绩效评价。政府绩效评价又称政府绩效评估,是20世纪70、80年代西方各国政治改革中所推行的"新公共管理"运动的产物。相对于财政支出绩效评价更加重视项目支出的绩效评价,政府绩效评价强调的是对政府或者公共部门绩效的综合性、整体性评价。政府绩效评价的内容主要包括财政资源配置效率、财政资源使用效益和部门(单位)履行职责的效果三个方面。可见,政府绩效评价的范畴更广,财政支出绩效评价的对象是政府绩效评价内容的后两者,而对于财政资源的配置效率并未涉及。对于教育财政支出绩效评价而言,财政资金的配置环节是使用和管理环节的前提,在政府绩效评价尚未推广的情况下,笔者认为,财政支出绩效评价不应忽略资源配置这一前提,应将教育财政支出绩效评价与政府绩效评价结

---

① 肖秀平:《地方教育财政支出绩效评价及其类型探讨》,《教育导刊》2015年第12期。

合起来，将政府、财政部门、预算单位主管部门的资源配置效率纳入财政支出绩效评价的范畴，形成教育财政支出的综合绩效评价。其评价主体应该是各级人民代表大会，评价方式可以是评价客体（政府、财政部门、预算单位的主管部门、预算单位）的自评或者委托第三方评价。

  政府公共项目绩效评价，是指采用科学规范的方法，基于预期目标，对项目过程及结果的经济性、效率性、有效性和公平性进行综合测量与比较分析。评价涉及价值、理论、方法、实证等复杂问题。教育财政支出是公共财政支出的重要组成部分，教育财政支出绩效评价的类型必须遵循公共财政支出绩效评价的类型设计。但是，教育财政支出绩效评价的类型也应关注教育本身的特殊性。首先，教育财政支出属于法定支出，《中华人民共和国义务教育法》明确规定了义务教育阶段财政教育支出需要遵循"三个增长"的原则；各级政府还制定了对教育领域以及各层次教育财政经费投入、使用和管理方面的相关规定。这些方面都涉及教育财政支出合法性的问题。教育财政支出合法性的考核是财政支出绩效评价不可或缺的内容。其次，根据公共产品理论的观点，按教育财政供给主体提供的公共产品属性来划分，教育包括义务教育与非义务教育、公办教育与民办教育等不同公共产品属性的教育。最后，教育系统本身又可以划分为不同的办学层次和办学类型。按办学层次来划分，教育包括学前教育、义务教育、高中阶段教育、高等教育等。按办学类型划分，教育包括普通教育与职业教育、普通教育与特殊教育等。不同类别的教育，在开展教育财政支出绩效评价时，在评价指标的选取和评价标准的设定上有相当大的区别。因此，我国教育系统办学性质的特殊性和办学类型与层次的多样性决定了我国教育财政支出绩效评价理论与实践的特殊性和多样性。

第三章　组织保障：民族地区义务教育财政管理体制

2015年12月24日，国务院印发了《关于深化农村义务教育经费保障机制改革的通知》，从2006年春季学期开始，农村义务教育经费保障机制改革覆盖范围已经从西部扩大到中部和东部的全部农村地区。"新机制"不仅有效减轻了农民家庭子女接受义务教育的经济负担，而且打破了多年来制约普及农村义务教育的经费"瓶颈"，成为继免除农业税之后又一个德政工程和民心工程。因此，民族地区的义务教育财政管理一直是人们着重关注的目标，如今的发展现状如何、仍然存在哪些问题以及该通过何种方式改进和完善，都值得我们对其进行深入研究。本章以贵州省布依族苗族自治州的"两县一市"作为样本，通过对其义务教育的财政管理体制运行状况的调查研究，厘清存在的问题以及现实困难，并在此基础上提出完善我国民族地区义务教育财政管理体制的对策建议。

第一节　进入21世纪后我国义务教育财政体制变革

我国义务教育财政管理体制的安排是随着我国财政体制发展而变化的。马克斯·韦伯曾对特定制度的安排效率提出一些建议：一是需要对历史时间及地区具有专门知识；二是对该制度在制度结构中所处的地位有所了解。教育在我国始终占据着优先发展地位，自我国的科教兴国战略提出以后，教育的重要性更是不言而喻。而教育资源作为教育发展的前提，对其进行先导性的变革是教育发展的基础。

一 义务教育财政管理体制基本内涵

（一）相关概念界定

财政管理体制又称财政体制，是一种在特定行政体制下，国家在中央和地方以及地方各级政府之间，划分财政收支范围和财政管理职责与权限的一项根本制度。它是国民经济管理体制的重要组成部分，不仅规定了财政管理方面的职责和权限，还涉及资金的划分和财政资源的分配。

义务教育财政管理体制是国家财政管理体制的组成部分，它是指国家将财政经费投入到义务教育当中，并以此对其进行管理的一种制度安排。在我国，由于多民族性且幅员辽阔，因此在少数民族地区，会产生经济社会发展的相对滞后性，从而导致了当地教育事业的落后。为了平衡各地区尤其是中西部及偏远民族地区在教育事业上的差异化，国家向这些地区投入了相对更多的财政资源和优惠政策，希望以此来缩小各地区之间的教育差异，推动经济社会发展。

（二）财政管理体制对发展义务教育事业的重要性

我国目前的义务教育发展现状中，城乡之间的教育不公平现象表现得最为显著，这种教育的不公平性导致了社会分化，而社会分化又会加剧教育的不公平性，从而导致不断地恶性循环。因此，有效的义务教育财政管理体制在均衡教育资源、促进教育公平发展过程中起着积极的作用。具体体现在：

1. 有效地筹措各级各类教育事业发展所需的各种资金

义务教育经费主要来源于国家财政拨款，因此，中国教育财政在各个历史时期的教育事业发展中都要尽可能多地获取教育财政收入，这是中国教育财政的首要职能。我国教育财政筹措资金除了按法定程序从国家财政总收入中取得应有的教育财政资金之外，还应包括通过教育财政部门制定的有关取得教育经费的各项财政政策。因此，把制定有关经费筹措的法规政策视为教育财政筹措职能的一个有机组成部分。

2. 对国家的各种教育资源进行科学合理配置

一直以来，我国教育投资效益不佳颇受诟病，有限的国家教育资源以及教育经费的不足是我国投资效益不佳的主要原因之一。同时，在此基础上，未能使这有限的国家教育资源得到科学合理的有效配置，更加重了资金投资效益的低下程度。这不仅会降低教育的社会基本职能，同时还会阻碍教育自身的正常发展。因此，提高教育财政的配置效果，促进教育事业的协调发展，重视教育的整体规模效益，是教育财政机构进一步强化教育财政资源配置职能的重要任务。

3. 对国家教育投资和教育事业进行统一调节

教育是一种准公共产品，政府财政在教育投资中占主要部分。教育经费占财政总支出的比重是衡量教育经费投入程度的相对指标之一，国家可以通过财政管理制度来调节教育投资的规模、重组教育投资的结构，从而推动教育事业的发展。教育财政是调节教育投资和教育事业发展的经济杠杆，通过教育财政政策和教育财政计划，对教育与整个国家其他各领域的收支、国家与个人之间的收益分配、地区单位的利益转移以及教育总供给与总需求之间进行有效的调节。

4. 对各类教育机构的资金流动进行监督管理

教育财政监督管理是国家管理教育，对教育进行经济监督和制约的一个重要方面。教育发展过程不仅表现为物资的运转，而且表现为资金的运转，国家通过对教育财政收支的反映、分析和检查对教育部门的经济活动进行有效监督。监督也是管理体制的重要组成部分，监督主要是对教育财政收支计划进行不断的编制和审查，同时对计划的执行进行检查，对教育的预算、税收、统计资料等进行了系统有效掌握的前提下，对各个教育机构的经济活动进行了解和监察，保证其做到严格遵守国家相关教育财政政策、法规，按照教育财政计划和制度办事，并处理好国家与各部门、各单位以及个人之间的各项利益关系。坚持按政策法律规定合法取得教育财政收入，及时足额地完成各项收入任务，坚持支出按计划，对各项资金的流动方向有具体的统筹规划，以保证教育财政资金与教育系统相互适应。

二 "以县为主"的义务教育财政管理体制

我国曾于 2000 年实行了农村税费改革，逐步取消了面向农民的教育集资与教育附加，但对于以乡镇为主的义务教育财政体制来说，这种税费改革对农村中小学的经费投入造成了一定的冲击。鉴于此，在一年之后，国务院将农村义务教育财政管理体制中心从"乡镇"调整为"县"。2001 年，国务院先后颁布了《国务院关于基础教育改革与发展的决定》（以下简称《决定》）和《关于完善农村义务教育管理体制的通知》（以下简称《通知》），其中《决定》中对我国义务教育管理体制进行了明确，要以国务院为领导，各地方政府负责并实行分级管理，运行基础"以县为主"。《通知》则对各级政府的义务教育管理职责进行了具体划分。在第五次全国民族教育会议上，针对民族教育的改革和发展提出了新的诠释。会议上提出，民族教育应当坚持突出基础教育，遵循各级各类教育机构协调发展的方针，要求内地发达地区及高等院校为民族地区的教育发展做出更大的贡献。之后颁布的《国务院关于深化改革加快发展民族教育的决定》（2002）中提出：在政治层面，要将中央财政的扶持重点向民族地区倾斜，对少数民族和西部教育要进行大力支持，同时，要制定及落实有关的优惠政策以扶持少数民族散杂居地区的教育发展，少数民族地区则应切实做到本级教育财政的"三个增长"；在社会层面，将国际组织教育贷款以及海内外教育捐款着重用于少数民族地区，对社会办学力量加以扶持和调动，推动社会"帮困济贫"；同时，针对少数民族地区包括民办类公益学校在内的新建和扩建，都采取划拨方式提供土地。同时，继续向勤工俭学等为学校提供生活服务的相关产业实行税收优惠。税费改革以后，农村义务教育的教育财政体制主要有三大特征：一是体制由原本的分散转为适度集中；二是筹资模式上更为突出政府的投资责任；三是对各级政府的财权、事权进行了初步的划分。自此，我国的农村义务教育步入了持续健康发展的新局面。然而"以县为主"的义务教育财政体制在实际的运行当中仍然暴露出一些不可忽视的问题：部分困难县无法单独承担义务教育财政投入的基本要求；各政府间在教育财政支出中的职责分配不明确；以县为体制中心，对于缩小省际间的义务教育财政投入差异所起的作用有限；"以县为主"导致义务教育的管理成本增加，与此同时，造成了教育供给结构效率的降低。

三 "省级统筹、以县为主"的义务教育财政管理体制

国务院于2005年12月颁布了《关于深化农村义务教育经费保障机制改革的通知》，通知指出，要根据"明确各级责任，中央和地方共担，加大财政投入，提高保障水平，分步组织实施"的原则，逐渐将农村义务教育纳入到公共财政保障的范围之中，在经费保障机制方面，由中央及地方分项目、按比例分担。同时，《通知》中还对四个方面内容进行了明确规定：一是学费方面，自2006年春季起，将对西部地区的农村义务教育阶段学生实行学杂费全免，并于下一年扩展到我国中东

部,资金由中央和地方按西部地区8:2、中部地区8:4的比例承担,此外,对贫困家庭的学生在免除学杂费基础上免费提供教科书及寄宿生活补助,中西部地区的教科书资金由中央全额承担,东部地区地方自行承担,寄宿生活补助由地方承担;二是经费保障方面,要加强农村义务教育阶段中小学的公用经费保障;三是校舍建设资金方面,中西部地区的农村义务教育阶段的中小学校舍维修由中央和地方按5:5的比例共同分担所需资金,东部地区为地方主要承担,中央适当给予奖励的机制;四是有关农村中小学教师的工作保障需加强巩固和完善。

2006年,我国对《义务教育法》进行了新的修订,其中,针对义务教育财政管理制度的经费管理模式,提出了"省级统筹,管理以县为主",自此,义务教育经费得到了新的制度保障。新的调整中,将经费投入主体的层次提高至省,同时优化了县级政府的管理,辅以中央及省级专项支出制度,使得义务教育财政管理制度逐步走向完善。

2007年,我国教育部和财政部联合下发了《关于调整完善农村义务教育经费保障机制改革有关政策的通知》,通知主要对农村义务教育经费的保障机制再次进行了调整和完善:

(1)自2007年秋季学期开始,向农村义务教育阶段的贫困寄宿生,按照每年在校天数250天计算,提供小学生每人每天2元,初中生每人每天3元的寄宿生生活补助。中西部地区的生活补助资金由地方财政承担其中的50%,省级财政负责统筹落实,另由国家给予50%奖励性补助,同时,地方财政可根据当地实际情况调高补助标准,所需资金由地方财政负责。

(2)全面推行农村义务教育阶段的教材免费政策,自2007年秋季学期起,所有国家课程的教材所需资金均由中央财政承担,地方课程的教科书自2008年起免费提供,所需资金由地方财政承担。

(3)从2007年开始,适当提高中西部地区部分省份的农村义务教育阶段中小学生的公用经费标准,将小学阶段,公用经费低于150元的,提高至150元,初中低于250元的,提高至250元,同时,县镇标准相应提高至180元和280元。

(4)自2007年,将中部地区的农村义务教育阶段中小学校舍维修改造的测算单价标准,由每平方米300元提高至400元,西部地区则由400元提升至500元。

2010年,中央颁布《国家中长期教育改革和发展规划纲要(2010—2020)》,其中明确提出要对民族地区提供一些优惠政策,包括加大民族地区公共教育资源的投入、向民族教育提供大力的财政资金投入以及要求各级政府增加民族地区教育财政投入等。

通过对国家近年来有关义务教育财政管理体制出台的各项管理规定进行整合研究,可以看出,我国对义务教育始终保持高度的重视态度,针对义务教育财政政策也进行了大量的修订。我国自古就有"以人为本"的执政理念,因而始终要求大力推行全民普及义务教育。而各个体制的修订和变革,都是以此为目标进行的。如今,政府逐渐对义务教育的公益性有了明确的认识,进而开始自身承担本地的教育发展,尤其是教育财政经费投入方面。自服务性政府理念提出并开始建设以来,我国各级政府职能都开始将关注重点趋向于公共服务之上,其中义务教育因其最具公共产品属性而最为受到重视。进入21世纪,我国服务型政府建设的其中一个代表,便是免费的义务教育财政政策。

第二节　民族地区义务教育财政体制现状与问题

本节以贵州省黔南布依族苗族自治州为例,以D县、S县和F市三个具有代表性的县市作为调查样本,首先根据三个县市的不同经济社会发展情况以及义务教育情况,在每个样本县市中分别选取较好与较差两个乡镇,再从这两个乡镇中随机抽样两所中小学校,之后通过对各县市的教育局等政府职能部门以及样本学校的实地调研,获取有关义务教育资金投入、划拨和保障情况的相关资料。

位于我国贵州中南部的黔南布依族苗族自治州,全州下辖二市、三都十县以及都匀经济技术开发区,乡镇总数多达240个。全州总面积2.62万平方公里,总人口415万,其中布依、苗、水、壮、侗、毛南、仡佬等36个少数民族,占总人口的57%。黔南布依族苗族自治州民族特征显著,因其地处偏远的西部山区,所以经济发展受到极大限制,2010年黔南布依族苗族自治州生产总值为356.68亿元,人均生产总值9509元,在贵州省位居中等水平。以该州作为本次研究的调查样本,具有一定的代表性和现实意义,以下从基本现状、存在的问题两个方面对其进行阐述。

一 民族地区义务教育财政体制基本现状

自2006年春季国家开始实施教育财政新机制以来,按照中央和省级政府的要求,黔南州的财政及教育部门不断向农村地区的义务教育加大经费保障力度,逐步实现了将农村义务教育全面纳入国家公共财政保障体系中。2009年,中央和省级政府向黔南布依族苗族自治州下发资金共2.68亿元,包括17526万元的公用经费中央资金,5459.92万元的农村贫困家庭寄宿生生活补助,省际、州级和县级分别配套2586.86万元、70万元和1020万元。

D县为国家级贫困县,2008年5月,该县新机制预算资金基本落实到位,免学杂费共计528.86万元,其中中央423.62万元,省级105.24万元;补助公用经费预算689.31万元,实际拨付755.72万元,中央和省级政府超额拨付,市级政府未按时拨付,县级政府应拨付62.64万元,实际到位38万元;校舍维修改造资金预算380万元,实际到位196万元,省级政府未按时拨付;补助贫困生寄宿生活费共计251.11万元,其中中央120.52万元,省级130.59万元。在教职工工资落实方面,尽管该县是国家级贫困县,但为了稳定教师队伍,促进教师积极性,该县严格按照国家和地方的有关工资、津贴的要求及标准按时、足额发放。在三个增长方面,2006年预算内教育拨款增长率为21.27%,2007年为50.45%,2008年为42.81%;2006—2008年地方财政经常性收入增长率分别为17.89%、7.89%、14.19%,2006—2008年预算内教育拨款增长率均高于财政经常性收入增长率。预算内生均公用经费,中央、省拨款逐年增加,中小学生均公用经费逐年增加;各种教育费附加征收比例逐年增大;城市教育费附加与地方教育附加管理情况较好,已征收的各种教育费附加全部拨到教育部门,并用于义务教育学校改善办学条件,同时加大扫盲经费的投入,促进"两基"工作的协调、健康发展;2007年投入10万元,2008年投入3.6万元,2009年投入18万元。D县1996—2005年"普九"期间共发生债务2800万元,涉及工程数量65个。截至2007年年底该县已自筹资金化解债务1938万元,债务余额862.12万元。2008年上级拨入化解农村"普九"债务资金1993万元,截至2008年年底,财政局支付债权人资金862.12万元，尚余化债资金1130.88万元。该县政府办以独府办函〔2008〕142号批复，上述化债余额1130.88万元原则同意投入使用于教育基建项目，并已于2009年3月拨付到教育局账上。该县认真落实农村义务教育经费保障机制改革专项资金，严格按照省标准拨付中央、省杂费及中央、县公用经费。2007年开始，该县将生均公用经费按贵州省规定的最低标准纳入县级财政并及时拨到各中小学校，基本能保证各级公用经费按规定标准拨到学校，剩余公用经费则按政策规定倾斜薄弱学校。

S县位于贵州省南部，是我国唯一的水族自治县，为国家级贫困县，该县的义务教育经费主要来源于上级专项补贴、县级预算安排以及学校收入。2006—2008年，各级政府共投入义务教育经费47062.66万元，其中预算内45675.8万元，预算外1386.86万元，县财政安排47049.16万元，预算内45654.92万元，预算外1280.46万元。经费管理方面，除农村税改转移支付资金中，用于教育资金的50%由财政直接拨付到乡镇外，其他资金由财政局拨教育局统一管理和使用，教育局再根据各乡镇学校学生人数等情况分配和拨付资金到教育站和学校，教育局对乡镇教育站实行报表报账核算。三个增长方面，该县预算内教育拨款2006年增长率为39.3%，2007年为47.6%，2008年为22.82%；2006—2008年地方财政经常性收入增长率分别为35.57%、11.93%、22.22%，三年预算内教育拨款增长率均高于财政经常性收入增长率，实现了逐年增长。预算内生均初中、小学教育事业费逐年增长，实现了第二个增长；预算内生均公用经费中央、省拨款逐年增加，中小学生均公用经费也逐年增加。各种教育费附加征收比例逐年增大，城市教育费附加与地方教育附加管理情况较好，2008年已征收入库的各种教育费附加，已全部拨付教育使用。2006—2008年上级拨教育专项经费10517.56万元，其中农村义务教育经费保障机制专项资金共计4628万元，已全部到位。2003—2008年中央农村税费改革转移支付资金按《贵州省教育经费筹措管理办法》（省政府73号令）"总数不低于50%的比例用于教育"的规定全部用于义务教育学校改善办学条件。义务教育经费全部分解下拨到直属学校或辅导站，再由辅导站依据各校的人数多少将经费分解到各初级中学、完小和教学点，学校使用后将经相关领导审批的正式发票送来辅导站核销账务，辅导站再做出月报表送县局核销拨出专款账务。2006年S县农村义务教育"普九"债务累计4680万元，其中银行借款1500万元，欠付工程款2991.4万元，以及其他欠款188.6万元，截至2008年12月已偿还完毕。中央、省级财政安排的1727万元偿还补助资金1720万元，剩余7万元。

F市是黔南州经济社会发展较好的一个县级市，该市政府始终将教育作为重中之重进行优先发展，随着财政收入的增加，该市逐年加大对教育方面的投入，2009年，该市获得公用经费共1649.28万元，包括中央财政资金1344万元，省级财政资金201.62万元以及县级财政资金103.66万元。足额完成国家及省级政府所要求的项目经费投入，且所得税费皆按比例拨付于教育的生均经费及项目经费中。在经费管理上，F市采取了将小学和中学分别管理的模式，小学将乡镇中心学校作为会计主体，对各小学的财务进行统一开户、核算以及收付资金，而中学则以各学校作为会计主体进行管理。F市各级政府部门不断加大对教育经费的使用监管力度，同时对经费进行科学合理的估算、合乎规范的使用，确保该市教育经费使用的最大效益。

通过对以上三个样本县市的基本情况的掌握，我们得以对黔南州地区的义务教育财政的资金投入、使用以及管理情况有了进一步的了解。

(一) 经费保障水平明显提高

黔南布依族苗族自治州下辖6个国家级贫困县，其中大部分的学生为贫困生，为了保证学生的正常学习，许多学校免收了贫困生的杂费，然而，该州大部分农村义务教育阶段的学校，在"新机制"实施之前，大多是通过收取学生的杂费作为学校的公用经费保持学校运作，在免除了大部分学生的杂费之后，经费锐减直接导致学校的运作陷入困境，学校的经费保障情况令人担忧。自"新机制"开始实施以来，国家逐步提高"两免一补"和学校公用经费标准，为黔南州农村各级义务教育阶段学校提供了更高的经费保障。2009年，黔南州享有"新机制"保障经费的中小学生达60万余名，公用经费及生活补助经费近2.6亿元，其中公用经费配套方面，州政府配套70万元，各县级政府配套资金逾6000万元；生活补助资金由中央和省级各专项补助近2800万元。在新机制的实施和保障下，民族地区的农村义务教育学校获得了有效的公用经费保障，保证了各级学校的基本运转。同时，贫困生通过寄宿生生活补助金的发放，得到了完成义务教育阶段学习的最有力保障。

(二) 教师工资得到有效保障

根据"新机制"实施方案，黔南州各县市拖欠教师工资的现象基本得到解决，确保了教师工资和各类政策津贴优先按时足额发放到位，确保教师队伍稳定可持续发展。2009年，全州教师工资保障资金投入达到114478万元，其中中央资金38540万元，省级资金780万元，县级资金75158万元。2010年，全州教师工资保障资金达到127132.7万元，比上年增长了11.05%。

(三) 经费使用管理趋于规范

黔南州从2006年便开始实行农村中小学的预算编制试点，经过几年来的不断探索和改进，如今已全面实现了农村义务教学学校的预算编制，确立了"校财局管"的制度。"校财局管"制度的模式分为两类：一类是以教育局进行集中管理，如独山县便是在县教育局设立了财务信息管理中心，通过在各乡镇的中心学校及县属学校设立财务信息管理分站点来接受各地的财政信息，对学校的财务进行网络化管理，并负责审核和监督分站点的会计凭证。全县学校的整体财政信息都交由县教育局进行指导并监督。平塘县也是采取在县教育局成立计财中心的管理方式，以"集中管理、分组报账、分校核算"对下辖学校的经费进行整体财务运作的监管。另一类是选择一所中心学校作为核算点的管理模式。翁安县、长顺县、贵定县等都是采用这种方式，但是各自又结合当地学校结构进行了调整。翁安县教育局在乡镇中心小学和独立中心分别设立了基层财务部门，并以此作为核算点，中心小学核算点所辖各小学分别设立报账员岗位，报账员负责将学校的经费使用情况报交核算点审核并由校长签字后进行报销，各核算点对所辖区域的学校财务收支进行集中核算，再交由县教育局财务审计组。自"校财局管"制度实施以来，极大地减少了农村中小学各项经费使用的随意性和盲目性，有效提高了项目经费的使用效益。同时，通过州政府的财政、教育以及审计相关部门合力对经费使用情况进行监督检查，教育资金被基层政府滞留、挪用的情况大大减少，有效遏制了教育专项资金被各学校挪用的行为，提高了专项经费的使用效益。

二 民族地区义务教育财政体制存在的问题

自"新机制"实施以来，各民族地区的农村义务教育得到了有效改善，但是由于改革本身涉及面极广，且政策性较强，因而无法迅速取得显著成效。在"新机制"的实施过程中，我们发现其仍然存在一些亟待解决的问题。

（一）政府配套偏少，资金拨付效率低下

我国曾对各级政府的经费分担比例进行了明确的规范，贵州省地处我国西部，因此，公用经费由中央承担其中的80%，其中贵州省对黔南州应承担的20%进行了具体的分配，省、州市、县按照4∶3∶3的比例分担当地的义务教育财政资金。但是，由于黔南州辖区内各县级区域的经济发展相对缓慢，无法满足教育发展的资金需求。通过查阅资料，D县2010年的财政收入中，高达50%的收入都投入到了教育工作中。并且由于州级政府的配套资金常有延迟、不足额等现象，进一步加剧了各县级政府的财政压力。根据贵州省保障办的资料，我们了解到2009年黔南州农村中小学的公用经费应由州级统筹689.27万元，但实际承担金额为零，黔西南州州级分担资金应为393.62万元，实际拨付金额也为零。"新机制"保障经费25572.78万元，包括公用经费20112.86万元，州政府仅配套70万元，各县级政府配套资金高达6091.85万元。各县级政府在庞大的资金压力下导致拨款情况艰难，常常于规定时间之后两个月甚至更久才将资金拨付至各级学校，导致学校的经费运转出现了许多困难，更有一些学校预留部分上一学期的经费用于开学初期的应急资金。

（二）保障标准偏低，覆盖面过窄

我国一直以来都存在办学经费投入不足的问题，且在民族地区，这一现象更为普遍和严峻，民族地区大多处于我国偏远地区，其经济、地理等情况都不容乐观，也因此造成了经济社会发展常滞后于我国其他地区。自"新机制"启动以来，民族地区地方财政收入无法满足教育发展的情况得到了缓解和改善，但是，我们要明确的是，民族地区的义务教育存在数量极为庞大的资金缺口，中央和省级政府的投入增加并不能完全填补这个缺口，因此经费的匮乏以及供求之间的矛盾仍然会在很长时间内影响着民族地区的义务教育发展。通过对黔南州许多学校的校长进行访谈，我们得知，自新机制启动后，各校获得的公用经费并不足以支撑学校的全部支出，且还有着较大差距。一些办学规模较小的学校更是难以通过公用经费维持基本运转。虽然国家数次加大财政投入以及公用经费的标准，然而由于社会经济发展以及物价上涨等因素，各学校的办学成本也在不断增加，因此，国家给予的公用经费及财政投入仍然无法完全满足学校的经费需求。另外，黔南州的资金拨付滞后情况也十分严重，直接导致学校的资金投入保障无法落实。另外，通过对黔南州的各农村中小学进行调查，我们发现黔南州的贫困生寄宿生活补助标准普遍偏低，正餐标准为 2 元/餐和 3 元/餐，菜式大多为素食，更有一个月没有一次荤食的学校存在，另有极个别小规模的学校每餐仅有一个素菜。与此同时，学校提供的生活补贴不足以解决主食，因此有学校要求学生自带大米或折算成现金按月交付给学校。

通过对黔南州各乡镇中小学的校长及行政人员的访谈，我们发现，黔南州的贫困生覆盖面积不大，仅 60%—80% 的贫困生能享有寄宿生活补助，且贫困生的评选标准并没有具体的定量指标，因此在评选上，具有指导性差、随意性大的缺点，经常导致学生、家长和学校之间的冲突和矛盾。根据现有资料显示，2009 年，该州享有寄宿生活补助的贫困学生共 755506 人，占在校生人数的 12.56%，寄宿生人数的 52.4%，补助金额为 5459.92 万元；至 2010 年，享有补助总人数提升至 95444 人，占在校生人数比例上升至 17.29%。

（三）经费结构不合理，有待进一步规范

我国曾于 2006 年由教育部、财政部联合下发了《农村中小学公用经费管理暂行办法》（财教〔2006〕5 号）文件，文件对农村中小学公用经费的概念及作用作出了明确的界定，即公用经费要用于农村中小学基本的教学以及后勤服务等方面的开支。教学方面包括：教学业务及管理、学生实习、教师技能培训、校园文体活动等；后勤服务方面包括：水电暖费用、交通差旅费、校园建筑及公共设施维修、仪器设备购买及日常维修费用、图书资料购置费用等。但是人员经费以及债务偿还等情况不得使用公用经费。在实地调研中，我们发现各地的教育局都有对学校的公用经费进行使用的规定，且明确规定了开支的项目和经费使用比例。但是在三个样本县市中，义务教育经费被挪用、挤占等情况普遍存在，不少学校由于其他客观支出的需要，不得不将公用经费用于规定范围以外的开支。这种普遍存在的现象对公用经费的有效使用造成了一定的负面影响。通过对黔南州审计局的资料进行查阅，我们发现，从 2006 年至 2008 年年底这一期间，仅 S 县教育局就挪用了 248.36 万元的农村税费改革转移资金用于教育局的日常公用、两基工作以及教育辅导站办公。违规滞留义务教育经费544.64万元,其中县级配套214.11万元,"两免一补"资金220.52万元。除此之外,部分学校及教育辅导站也有挪用公用经费用于他用以及滞留部分义务教育经费的情况。

第三节 民族地区义务教育财政体制存在问题的原因与对策

一 民族地区义务教育财政体制存在问题的原因分析

(一) 地方政府财力有限

贵州省地处我国西部地区,由于地理环境、经济基础等因素的影响,社会的经济发展明显滞后于中东部地区。贵州省共有民族成分56个,是一个多民族省份。截至2009年末,贵州省的少数民族人口所占比例为39%,拥有民族自治州3个、民族自治县11个以及253个民族乡。少数民族自治区拥有国土面积9.78万平方公里,占全省国土面积的55.5%。贵州省内的贫困地区和民族地区众多,省级政府要不断向这些地区提供社会和经济发展的财政补助,教育支出仅是其中之一,因此,贵州省每年都担负着巨大的财政支出压力。2008年,贵州省财政总收入为674.556亿元,而一般预算收入仅349.53亿元,但一般预算支出高达1048.57亿元,入不敷出情况十分突出。根据我国制定的义务教育投入分担比例,贵州省政府需承担20%的投入责任,然而结合贵州省目前的经济社会发展情况,这笔资金对于贵州省来说是一个沉重且难以按时保量的财政支出。

(二) 经费支出法定主体不明确

《中华人民共和国教育法》第55条明确规定了各级政府教育经费支出的"三个增长":(1)国家财政性教育经费占国民生产总值的比例应当逐步随国民经济发展和财政收入而提高;(2)各级财政支出中,教育经费占总支出的比例应当逐步提高;(3)各级政府教育财政拨款额度应按在校生人数的平均教育费用逐步提高,且应高于财政经常性收入的增长率,同时应保障教师工资和学生人均经费的增长。然而,虽然对教育经费支出做了较为明确的规定，但我国的法规中对于教育经费的主体并没有做出明确的界定，这直接导致教育投资不可避免地无法达到法定要求，这也使得对责任主体的责任追究机制无从谈起。此处以教师工资为例，中央和各级基层政府都对民族地区义务教育教师工资负有责任，但由于法定主体的不明确性，导致在实际过程中，民族地区的县级基层政府更多地承担了义务教育教师工资的财政资金。通过对2009年黔南州各县级基层政府的财政现状调查，教师工资的65.7%均由基层政府承担，总金额达到7.6亿元。

（三）转移支付资金监督体系不完善

各级政府义务教育转移支付具有较大的随意性和较小的透明度，使得民族地区义务教育转移支付资金的使用效果不明显。由于民族地区义务教育转移资金监督体系不完善，一些资金并没有根据规定的比例进行分配，资金的使用情况也不透明，常常出现被挤占和挪用的情形，造成资金利用效率的低下。表面上看，中央及省级政府不断地通过转移支付向民族地区的义务教育加大投入，然而，地方政府却产生了教育投入的"挤出效应"，且情况日益严峻。也就是说，在"以县为主"的新体制下，上级的义务教育转移支付资金数额在不断增加，但是由于监管不力等原因，反而造成了县级政府降低了义务教育的经费投入。因此，针对民族地区的义务教育经费转移支付的监督问题必须加以重视，要提升监督力度，则必须从制度和体制上着手。

（四）财务管理人员素质低

2006年，"校财局管"模式在黔南州试行，经过近四年的摸索和改进，"校财局管"制度基本确立。由于各学校没有受过财会专业教育的专职财务管理人员，使得"校财局管"模式没有得到有效的运行。通过调研发现，不管是县教育局集中管理，还是由中心校核算点管理，财务人员素质不高导致的工作效率、质量低下的问题普遍存在。各乡镇的核算点建立后，配备的财务人员大多都缺乏必要的专业技能和财务管理知识。在市级教育资金管理中心没有建立的情况下，没有经过专业的业务培训和技能培训，只接受初级岗位培训的财务人员，会计基础知识较为薄弱，很难达到新的财务管理的要求，且难以保证其对财务软件的应用及业务规范能力。自教育经费开始实行统一管理后，便将学校会计岗位取缔，交由教育会计核算中心进行统一管理，各级中小学校仅设置报账员岗位。然而,各学校的报账员大多是由无会计从业资格证书的教学人员来兼任,不仅会计相关知识薄弱,且对相关会计制度不熟悉。作为在"校财局管"工作中肩负桥梁作用的报账员,其业务水平的高低,对"校财局管"工作的效果与质量起着决定性的作用。

二 完善民族地区义务教育财政体制对策与建议

一个有效的财政体制必须满足"充足、效率、公平"的基本原则,一个有效的民族地区义务教育财政体制不仅要能为民族地区义务教育提供充足的公共教育经费,且应制定科学、合理的制度来保证民族地区义务教育经费能够保持动态发展,随社会经济环境的变化而不断调整,此外,还应提供额外的财政支持以扶持民族地区义务教育学校以及帮助身处不利环境的儿童。

通过对黔南布依族苗族自治州极具代表性的两县一市的调研发现,民族地区在新机制实施过程中仍旧存在一些问题,这些问题制约和影响着我国民族地区义务教育的健康与稳定发展,因此必须基于财政体制改革要求,充分考虑民族地区义务教育的特殊性,改革并完善民族地区义务教育新机制。

(一) 优化财政投入体制,上移投入主体的分担重心

从目前义务教育经费保障机制的运行情况来看,中央政府较好地兑现了对民族地区农村义务教育的承诺,各项资金基本到位。中央政府对民族贫困地区以及欠发达地区的农村义务教育给予了更多的政策性照顾,这既符合我国的基本国情,也充分体现了党中央对民族地区义务教育尤其是民族地区农村义务教育的高度关注和支持。但就实际情况来看,以往体制中"中央转移支付、省市(地)不支不付、县乡难以应付"的现象依旧存在,省州(市)级政府在义务教育方面的能力有限,其分担能力仍难以满足当前教育发展的现实需求,这在一定程度上增加了县级财政的教育投入压力。贵州地处西部欠发达地区,其地理环境较为偏僻,自然资源较为匮乏,缺乏支柱型产业和企业,因此其县域经济发展缓慢,财政来源匮乏,很多县都是国家级贫困县,因此当前贵州省承担20%的投入责任的分担方式(省州县4:3:3)对县级政府造成巨大的财政压力。省、州一级政府相对来说拥有更多的财政来源,但从全省范围来看,它们的财政支出项目和额度也更加繁杂和庞大,因此,针对民族地区的义务教育现状,中央政府可以考虑进一步加大财政投入的

力度，减少民族地区地方政府的财政压力，建议调整现有的"两免一补"和公用经费的分担机制，将现有的80%统筹比例调整至90%，省级政府承担10%的投入责任，省级政府不再要求（地）市、县级政府进行配套。

新机制下，县乡政府的义务教育财政支出责任相对减轻，但由于教育发展速度的加快以及教育需求的膨胀，县乡基层政府的教育支出压力仍旧增加，因此在"新机制"下仍需要继续重视调动和发挥县乡政府，尤其是县级政府义务教育办学和管理上的责任。县级政府在履行对上级划拨的各项义务教育经费的管理和使用职责的基础上，更应努力做好农村义务教育的常规管理和基础设施建设；乡镇政府除了按有关规定负责划拨、新建、扩建校舍，对当地中小学校舍进行维护修缮等，还应出台相关性政策，在县乡政府财力许可的情况下加大对民族地区义务教育的投入。

（二）科学制定经费标准，完善贫困生资助政策

通过对黔南州的调查研究我们发现，尽管国家多次提高"两免一补"的资助标准，却仍不足以满足民族地区义务教育的发展需要。我们知道义务教育经费保障的标准是对义务教育的服务水平所需经费的标准保障，因此，我们需要加强对义务教育经费标准的研究和探索，制定出更加合理的义务教育经费标准。首先应对制定标准的原则、类型及内涵进行明确的界定，其次是经费标准制定的基本方法的确立，最后则是对该标准进行测算和修正。需要明确的是，基本的义务教育经费保障标准并不是保障的最低标准，而是为完成义务教育所需的经费水平。因此，我们要以保障义务教育服务的各项具体内容作为经费保障标准的界定和测算依据。

在整个调研过程中，教育部门的统计数据资料以及对各级学校的调研结果，都体现出了我国现阶段贫困生寄宿生活补助的范围较为狭窄，且贫困生的评估标准过于主观、随意的定性化倾向，导致了各级管理部门、学校与学生、家长之间的矛盾及冲突。因此，在贫困生的生活补助覆盖范围方面，建议国家将所有的民族地区农村义务教育阶段的学生全部纳入资助范围，提高生活补助的标准，并为其免费提供伙食，保证农村中青少年的身体健康发育。同时，这也是改善民族地区学校的教学条件，进而提升民族整体素质的现实要求。

（三）调整经费分配方式，均衡教育资源配置

新机制的实施，保证了民族地区农村义务教育阶段的各级学校得以在上级政府拨付的公用经费和免杂费补助下维持校园的正常运作。县财政和教育局计财科主要采取"定员定额"的方法对经费进行分配，也就是以学生作为主要依据，将县域内中心学校的规模和学生数量作为因素，进行校际资源的差异性分配。这种分配方法是将资金划拨至中心学校进行管理，然而中心学校会利用这种经费支配权为本校获取更大的利益，从而导致完小、初小以及教学点等薄弱学校的利益受到忽视和损害。因此，对当前的经费划拨方式应进行必要的改革和完善，建议采取综合定额与专项补助相结合的拨付方式。其中，"综合定额"是指在向民族地区的各级中小学校拨款时，应结合学生数量、学校规模、校舍面积、基础设施以及师资编制等多种因素来决定经费数量，为保证"综合定额"的公平合理性，建议由第三方组成拨款评价委员会进行拨款资格的评估工作；"专项补助"则是专门用于民族地区寄宿制学校、教学点、完小以及初小等薄弱学校的补助资金。

（四）完善经费管理体制，优化经费监管机制

要达到对教育经费的标准化管理，一方面需要由中央财政及教育部对经费开支的范围及标准进行科学合理的制定，彻底落实中央各项资金的分配及拨付情况，并对全国保障资金的执行及决算加强监督；另一方面，省级政府的财政及教育部门需要结合国家有关的制度法规和当地的实际情况，来制定本地区的中小学财务管理规章制度、经费管理与使用标准、绩效评价办法等，以省级统筹为原则，确定省级财政的分担费用并明确辖区内各级政府的财政分担比例，对中央及省级政府的各项保障资金进行合理分配；与此同时，县级政府及教育部门负有保障资金的主要管理责任，应根据上级财务的相关规章制度，结合当地实际情况来制定具体的保障资金管理和监督方法，保证资金能按时到校，保证各学校的正常运作；各中小学校的财务管理由校长直接负责，包括进行学校的预算编制以及经济活动和财务收支状况的管理和监督。

政府部门应加强对义务教育经费的监管力度，提高资金的使用效益。义务教育经费审计制度是政府监管的主要方式。因此，政府部门应以国家审计为主导，学校内部审计和社会审计、国家审计相结合，建立

完善的审计体系。对义务教育财政资金的使用管理进行不定期的审计，并定期向社会公布以接受社会的监督。同时，也要加强各学校核算中心会计和报账会计人才队伍建设，努力提高会计核算队伍的自身业务水平，全面提升校财务工作能力。

第四章 个案探索：民族地区义务教育财政支出绩效评价分析

第一节 个案探索性分析：以广西为例

在实施农村义务教育经费保障新机制的第二年，广西壮族自治区成为首个实现"两基"目标的民族自治区，竖起了民族教育事业的一块新的里程碑。本节选取广西壮族自治区南宁、河池等地的部分县市为典型个案，对民族地区义务教育财政支出效果状况进行了实地调查。在广西壮族自治区教育厅的大力支持和帮助下，我们先后到广西壮族自治区教育厅民族教育处、教育科学研究所和河池市等地进行了深入的调研，了解近年来广西壮族自治区的义务教育状况。同时，在调研中我们主要通过访谈法、数据分析法、文献法获得相应的资料。

一 广西壮族自治区义务教育发展的基本情况

广西义务教育在稳步健康发展。一是广西壮族自治区在"十一五"期间成为首个实现"两基"目标的民族自治区，并实现了城乡免费义务教育，义务教育取得历史性成就。二是建立"以县为主"的农村义务教育管理体制，深化农村义务教育经费保障机制改革，基本解决了其农村地区"上学难、上学贵"的问题。三是实施一系列农村基础教育建设工程，改善农村中小学办学条件。累计投入资金53.14亿元，共建设农村中小学10357所（次），新建、改扩建校舍781万平方米，消除危房248万平方米。四是核定中小学教职工编制45.9万名，基本上解决了广西壮族自治区自1984年以来因未核定教职工编制而造成中小学教职工编制极不适应教育发展需要的问题。

根据广西壮族自治区2005年和2010年的相关数据的纵向比较，来看其义务教育的基本发展状况。受学龄人口减少和学校布局调整的影响，2010年广西壮族自治区的中小学数和在校生数与2005年相比都有所减少。2010年小学学校有13942所，初中学校有1974所，分别比2005年减少10.05%和16.29%；小学在校生数为4300598人，初中在校生数为2003911人，分别比2005年减少了5.02%和14.33%。从教师数量来看，中小学专任教师数量都有所增长，2010年小学专任教师数量和初中专任教师数量分别比2005年增加了7.52%和5.55%。从教师学历来看，中小学专任教师的学历在不断提高。小学专任教师中，专科学历比2005年增加了32.72%，本科学历比2005年增加了671.64%，专科学历教师仍占较大比例；初中专任教师中，专科学历比2005年减少了51.57%，本科学历比2005年增加了240.89%。[①]

二 "新机制"实施后义务教育财政支出的效果分析

（一）"减负"效果分析

广西壮族自治区义务教育阶段学生在农村义务教育经费保障新机制政策的保障下，可以公平地接受义务教育；家长在"新机制"实施后，经济负担有所减轻。广西义务教育阶段学生"上学难、上学贵"的问题得到基本解决，其农村地区的"普九"成果得到进一步巩固。相关部门在访谈中介绍了基本情况：

广西壮族自治区在2006年实施"新机制"后，"两免一补"政策得到保障。义务教育免学杂费政策覆盖农村义务教育阶段中小学17272所，其中小学15139所、初中2133所，90.86%的义务教育阶段的学生享受了该项政策，小学生425万名，初中生206.6万名，共计631.6万名；中央提供免费教科书的政策覆盖农村义务教育阶段学校16861所，其中小学14783所，初中2078所，全区有131.4万名学生享受中央免费提供的教科书，其中小学生88.8万名，初中生42.6万名；补助贫困寄宿生生活费政策覆盖农村义务教育阶段学校4558所，其中小学3498所，初中1060所，全区共计24.5万名学生享受到生活费补助，其中小学生8.13万名，初中生16.37万名。

---

① 以上数据根据《广西统计年鉴（2011）》和《2011年广西教育事业发展统计公报》整理。

第四章 个案探索：民族地区义务教育财政支出绩效评价分析

2007年秋季学期，全区共有606.2万名农村义务教育阶段学生享受了免学杂费和免费提供教科书政策资助，享受免费提供教科书资助的农村义务教育阶段学生扩大为474.7万人，其中小学生321.4万人，初中生153.3万人。全年共补助贫困寄宿生38.75万人，其中小学生9.5万人，初中生28.96万人，特殊教育学生0.29万人。

"新机制"实施的第三年，全区有618万名农村义务教育阶段的学生享受"两免"政策，156万名农村贫困寄宿生享受"一补"政策。同时，"两免一补"政策的标准都有所提高。免杂费标准见表4-1。

表4-1　　　　　　"两免一补"政策的标准　　　　单位：元/生·年

免杂费				免教科书费		补助寄宿生生活费	
农村小学	县镇小学	农村初中	县镇初中	小学	初中	小学	初中
225	240	375	390	90	180	500	750

全区农民负担监测点调查统计指出，2006年上半年广西农村小学生和初中生教育支出费用生均分别减少77.15元和近200元，与2005年同期相比，分别减少了50.35%和50.38%。到2008年广西壮族自治区农村小学生均减少杂费支出157元、课本费支出90元，初中生均减少杂费支出273元、课本费支出180元，减少贫困寄宿生生活费支出均1250元，小学生和初中生生均分别为500元和750元，全区农村义务教育阶段学生家庭通过免学杂费政策减轻了33亿元的经济负担。在"新机制"的保障下，有85%以上的家长感觉压力减小，孩子接受义务教育的家庭支出降低，绝大多数的农村中小学学生不必因为家庭经济问题而辍学。

同年，该区城市义务教育阶段学生全部享受免除学杂费政策，共计57.8万人，其标准如下：小学生230元/生·年，初中生330元/生·年。城市免学杂费政策也在一定程度上减轻了城市义务教育阶段学生家长的经济负担。仅2008年秋季学期，广西壮族自治区城市小学生均减少教育支出费用115元，初中生均减少教育支出费用165元，城市免除学杂费政策得到了社会各界的肯定和支持。

另外，城乡义务教育学校收费的管理在"新机制"实施后也得到规范。广西壮族自治区教育厅、物价局、财政厅于2008年9月下发了《关于免除城市义务教育阶段学生学杂费后，学校有关收费管理的通知》，要求："各地切实加强对城乡义务教育阶段学校的收费管理，规范城乡义务教育阶段学校服务性收费和代收费管理，严禁强制服务并收费，或只收费不服务，不得在代办收费中加收任何费用。"[①] 据调查显示，广西壮族自治区农村中小学在2008年以后只收取早餐费和校服费。

（二）办学条件改善效果分析

从2006年实施"新机制"至今，广西壮族自治区的办学条件得到了极大的改善。广西各市、县投入119.88亿元积极推进义务教育学校标准化建设工程，不仅建造和维修校舍，还改善学生的学习配套设施（如实验室、图书馆）和生活配套设施（如运动场、围墙）。

1. 危房率降低

A、B、C三个等级的危房从25%减少到国家标准（5%）以下，2007年小学危房率为4.92%，初中危房率为3.2%。D级危房全部消除，总计332万余平方米（见图4-1）。

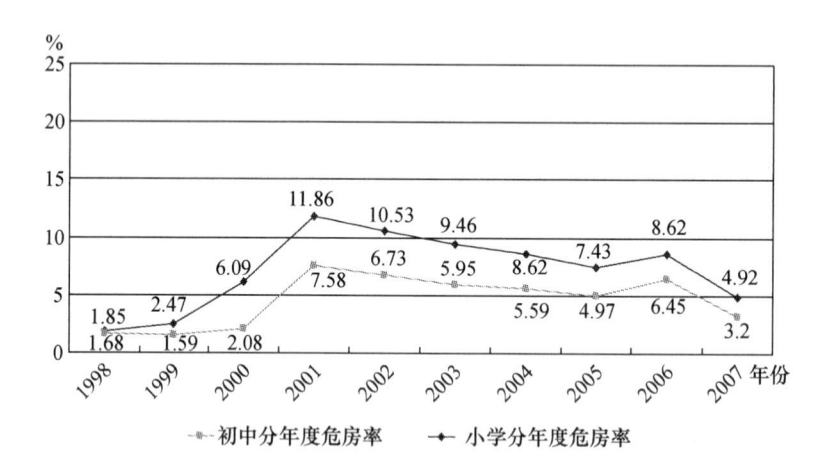

图4-1　广西壮族自治区中小学分年度（1998—2007年）危房率变化趋势

---

① 广西壮族自治区教育厅、物价局、财政厅：《关于免除城市义务教育阶段学生学杂费后，学校有关收费管理的通知》，http://www.gxzf.gov.cn/ggxx/jy/jysf/201106/t20110608_326937.htm。

2. 生均校舍面积达标

2007年，除去危房，广西小学生人均校舍面积为6.07平方米（标准为4.18平方米），初中生人均校舍面积为7.38平方米（标准为5.59平方米）。详见表4-2。

表4-2　分年度（1998—2007年）生均校舍面积（小学、初中）

单位：平方米

年度	1998	1999	2000	2001	2002	2003	2004	2005	2006	2007
小学	5.05	5.42	5.84	5.57	5.73	5.92	6.16	6.3	6.15	6.07
初中	—	—	—	5.57	5.89	6.18	6.44	6.8	7.18	7.38

3. 教学设施迈上新台阶

广西各县"普及实验教学县"的目标全部得以实现，从配套设施来看，小学基本上具备运动场、实验室、图书阅览室、仪器室、少先队活动室和体育卫生室，初中在小学的基础上增设了会议室，并将少先队活动室改为团队活动室。小学和初中的生均图书数量都高于其标准，分别为11.07册（标准为5册）和12.7册（标准为10册）。小学、初中教学仪器按不同类型学校标准要求的达标率分别为91.81%（标准为90%）和95.59%（标准为95%）。详见图4-2。

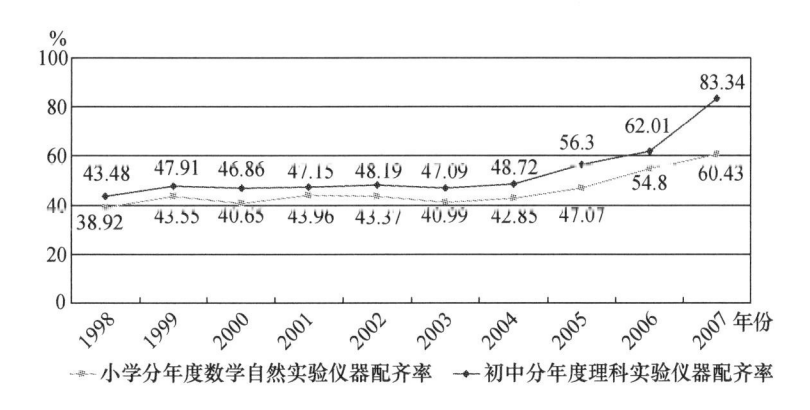

图4-2　广西壮族自治区中小学分年度实验仪器配齐率变化趋势

4. 寄宿制学校基本满足需要

广西有7.32%的农村小学生是寄宿生,共31万多人;有80.18%的农村初中生是寄宿生,共167万多人。其部分小学基本具备寄宿条件,初中全部具备寄宿条件,基本满足全区学生入学寄宿的需要。

总而言之,从以上数据我们可以发现,广西壮族自治区的义务教育经费投入在逐年增加,办学条件大幅改善。

(三) 师资结构变化效果分析

广西壮族自治区义务教育阶段的教师无论是数量上还是质量上都有所提高,教师队伍建设的一些问题都得到基本解决。

1. 中小学师资学历结构变化分析

如图4-3所示,2010年广西壮族自治区普通小学专任教师学历比2005年普通小学专任教师学历明显提高,专科及以下学历的专任教师明显减少,本科及以上学历的专任教师明显增加,小学专任教师的主体由专科学历教师变为本科学历教师。图4-4显示,2010年广西壮族自治区普通初中专任教师的学历显著提升。与2005年相比,高中及以下学历的专任教师明显减少,专科及以上学历的专任教师不断增加,专科学历的专任教师仍为初中的教师主体。

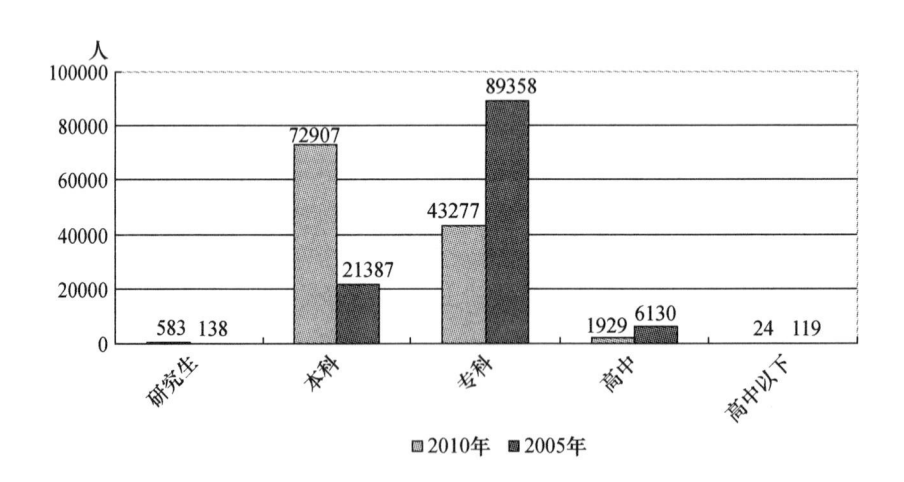

图4-3 小学师资学历结构变化分析

2. 中小学师资职称结构变化分析

2010年广西壮族自治区普通小学教师职称结构与2005年相比,变

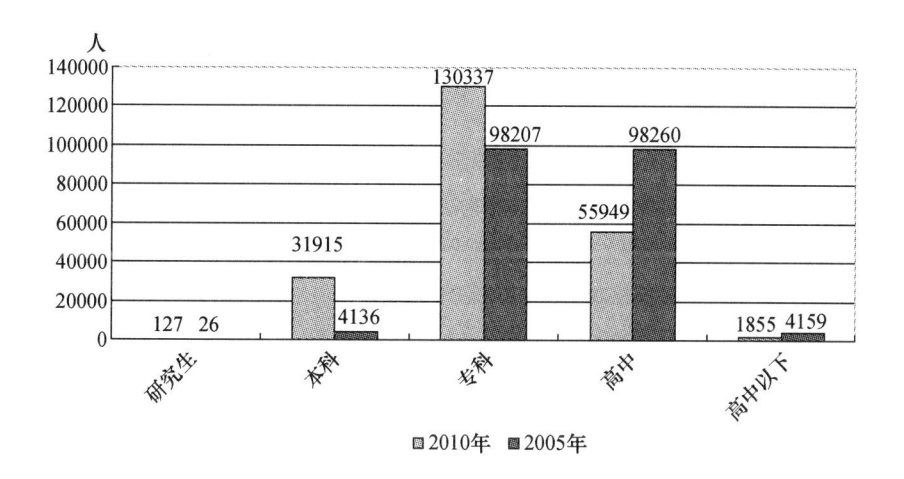

图 4-4 初中师资学历结构变化分析

化很大。小学高级教师和一级教师分别增加了 30834 人和 3844 人，小学二级教师和三级教师分别减少了 21188 人和 687 人，未定职称增加了 2143 人。详见图 4-5。

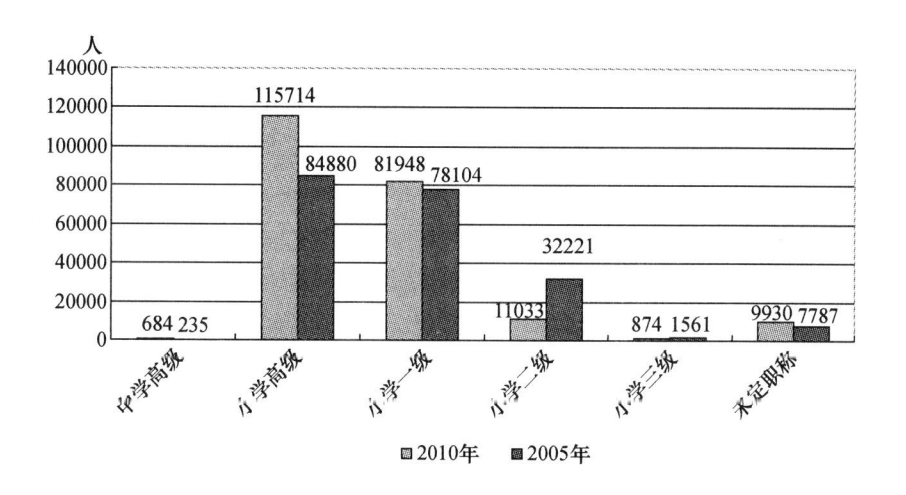

图 4-5 小学师资职称结构变化分析

2010 年与 2005 年相比，广西壮族自治区普通初中教师职称结构变化较明显。中学高级教师和一级教师分别增加了 3778 人和 19311 人，中学二级教师、三级教师和未定职称教师都有所减少，分别减少 6262

人、12743 人和 2496 人。详见图 4-6。

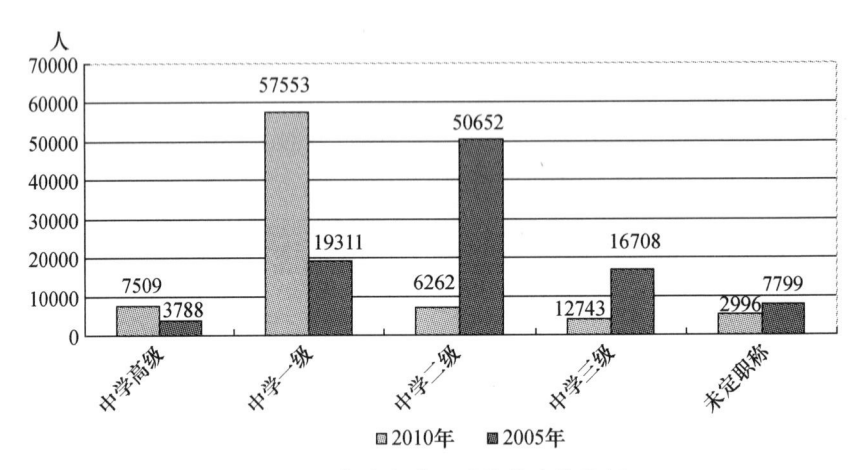

图 4-6 初中师资职称结构变化分析

3. 中小学师资年龄结构变化分析

比较 2010 年和 2005 年广西壮族自治区普通小学教师年龄结构，我们可以看出，30 岁以下的人数减少了 22793 人，50 岁以上的人数增加了 3426 人。普通小学教师老龄化现象比较突出。详见图 4-7。

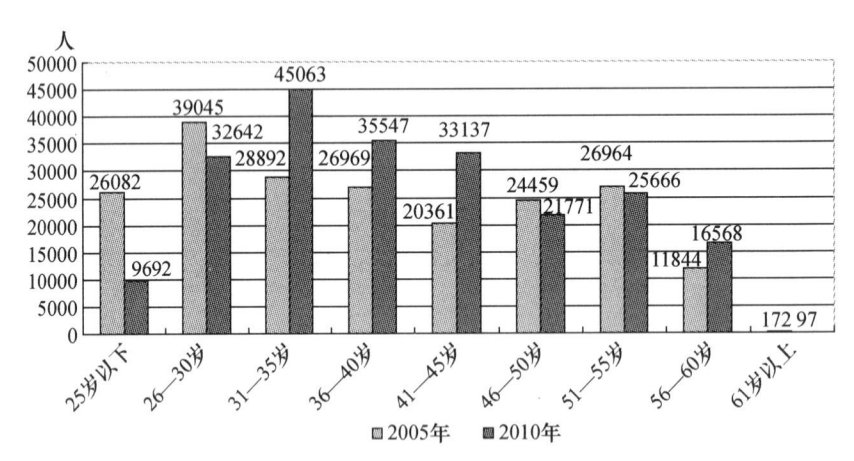

图 4-7 小学师资年龄结构变化分析

比较 2010 年和 2005 年广西壮族自治区普通初中教师年龄结构，我们可以看出，25 岁以下的减少了 7603 人，31—45 岁的人数增加了 23760 人，46—60 岁增加了 966 人，有老龄化倾向。详见图 4-8。

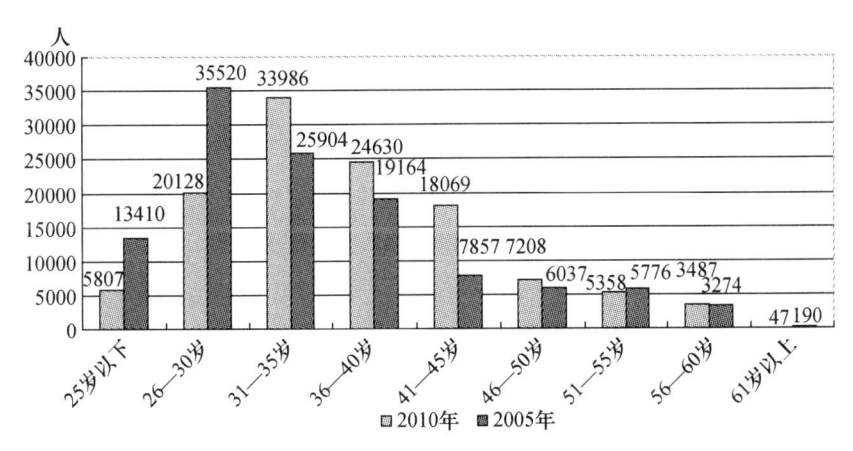

第四章　个案探索：民族地区义务教育财政支出绩效评价分析 | 59

图4-8　初中师资年龄结构变化分析

三　存在的问题及政策建议

新机制的实施确实促进了广西义务教育公平，缓解了义务教育阶段学生家庭的经济压力，推动了其义务教育的均衡发展。但是，在新机制的实施过程中也存在一些问题。

（一）存在的问题

1. 学校经费开支项目比例不合理

国家免除杂费后，容县义务教育学校总支出情况见表4-3。从表4-3中我们可以看出，该县义务教育支出中，个人支出比重过高，公共支出比重过低。2006年到2008年，个人支出占总支出的比重分别为79.1%、76.0%、80.9%，公共支出占总支出的比重分别为19.3%、23.4%、18.8%。2008年与2006年相比，个人部分所占比重有所增加，公用部分所占比重有所减少。教育经费的绝大部分都用于相关人员的工资福利支出和对个人及家庭的补助支出，学校日常基本运转的开支需要难以得到满足。学校更是缺乏经费开展其他的活动，例如更新教学设备、购买仪器图书、教师培训、科研课题研究活动等。学校整体的教育教学质量、教师专业的成长会受到公用经费拨款标准偏低的影响，不利于学校事业的健康发展。

2. 国家核定的免学杂费补助资金标准偏低

免学杂费补助标准就是"一费制"中农村中小学学杂费标准，它是由财政部、教育部根据各省、自治区、直辖市制定的，按"中档就高"原则逐省（自治区、直辖市）核定的。在调查中，我们了解到，广西

表4-3　　　　　2006—2008年容县义务教育学校总支出情况

年份	总支出（万元）	个人部分（万元）	占支出的比例（%）	公用部分（万元）	占支出的比例（%）	基础支出（万元）	占支出的比例（%）
2006	14000.9	11071.2	79.1	2701.5	19.3	228.2	1.6
2007	18488.2	14053.6	76.0	4334.6	23.4	100	0.6
2008	36220.4	29300.2	80.9	6820.2	18.8	100	0.3

注：个人部分包括工资福利支出及对个人和家庭的补助支出；公用部分包括商品和服务支出、专项公用支出、专项项目支出。

资料来源：由广西壮族自治区教育厅提供。

壮族自治区现行的"一费制"中农村地区中小学杂费最低标准与中央核定的标准是大体相当的；但中央核定的县镇中小学标准与其现行的"一费制"中县镇中小学学杂费标准是存在差距的。中央核定广西壮族自治区县镇中小学标准是在其农村地区中小学学杂费最低标准之上每生每年增加30元，但是由中央核定的县镇中小学标准要比广西自身定的标准低，小学每生每年低20元，初中每生每年低70元，形成了1亿余元的资金缺口。根据进一步调查，从2009年起，广西农村义务教育公用经费标准得到进一步的提高，但城市义务教育阶段公用经费是以2004年的学杂费标准来进行补助的，因而城市的公用经费标准要低于农村，义务教育阶段的学校收入也明显低于农村。在实行免收学杂费、借读费制度后，学校公用经费收入大幅度下降，影响学校的正常运转。

这种情况在城市更加突出。广西壮族自治区某位教育行政干部在访谈中向我们介绍了部分城市学校的一些情况：

以南宁市兴宁区苏州路学校为例，义务教育免除学杂费政策实施以前，该校总支出为142.8万元（其中88.2%的资金来源于财政拨款），包括以下几个方面的支出：工资福利支出约79.5万元、日常公用支出约31.1万元、对个人和家庭补助支出约29.2万元，以及其他支出约3万元。办公经费不足之处主要靠学生上交的杂费、借读费弥补。在义务教育免除学杂费政策实施以后，学校公用经费补助由中央和地方各级财政承担，按2004年的学杂费标准补助，小学和初中的公用经费补助分别为115元/生·学期和165元/生·学期。自2009年起，该校停收借读费,学校收入减少了 37 万元左右,约占原来经费总额的 25%。办学经费中停收借读费部分未能得到补充,地方财政也没有弥补,学校维持运转也困难。

南宁三十九中在国家免除杂费后,学校获得的公用经费补助总额为 366223 元;但是停止收学杂费(含借读生学杂费)、部分服务性收费后,减少收入 61.8 万元;保留的收费项目有内宿费、工友费,总额为 16.1 万元。目前每年的缺口为 34.2 万元。玉林市玉州区 2008 年秋季学期免除学杂费后,借读费收入还有 564 万多元。2009 年春季学期,停收借读费后,就少了这笔收入,地方财政又无法弥补,大大减少了学校公用经费,个别学校经费减少达 60%。而且 2009 年春季学期的补助经费实际下达到学校的只有规定标准(按初中 165 元,小学 115 元计)的 12% 左右,许多学校运转困难,教育稳定问题一触即发。

3. 寄宿制学校公用经费短缺

广西壮族自治区于 2004 年开始实施农村寄宿制学校建设工程,农村义务教育阶段的学校布局结构逐步得到调整。但是,在中央和自治区取消收取农村中小学住宿费的大趋势下,寄宿制学校公用经费短缺的问题日益凸显。以 2008 年秋季学期为例,广西义务教育阶段小学和初中的在校寄宿生分别有 45.34 万人和 167.6 万人,小学寄宿生占其农村小学生总数的 11%,初中寄宿生占其农村初中生总数的 87%。寄宿制学校的费用明显多于非寄宿制学校,不仅体现在学校各项水电开支和管理维护费用上,还体现在人员管理、设备购置方面。按目前标准核定的寄宿学校补助公用经费对其教学业务方面的公用经费开支有所影响,寄宿制学校在现行的公用经费标准下难以维持运转。

4. 公用经费管理不严

调查中我们发现,广西义务教育阶段学校公用经费的管理不规范。其一,义务教育阶段学校的公用经费并没有按时足额拨付。其二,部分学校公用经费的使用超出规定范围。免学杂费政策实施后,一方面学校不能够向学生收取膳食费、校园安全管理费、自行车保管费等;另一方面上级下达的补助资金相对不足,这些学校只有使用公用经费来支付学校办公、水电、聘请后勤人员的费用,以维持学校的正常运转。其三,大量学校公用经费被相关部门摊派,这部分经费约占学校公用经费的

20%。如环保部门收取的垃圾清运费、卫生部门收取的学生体检费、宣传部门要求的报刊征订费等。

5. 教师数量不足问题突出

2007年，广西全部清退代课教师，农村教师明显不足。即使一些地方教职工数与编制数基本持平，不存在政策上的缺编问题，教师紧缺的问题也仍旧得不到解决。原因在于学校规模小而年级多（1—6年级外加1个学前班）、班级学生少而课程设置科目多。河池市罗城仫佬族自治县教育局的某位干部向我们介绍了该县的一些相关情况：

> 河池市罗城仫佬族自治县的完全小学与教学点由原来的140余所和400个调整为现在的119所和100个，现有在校生24872人，比2000年减少了近15128人，平均每校209人（包括教学点学生数）；初中现有16所，比之前减少了6所，现有在校生12529人，比之前减少了5471人，平均每校783人。学校结构发生了较为明显的变化。

> 该县教师情况与发达地区和城市存在一定差距，究其原因，主要表现为以下两点。第一，教师队伍老龄化。一方面，大多数农村中小学教师20世纪80—90年代转为公办的教师，并且代转公时已经30岁；另一方面，教师队伍由于财政困难未得到有效补充。如今这些教师大多为50多岁了，其状况是牙齿脱落，思维迟缓，反应迟钝。第二，知识得不到更新。该县农村中小学教师大多是由民办教师或代课教师转变而来的公办教师，没有经费和机会去接受新知识和培训，他们上课只凭教材照本宣科，没有创造性。学生在这样的师资水平下接受教育，与发达地区和城市的距离能不拉大吗？能说是教育的公平吗？

6. 教职工福利待遇问题凸显

部分农村中小学交通不便、生活环境艰苦，教职工津贴的执行标准较低，生活用房严重不足，难以引入新的师资力量。"新机制"实施后，农村中小学教师工资待遇低的问题凸显。绝大多数的县没有教师财政性补贴开支，以容县为例，该县中小学不得将教师的养老保险金和医疗保险金等纳入到公用经费开支中。只有小部分财力较好的县将教师财政性津贴纳入财政预算，统一支付，包括教师的医疗保险、失业保险、住房公积金等，各地区中小学教师享受的政策性津贴存在很大差距。同时，国家财政下拨的经费不能发放人员经费，教师福利津贴、岗位补贴、教师超课时补贴等都没有了。在对走访的几个县的调查中得知，班主任津贴极低，每人每月仅有12元左右。这不仅使得农村学校师资力量匮乏，还降低了中小学教师和班主任工作的积极性。

广西绝大部分的中小学都聘有后勤人员，但他们的工资筹集非常困难。柳城县聘用后勤人员占学校教职工总数的8.5%，共有318人。这些后勤人员主要包括食堂工作人员和门卫。以柳城县实验小学为例，学校聘请了3名门卫和1名水电工，他们工资每人每月分别为500元和300元，他们的工资支付来源于学校预算外资金，但不少学校由于没有其他收入而从公用经费中拨付工资。学校的这一做法与国家政策相违背，补助的公用经费不可以用于后勤人员工资。同时，学校无力为他们购买社会保险，不利于学校的稳定。学校后勤人员的薪资福利既没有来源也没有政策保障。

以上问题不利于教育的均衡发展，不利于农村艰苦边远地区义务教育水平的提高。

(二) 政策建议

1. 建立稳定的经费投入保障机制

应该以"明确各级责任、中央地方共担、加大财政投入、提高保障水平、分步组织实施"为原则，进一步深化少数民族地区义务教育经费保障机制改革。第一，在发展义务教育方面，要明确中央、地方的责任，建立起中央和地方分项目、按比例负担经费的长效保障机制。各级财政部门不仅要及时调整公用经费支出结构，还要提升民族地区义务教育阶段学校公用经费保障水平，确保义务教育公用经费及时到位、正常发放，促进民族地区免费义务教育目标的实现，保证中小学校舍维修改造的实施，建立教师工资福利保障政策，促进教育公平。第二，规范使用学校免学杂费补助。学校免学杂费补助是学校的公用经费，应该专款专用，不能用于教职工工资支出，也不能用于学校基建费用支出。第三，要出台优惠政策，切实减轻相关部门对学校的收费，规范相关部门对学校的服务性收费标准。与学生安全相关、学校分担部分责任的服务性费用，如学生体检费、学生保险费、学校的垃圾费、作业本费等，应由财政统一安排专项资金进行政府采购或由学生个人自行向有关单位缴纳。第四，采用多元投资模式，以财政投入为主，政策性金融、教育彩票为辅。财政投入在义务教育发展和资源配置中起主导作用，应提高国民生产总值中国家财政性教育经费的比重。政策性金融手段可以扩大教育资金的来源，教育彩票可以吸纳社会资金投入到教育中来。同时，政府可以鼓励多渠道、多形式的资金投入到教育中来，如鼓励民间捐款、产业优惠、税收减免等方式。

2. 提高义务教育学校公用经费标准

民族地区中小学公用经费标准偏低，勉强保障中小学的低水平运转，难以适应经济社会的快速发展，没有达到经济社会发展的要求。学校的发展离不开教育投入的增加和学校公用经费标准的提高。建立城市义务教育经费保障机制是当务之急。首先，进城务工人员随迁子女人数较多的城市应该加大教育投入力度，以保证办学规模的扩大和办学能力的提高。其次，在城市义务教育阶段学生借读费免除的相关政策实施后，应该适当提高其免学杂费补助标准。最后，因为城市的消费水平要高于农村，所以城市义务教育公用经费的补助标准应大体上高于农村的标准。

3. 专项核定寄宿制学校公用经费

农村义务教育寄宿制学校取消了收费后，其资金不足的问题一直存在。由于寄宿制学校办学成本、水电暖、零星维修等费用较高，致使其公用经费标准相对偏低。同时，寄宿制学校与非寄宿制学校有所差别，它有着自身的管理特点和实际需要，所以二者的公用经费标准应有所区分。为确保寄宿制学校的正常运转，其公用经费补助标准应在现行公用经费基准定额的基础上适当增加。因此，应该根据寄宿制学校内部管理的需要，增加人员经费补助资金，供学校发放生活管理员、食堂工作人员、清洁工、门卫等人员的工资，以有效缓解农村寄宿制学校运转资金不足的问题，逐步改善和提升农村寄宿学生生活状况。

4. 完善办学管理体制，提高教育经费使用效率

首先，要建立符合教育规律和特点，与义务教育学校各项改革相适应的，"以县为主"的义务教育财务管理体制。当前，特别要尽快建立义务教育学校公用经费预拨制度，保障学校每年春秋两个学期开学前的各项准备工作。同时，建立义务教育学校收支预算、执行、结算的审计、检查、公示制度，加强学校公用经费使用监督。其次，义务教育学校校舍维修、改造和建设要建立起"以县为主"的良性运作机制。最

后，要建立以县为主，乡、校职责分明确切的教育管理网络。民族地区乡镇中心校具有两个方面的职能：其一，它具有一定的行政职能，统筹管理全乡镇中小学教育教学；其二，它具有学校职能，负责乡镇中心校的办学。但是它的地位尴尬，它不具备行政职能上的人事权，也不具有行政经费，行政职能不能较好实行，对基层义务教育统筹管理存在较大影响。因此，少数民族地区应该明确乡镇中心校的行政职能和学校职能，加强其建设，并给予财政经费和人事权方面的支持，完善基层教育管理体制。

5. 构建义务教育财政监督体系，加强督导检查

义务教育财政监督体系应包括以下四个环节：其一，各级人大和司法机关的监督。各级人大常委会的监督权限和职责范围相关法律中应明确规定，各级政府不得随意改变义务教育支出计划与项目，若需要修改，必须要经过同级人大的法定修改程序。其二，行政机关和学校内部的监督管理。行政机构与学校在监督过程中进行合作，确保义务教育财政资金专款专用，使其使用效益和社会效益最大化。其三，要组织相关人员定期对各地农村义务教育免费教科书资金、免杂费补助资金、公用经费补助资金、校舍维修改造资金的安排、使用、管理情况，并检查学校收费、财务等情况，督导评估各地教育财政改革的进展与效果，发现其中的问题，及时研究可行的解决办法，总结成果经验，发现先进典型并加以推广。其四，建立义务教育财政及其监督公开制度，加大大众媒介和人民群众对教育财政资金发放、使用情况的监督力度。

6. 加强农村教师队伍建设

全面提高民族地区教育质量，促进教育的均衡发展，切实保障民族地区儿童享受高质量的公平教育，实现的基本路径是建设一支师德高尚、业务精湛、结构合理的农村教师队伍。首先，应解决少数民族农村地区中小学教师短缺的问题，逐步增加其教师编制，实施教师特设岗位计划，加大区域之间的教师支教力度。其次，为少数民族农村地区教师提供培训，更新教师知识。为提高民族地区农村学校的教学质量，推进义务教育均衡发展，中央和各省（区）财政应安排资金实施农村中小学教师培训计划。

第二节 民族地区义务教育财政支出绩效评价

一 评价指标体系构建

1990年至今,我国义务教育取得了长足发展,但义务教育经费分配不均的问题越来越突出,引起社会的广泛关注。众多学者纷纷开始从教育经费结构、区域间(内)教育投入比较、财政转移支付制度等角度来研究义务教育财政支出绩效问题,为我国教育公平和义务教育财政投入均等化的实现提供理论支持。

我国不少学者对义务教育财政效率问题进行了初步的探索,主要运用实证研究方法。王善迈(1996)在教育产出与学生质量相同的假定基础上,较为系统地总结了教育效率的评价指标体系以及相关的计算方法。张盛仁、雷万鹏(1998)以经济学中投入产出理论为研究视角,从再使用效率、分配效率及外部效率三个方面来衡量义务教育的投资效率。杜育红(2000)研究了我国30个省、自治区、直辖市的生均教育经费问题,主要运用的测量方法包括极差率、标准差和变异系数。高如峰(2002)运用义务教育内部效益指标来分析义务教育的投资效率、内部效益指标包括生师比、效益系数(净入学率与毛入学率之比)等。刘翔、申卫华(2009)以因子分析为研究方法,以31个省、自治区、直辖市2007年义务教育的相关指标为研究对象,测算出我国各省份义务教育的发展指数。李光龙、陈燕(2010)选取安徽省2000—2006年普通中小学的生均教育经费收入、支出和生均预算内教育经费收入、支出的相关数据,进行泰尔指数计算。

此外,评价义务教育财政效率的方法很多,主要分为以下三种:其一,教育增值法。该方法着重于对学校环境的把握、对生源因素的控制,以教育生产函数为基础,采用计量统计方法,分离出其他影响学生发展的因素,仅评价学校教育教学的"净"影响(袁连生,1991)。其二,综合指标体系评价法。即指标法,是评价财政效率的基本方法之一,核心内容是在明确评价对象的基础上建立科学的指标体系。综合指标体系中的指标有三种,即总量指标、相对指标和平均指标(栗玉香,2004)。其三,前沿效率分析法。即通过前沿生产函数对效率做出评价，可以用两种不同的方法来建立前沿生产函数，包括参数方法和分参数方法。学者们常用随机边界分析方法（SFA）和数据包络分析法（DEA）（胡咏梅、杜育红，2008）。

本节主要以广西、宁夏、西藏、内蒙古、新疆五个民族自治区和贵州、云南、青海三个少数民族聚居相对集中的省份共八个省区为例，对我国民族地区义务教育财政绩效进行纵向分析。

DEA方法涉及投入指标和产出指标的选取，通过对我国教育实际情况和研究文献的总结，发现可分为以下三种：从教育投入要素指标来看，主要包括在校生数、生师比、生均图书、生均教育占地面积、教师人均培训时数等；从教育经费投入指标来看，主要包括义务教育拨款、生均公用经费、生均教育事业费、生均建设性支出和科研经费等；从教育产出效果指标来看，主要包括升学率、毕业人数、辍学率、教师满意率、家长满意率和设备设施利用率等。值得一提的是，上述指标的归类可以依据实际情况重新划分，并非一成不变。本书选取的投入和产出指标不仅考虑了数据的可得性，还突出了研究重点。具体见表4-4。

表4-4　　　　　义务教育服务财政支出效率评价指标体系

项目	一级指标	二级指标
投入项	义务教育预算内生均经费	地方普通小学预算内生均教育经费（X_1）、地方普通中学预算内生均教育经费（X_2）
	义务教育预算内生均公用经费	地方普通小学预算内生均公用经费（X_3）、地方普通中学预算内生均公用经费（X_4）
	义务教育预算内生均基本建设经费	地方普通小学预算内生均基本建设经费（X_5）、地方普通中学预算内生均基本建设经费（X_6）
产出项	硬件	小学生均图书藏量（Y_1）、初中生均图书藏量（Y_2）、小学生均拥有计算机台数（Y_3）、初中生均拥有计算机台数（Y_4）
	师资	小学师生比（Y_5）、初中师生比（Y_6）

本书研究的基础数据包括从2003—2011年全国31个省、直辖市和自治区上述指标的面板数据。数据主要来源于《中国教育经费统计年鉴》（2004—2012年）、《中国教育统计年鉴》（2003—2011年）和

《中国统计年鉴》(2004—2012年)以及各省市发布的相关年份的《教育统计公报》中的有关数据。

二 实证结果及其解释

本书应用DEAP2.1对上述投入产出数据进行处理,运用数据包络分析法(DEA)对31个省、自治区、直辖市2003—2011年投入产出的面板数据进行了分析。2011年的分析结果见表4-5。

由表4-5可以看出,2011年全国的平均技术效率是0.902。技术效率由低到高排列:0.6以下的仅有青海省;0.6—0.8的地区分别是北京、上海、天津、海南、内蒙古、西藏和新疆,共有7个;0.8—0.9的地区依次是安徽、江西、广西,共有3个;0.9—1的地区依次是陕西、重庆和四川,共有3个;等于1的地区为剩下的17个省、自治区、直辖市。从中我们可以看出,技术效率低于全国平均水平的地区有11个,纯技术水平高于全国平均水平的地区有北京、天津、内蒙古、上海和新疆,我们可以发现,规模效率造成这些省、自治区、直辖市技术效率低下,规模效率值高于全国平均水平的地区有广西、江西、安徽,也就是说造成这些省技术效率低下的原因是纯技术效率造成的,而海南、西藏和青海是技术效率较低的三个省份,并且纯技术效率和规模效率都很低;技术效率高于全国平均水平的地区有20个,除了陕西省的规模效率比全国平均规模效率值低以外,其他19个地区的普遍纯技术效率和规模效率都比较高。

表4-5 2011年全国31个省份义务教育财政支出绩效DEA分析结果

决策单元	技术效率	纯技术效率	规模效率	规模收益
北京	0.762	1	0.762	递减
天津	0.729	1	0.729	递减
河北	1	1	1	不变
山西	1	1	1	不变
内蒙古	0.794	1	0.794	递减
辽宁	1	1	1	不变
吉林	1	1	1	不变
黑龙江	1	1	1	不变
上海	0.707	1	0.707	递减

续表

决策单元	技术效率	纯技术效率	规模效率	规模收益
江苏	1	1	1	不变
浙江	1	1	1	不变
安徽	0.827	0.83	0.997	递增
福建	1	1	1	不变
江西	0.893	0.893	1	不变
山东	1	1	1	不变
河南	1	1	1	不变
湖北	1	1	1	不变
湖南	1	1	1	不变
广东	1	1	1	不变
广西	0.881	0.895	0.985	递减
海南	0.732	0.891	0.822	递减
重庆	0.976	0.976	0.999	递增
四川	0.934	1	0.934	递增
贵州	1	1	1	不变
云南	1	1	1	不变
西藏	0.642	0.835	0.769	递减
陕西	0.911	1	0.911	递减
甘肃	1	1	1	不变
青海	0.526	0.765	0.687	递减
宁夏	1	1	1	不变
新疆	0.658	0.993	0.663	递减
均值	0.902	0.97	0.928	

通过表 4—6 中 2003—2011 年八个民族聚居的省区各年份的技术效率值以及当年的全国技术效率平均值可以发现,少数民族地区义务教育财政支出投入的技术效率基本都低于平均值,而且都处于规模递增阶段。综合来看,其中技术效率值最高的为贵州、宁夏和广西,其次是内蒙古和云南,最低的是西藏、青海和新疆这三个地区,基本都在 0.8 以下。2003 年技术效率的全国均值为 0.827,2011 年技术效率的全国均值为 0.902,其中,2003 年的最低,2009 年的最高,技术效率全国均

值呈上升趋势，这说明我国义务教育财政支出的绩效在不断提高。同全国均值的增长趋势一样，民族地区的技术效率也不断在上升。虽然大多数地区的技术效率都稳定在一个区间之内，例如技术效率最为稳定的地区内蒙古，基本稳定为 0.739—0.794，但仍然不难发现其缓慢增长的趋势。此外，新疆也由 2013 年的 0.521 增长到了 2011 年的 0.658，而涨幅最大的地区广西和贵州，分别在 2008 年、2009 年、2010 等年份达到 DEA 有效，技术效率远超出全国的平均值。

表 4–6　　八个民族聚居的省区 2003—2011 年的 DEA 分析结果（技术效率值）

年份	2003	2004	2005	2006	2007	2008	2009	2010	2011
内蒙古	0.786	0.739	0.745	0.741	0.788	0.759	0.877	0.709	0.794
广西	0.848	1.000	1.000	0.832	0.901	1.000	1.000	0.955	0.881
贵州	0.779	0.919	1.000	0.965	1.000	0.897	1.000	1.000	1.000
云南	0.659	0.546	0.804	1.000	0.910	0.998	0.961	0.820	1.000
西藏	0.214	0.269	0.320	0.441	0.707	0.668	0.768	0.652	0.642
青海	0.545	0.556	0.496	0.673	0.750	0.712	0.978	0.579	0.526
宁夏	0.862	1.000	0.866	1.000	0.970	0.866	1.000	0.984	1.000
新疆	0.521	0.595	0.578	0.655	0.741	0.670	0.640	0.780	0.658
均值	0.827	0.860	0.852	0.870	0.918	0.908	0.958	0.908	0.902

从表 4–7 中我国较为发达地区各年份的技术效率值我们可以发现，发达地区的技术效率值普遍都高于少数民族聚居的八个省区，尤其是福建和江西，每年的技术效率都高于全国平均水平。例如福建，该地区每年的技术效率值都在 0.975 以上，9 年来有 7 年的技术效率值为 1 达到 DEA 有效。然而，上海和北京的技术效率并不理想。上海和北京 9 年来技术效率值分别基本稳定为 0.475—0.707 和 0.687—0.956，基本低于全国平均值，甚至低于同年少数民族聚集的贵州、广西和宁夏地区，仅仅在 2009 年两者的技术效率达到最高为 1，同时，在 2009 年，表 4–7 中所有发达地区的技术效率也都达到了 1，为 2003—2011 年来最高值。总之，与民族地区相较而言，发达地区的义务教育财政支出资源的绩效普遍高于民族地区。

表4-7　发达地区2003—2011年DEA分析结果（技术效率值）

年份	2003	2004	2005	2006	2007	2008	2009	2010	2011
北京	0.732	0.687	0.833	0.956	0.727	0.725	1.000	0.762	0.762
天津	1.000	1.000	0.615	0.614	0.942	1.000	1.000	0.733	0.729
上海	0.475	0.494	0.521	0.562	0.607	0.642	1.000	0.631	0.707
江苏	0.821	0.968	1.000	1.000	1.000	1.000	1.000	1.000	1.000
浙江	0.604	0.753	0.785	0.74	0.908	0.965	1.000	1.000	1.000
福建	0.975	0.991	1.000	1.000	1.000	1.000	1.000	1.000	1.000
江西	0.912	1.000	1.000	1.000	1.000	1.000	1.000	0.984	0.893
广东	0.635	0.755	0.895	0.876	0.963	1.000	1.000	1.000	1.000
均值	0.827	0.86	0.852	0.87	0.918	0.908	0.958	0.908	0.902

三　研究结论

从上述DEA分析结果可以得出以下几条重要结论：

第一，从全国31个省份义务教育财政支出绩效的总体情况来看，达到资源配置有效的地区为41.9%—51.6%，DEA效率均值呈逐渐上升趋势，说明我国义务教育财政支出资源的绩效越来越高。其中在2009年绩效达到最优，有67.7%的地区实现DEA有效。2003年各地区绩效最低，有35.5%的地区实现DEA有效，8个少数民族聚集省区全部为非DEA有效。而少数民族地区绩效不高则是由于运行机制的不畅：从宏观上来看，下拨过程中，教育专款存在被挤占、挪用、克扣的问题；从中观来说，教育专款经由银行、财政等划拨时，存在不能及时到位的问题，教育经费的使用效率降低；从微观上来看，对每个学校而言，教育专款更是存在分配复杂、不及时的问题。

第二，从义务教育财政支出的投入情况来看，2003—2011年大部分地区都存在义务教育阶段经费投入冗余的现象。X_1、X_2、X_3、X_4、X_5、X_6每年都存在不同程度的冗余情况。其中，普通中学预算内生均教育经费、普通小学预算内生均教育经费以及普通中学的预算内生均基本建设费冗余情况较为严重。与民族地区相比，虽然一些经济发展水平较高的地区，例如北京、上海的技术效率不高，甚至低于部分民族地区，但是这些经济发达地区的义务教育财政支出投入并不存在冗余的情况，而民族聚集省区，只有在 DEA 技术效率较高的情况下才能达到义务教育经费投入的冗余度为 0。原因在于民族地区无法像经济发达地区一样，在最大限度上履行义务教育职能，使投入的有限资源得到合理利用，无法将投入产出最大化。

第三，我国民族地区的义务教育财政支出效率也存在明显的地区差异，贵州、宁夏和广西的义务教育财政支出资源绩效较高，基本在 0.84 以上；而新疆、西藏和青海的教育财政支出资源绩效相对较低，都在 0.78 以下。这种悬殊的差距是因为贵州、宁夏和广西地方政府相对重视基础设施的投入、人才的培养、教育事业的发展。

第四，2000 年以来，国家重视和关注义务教育的发展，不断扩大义务教育财政的投入规模，2012 年，教育经费支出占国内生产总值 4% 的目标得以实现。但我国义务教育的发展是粗放型的，义务教育财政是低效率的，高增长是以高投入为代价的。从 31 个省、自治区、直辖市的财政效率来看，我国义务教育财政效率不高的原因主要包括两个方面，即义务教育财政技术效率不高和技术进步衰退。义务教育财政技术效率对全要素生产率恶化的影响是有限的，技术进步衰退是义务教育财政效率低的主要原因。因而，促进义务教育财政的技术进步是提高我国义务教育财政效率的关键所在。

第五章　均衡发展：提升民族地区义务教育财政支出绩效的价值诉求

我国义务教育在近几年得到了较快的发展，它是教育事业的重中之重，是现代化建设的推进器，但是区域之间（城乡之间、地区之间）、校际之间仍然存在明显差距，这种差距在部分地区甚至有进一步扩大的趋势。原因在于，一是我国幅员辽阔，各地区的社会经济发展不平衡，二是城乡二元结构造成的深层次矛盾突出，主要表现为城乡之间的户籍壁垒、两种不同的资源配置制度等。"均衡发展是义务教育的战略性任务"于2010年在《国家中长期教育改革和发展规划纲要（2010—2020年）》中首次提出。因此，促进义务教育均衡发展也就成为摆在我们面前的重大社会问题。我国该如何落实完善民族地区义务教育经费保障机制？如何改善民族地区农村学校和城镇薄弱学校的办学条件？如何调整优化资源配置？如何推进民族地区义务教育均衡发展？这些都是应该重视的问题。

第一节　义务教育财政支出均衡发展概述

教育财政支出均衡发展问题，是解决教育平等、教育公平、教育民主化等教育基本问题的着力点。当前义务教育财政支出均衡发展研究已经成为教育均衡发展研究的重点，也是研究教育理论界研究的一个热点。

一　均衡发展

东汉的经济学家、文学家许慎所著的《说文解字》一书中，将"均"解释为"平"，将"衡"解释为"衡量"或者"准则"，均衡指的就是平衡。均衡本是物理名词，后被引入到多种学科中。随着人们对人类资源的有限性和稀缺性的逐步认识，英国学家马歇尔将"均衡"一词引入到经济学中，指的是通过合理配置有限的人类资源来使各种处于波动的经济要素趋于平衡，最终促使市场供需相对平衡，呈相对静止状态。

均衡发展与非均衡发展相对应，它是通过对人类有限资源的合理分配，使国民经济中的各种变动的、对立的力量相当，成为一个有机整体，最为有效和充分地使用资源，使供求达到相对平衡，呈相对静止、相对不变的状态。笔者认为，均衡发展不同于狭隘的经济发展观，不是一般意义上单纯的增长、扩展，是以人为本的发展观，是强调平衡、协调的发展观，是体现公平和民主的发展观。均衡发展是发展的类型之一，是以平衡合理的资源配置为基础的发展，是健康、全面、和谐、可持续的发展。均衡发展内涵丰富，规模均衡、结构均衡、制度均衡、群体均衡等均可纳入均衡发展的范畴。

二 义务教育均衡发展

人们从义务教育制度产生以来就在努力追求享有接受教育的平等权利的目标。2004年修订的《中华人民共和国宪法》第2章第46条指出："中华人民共和国公民有受教育的权利和义务。"2006年修订通过的《中华人民共和国义务教育法》第一章总则第4条指出："凡具有中华人民共和国国籍的适龄儿童、少年，不分性别、民族、种族、家庭财产状况、宗教信仰等，依法享有平等接受义务教育的权利，并履行接受义务教育的义务。"公民受教育权、公民平等接受教育的权利在法律上得到了保障，受到保护。2000年，我国基本实现了普及九年义务教育的目标，对我国社会主义现代化建设事业有着深远影响，具有划时代的战略意义。在取得成就的同时，也应该清楚地认识到问题，我国义务教育快速发展的过程中还存在着许多亟待解决的问题。如何实现义务教育均衡发展就是这些问题中较为突出的一个。

学者们在探讨教育均衡发展问题时，对"均衡发展"的内涵有着不同的见解，主要有以下四个观点。第一种观点认为，教育均衡发展指的是教育与其他社会领域（经济、社会、文化等）间的均衡发展。第二种观点认为，教育均衡发展指的是教育领域内各级各类教育间的均衡发展。第三种观点认为，教育均衡发展存在于教育系统内部，不仅包括其各要素间的均衡发展，还包括各要素自身内部各组成单元的均衡发展。第四种观点认为教育均衡发展既包括教育领域内横向要素间的均衡发展，还包括其纵向要素间的均衡发展。这些说法虽然有一定的道理，但都具有片面性。

笔者对教育均衡发展的理解是，逐步缩小地区与地区之间、城乡之间、学校与学校之间办学条件、办学水平、办学效益等方面的差距，以最大限度地满足人民群众对优质教育的迫切需要。均衡发展的理念体现在义务教育中，具体要求主要体现在资源配置和教学过程中，既要保证人财物资源的均衡配置，又要在具体的教学过程中公平地对待每一个学生，让他们享受平等的教育。[1]

1. 从教育均衡发展的本质去理解义务教育均衡发展的基本内涵

教育均衡发展的本质就是教育平等问题，从本质角度出发，我们对义务教育均衡发展基本内涵的理解可以分为以下三个相关联的层面。其一，教育起点的相对均等，即保证人人都有接受教育的权利、人人都有均等的入学机会。其二，教育过程的相对均等，即学生在教育过程中受到平等对待，接受教育的条件相对均等，主要包括教育经费、师资水平、教学内容、教育设备等方面。其三，教育结果的相对均等，接受教育后的每一个学生都能获得学业上的成功，成为一个德智体美劳等全面发展的人。

上述教育均衡发展基本内涵的三个层面是层层递进的。其中，教育起点的相对均等，是教育过程和教育结果相对均衡的前提条件，是基本要求；教育过程的相对均等是教育起点相对均衡的进一步要求，也是教育结果的条件；教育结果的相对均衡则是最高要求。

2. 从"区域"推进策略的选择上理解义务教育均衡发展的基本内涵

义务教育均衡发展是一种科学合理的政策导向，它的基本内涵包含以下三层含义：宏观上指区域之间的均衡发展，要统筹规划省域之间、市域之间、县域之间、乡域之间以及城乡之间的义务教育；中观上是指区域内部学校之间的均衡发展；微观上是指群体之间的均衡发展，弱势群体的教育问题应该得到特别关注。

---

[1] 李敏：《义务教育非均衡发展动力机制研究》，中国社会科学出版社2011年版，第29页。

具体来说，义务教育均衡发展就是以教育公平、教育平等原则为前提，以体现教育均衡发展思想的相关法律、法规、政策为保障，均衡配置不同地区之间、城乡之间、学校之间、群体之间的义务教育资源；每一个受教育者都能在教学活动中得到学校和机构提供的均衡的教育和发展机会。

"区域"是一个普遍的概念，不同学科和领域有不同的理解。例如，从地理学角度来看，区域指的是地球表面的一个地理单元；从政治学角度来看，区域指的是国家实施行政管理的行政单元；从社会学角度来看，区域指的是具有人类某种相同社会特征的聚居社区；从经济学的角度来看，区域指的是经济上相对完整的经济单元。相对于描写、分析、管理、规划或制定政策而言，著名区域经济学家埃德加·胡佛认为，区域是被认为有用的一个地区统一体。由此可见，区域是地域单元结构，以不同的物质客体为对象，在占有一定空间，是一个有三维特征的空间概念。"区域"一词具有相对性特征。

我国各地区由于自然条件、历史、政策、体制等方面的原因，社会经济发展状况存在差异，中央和地方都有各自管理义务教育的法定权限，因此，各级政府在推进义务教育均衡发展的策略选择时，基本主张区域内的均衡发展。由于"区域"一词具有相对性特征，对于更高一级的政府来说，"区域内"又包含小的"区域间"，因此，在推进义务教育均衡发展的策略选择上，各级政府应该明确提出是推进县域内还是县域间、是市域内还是市域间、是省域内还是省域间的均衡发展，在这诸多区域中，笔者认为推进县域内义务教育均衡发展是最基本的，在县域内基本均衡之后，可以跨越市域内和市域间，直接选择推进省域范围内县域间义务教育均衡发展的战略，最后实现全国范围的均衡发展。

综上所述，笔者认为，义务教育均衡发展的基本内涵从"区域"推进策略选择的角度上来看，主要包括四个方面：一是实现省域间均衡发展；二是实现省域范围内县域间均衡发展；三是实现县域内均衡发展；四是同步实现区域内群体之间的均衡发展，关注弱势群体获得公平教育的问题。

三 义务教育财政支出均衡发展

义务教育财政支出属于公共财政支出的范畴，是政府利用公共权力配置教育财政资源的制度安排。义务教育财政支出与公共财政支出的共同属性是公共性。义务教育财政支出是以最大限度实现教育公共性，满足公众在教育领域内的公共需要为根本目的。公共财政理论、教育公共性、公共教育产品属性是义务教育财政支出构建的依据。

义务教育财政支出均衡发展主要是指在教育财政横向结构方面的地区之间、地区内的学校之间、学校内部群体之间的资源尤其是用于义务教育的优质资源的均衡配置。让每一位受教育者都能得到均等的教育机会和教育条件，享受平等接受教育的权利，都能得到尽可能的全面发展。

义务教育财政支出均衡发展是一个动态的、由不均衡到均衡的逐渐发展的过程。这里可以将义务教育财政支出均衡发展分为三个阶段：较低水平的均衡发展阶段、中等水平的均衡发展阶段和高水平的均衡发展阶段。首先，在较低水平的义务教育财政支出均衡发展阶段，让每一个适龄儿童都能享受到教育的权利，全面普及义务教育，是这一阶段义务教育财政支出均衡发展的目标；其次，中等水平的义务教育财政支出均衡发展是在义务教育普及后，以追求有限的教育资源的公平合理的配置为主要目的，尽可能让每一个适龄儿童享受到优质的教育；最后，高水平的义务教育财政支出均衡发展，即是在教育资源极大丰富，让每个儿童接受优质教育的基础上，以自身的兴趣爱好为依据，不以应试为目的，最大限度发挥自身的潜能，全面而有个性地发展，自己获得学业的成功。

因此，义务教育财政支出均衡发展是一个动态过程，是以实现教育平等、教育公平为目标的。同时，义务教育财政支出均衡发展是一种可持续的发展，它与社会的全面发展相互呼应，是一种相互促进和相互协调的关系。义务教育财政支出均衡发展与社会经济发展水平相适应，超前和滞后的义务教育财政支出都是不合适的。

第二节　民族地区义务教育财政支出均衡发展的进程

民族地区县级财政的自给率相对较低，可以说当地教育事业的发展主要是依赖上级财政，县级一般预算收入和基金收入仅仅能起到补充作用。"新机制"的实施在很大程度上使民族地区学校经费有了明确和稳定的来源，保障了学校教育工作的正常运转，特别是实现了真正意义上的免费义务教育。

一 编制民族地区义务教育阶段财政预算

义务教育作为教育的一部分，是社会资源再分配的重要手段之一。义务教育财政预算即根据教育事业发展计划和任务，编制的年度财务收支计划，是国民教育体系中的义务教育部分，是教育部门预算的基础。它反映了该阶段义务教育事业发展计划和发展规模，反映了对教育经费的需求，是义务教育财务工作的基本依据，规定着义务教育经费支出的用途和数量。

新机制实施后，民族地区学校普遍采取了新机制要求的"二上二下"的农村中小学教育预算编制程序。该程序包括学校、教育局、财政局、人民政府、人民代表大会各主体。各个学校编制收入支出预算数报教育局，教育局审核后向县财政、审计部门上报预算草案，县财政局在财政、审计部门核定后下达预算控制数。教育局以下达的预算控制数为基础，以各个学校的实际情况为依据，编制年度预算草案，并在汇总后，报送县财政局。县财政局汇总并审核各部门的预算草案，报送县人民政府。待通过县人民政府审批以后，再报送县人民代表大会。县财政局在县人民代表大会对报送的预算草案进行审批后，及时向教育局作正式批复。以云南富源县为例，该县出台了相关文件，如《富源县中小学公用经费支出暂行办法》、《富源县免除农村义务教育阶段学生学杂费和补助农村义务教育阶段中小学公用经费工作实施方案（试行）》，为制定义务教育学校预算编制制度提供保障。

二 落实"校财局管"制度

少数民族地区根据财政部、教育部于 2006 年下发的《关于确保农村义务教育经费投入加强财政预算管理的通知》（财教〔2006〕3 号）文件逐步开始完善义务教育预算管理制度，对义务教育经费实行"校财局管"制度。该文件第 2 条明确提出："加强县级预算管理，建立健全农村中小学校预算编制制度，按照农村义务教育'以县为主'管理体制的要求，对农村中小学经费实行'校财局管'。""校财局管"制度是一种财务管理体制，采用的是"统一领导、集中管理、分校核算"的教育经费管理方式，与农村义务教育"以县为主"的管理体制相适应。该财务管理制度紧密结合"财政四项改革"，旨在从源头上预防经济违法、违规，成立县（市）教育经费管理中心，不仅可以提高资金的使用效率，还可以规范收费行为。

许多民族地区的县政府以财政部、教育部于2006年下发的《农村义务教育经费保障机制改革中央专项资金支付管理暂行办法》的通知（财库）（〔2006〕23号）为管理依据，实施不同的管理办法。有的地区为了保证国家义务教育经费使用的严肃性、严格性，加强实施工作，成立农村义务教育经费保障机制改革工作领导小组、经费核算中心等专门领导机构。为了确保专款专用，一些地区开设"特设专户"银行账户，来管理义务教育经费专项资金，县教育局和财政局在学期开学前通力合作，及时分解、下达各校义务教育经费，将专项资金由特设专户直接拨付教育局直属学校、各学区核算账户，并联合下发农村义务教育专项资金管理使用的通知，还对各级各类学校的校长、相关财务人员的职责和权限、经费支出的范围和各类票据的审核作出了明确的规定。建立教育财务审核监督管理小组和教育结算中心，统筹管理本县区义务教育公用经费。如贵州独山县这个多民族聚居的县，"校财局管"实施的效果就非常好，在具体的四年实施过程当中，一方面，专门建立了特设的教育财务信息管理中心，由该县的教育部门联合各县、乡镇中心学校共同设立财务信息共享和管理网站，并由县教育局和财政局共同实行监督和指导。另一方面，设立专门的教育信息管理中心。全县教育财政管理集中在一个统一的财务信息中心，在系统上可以查到项目和支出的业务信息、会计信息、会计信息图表、打印凭证、会计报表、财务信息等信息。

三 实现义务教育经费网络管理化

制作详细的资金分配表义务教育财务管理经做到系统化、信息化、网络化。教育为社会主义现代化建设提供人才，义务教育是培养人才的奠基工程。教育事业的发展离不开有效的教育财务管理，有效的教育财务管理能够合理配置教育资源，使教育资源得到有效利用，从而推进教育事业的可持续发展。因而，各相关部门和相关人员都要认识到这一点，增加财务来源、使用情况的透明度。为了发挥政务公开在各市教育改革、发展和稳定中的作用，树立教育局机关的新形象，办好人民满意的教育事业，许多民族地区的各县市教育局大部分会定期公开财务，如学校基建项目、投资及各类教育专款的投资；不同来源教育经费的管理、使用情况；危房校舍的改造、扩建和新建情况；国家贫困地区义务教育工程项目、寄宿制学校工程建设项目、"两基"巩固提高、外资项目、国债项目、捐赠项目的资金投入情况。这些民族地区在公开的方式、内容、范畴上略有不同，但一般都选择教育信息网、公示栏、学校张榜或者教师代表大会等形式公布开支项目，各地按照要求，制定了详细的全县中小学农村义务教育保障机制改革资金分配表，不仅包括资金数额，还包括实施主体、专项资金管理办法、资金支持的方向与重点等。同时，为了改善和解决财务审计不及时、走过场的问题，各个中小学也都有专门的表，学校财务必须公开，各学校得到的资金来源比例和资金数额都被清晰地标出来，各项资金的用途也被明确列出，公开披露学校的财务信息，增加收费和经费支出使用的透明度。如云南在2009年12月率先实现义务教育经费网络化，每一笔义务教育专项资金的拨付状况都有详细的说明，拨付到哪里？用于什么项目？资助了哪个学生？该措施还未向全社会开放，仅有授权的单位才能查询每一笔义务教育经费的拨付情况。

第三节　民族地区义务教育财政支出均衡发展中的问题

民族地区，多分布在"老、少、边、穷、库、牧"区的地方，自然环境差、交通不发达、经济发展相对滞后。民族地区的县级政府财政有一些共同的突出特点，如财政自给率低，主要依靠上级财力输入，属于"吃饭财政"，以满足基本需要、保运转为目标，很少考虑发展；人员性经费支出在整个财政支出结构中占有突出比例，有的达到60%以上，大多在一半左右，等等。原因在于县级财力十分有限，不能合理调整财政支出的结构，教育公用经费与专项经费只能依靠上级财力，随上级转移的财力增多而相应增加。一些贫困县的教育部门和学校反映较多的问题集中在基建以及学习的配套设施和学校相关教学设备的添置、维修与更新等方面，更进一步则是在人员经费的支出结构上不太合理，造成教育经费和教育资源使用率较低。

一　实行"新机制"前学校负债较多

早在2004年，审计署公布的一个审计调查报告就曾显示基础教育负债问题严重,负责增长速度过快,导致县乡政府和学校的教育财政负担沉重。在报告公布后,义务教育阶段学校的教育负债就引起过一阵高度重视。目前,基础教育负债问题依旧存在,由于债务拖延,这些债务纠纷甚至演化成一系列威胁学校日常运营的事件,承建商长期霸占承建工程,债务人自行封锁学校大门等。教育负债问题并没有因为"审计风暴"而得到彻底解决。现行负债主要有施工队垫款、银行贷款以及其他社会借款等形式,而其中的施工队垫款是负债中最为普遍的形式。

民族地区义务教育欠款原因有三个:"普九"欠债、危房欠债、校建欠债。在每一次依上级要求配备各项设施的同时,民族地区部分小学都有可能为此背上负债。前面提到,这些学校在经费使用上仍然存在一些违规使用和挪用问题,主要原因是,在"两免一补"政策实施以后,学校需要自行解决教师的补贴和其他管理人员的工资等费用。县级政府没有专门的预算,学校也无法从学生的学费中获得经济补充,再加上负债严重,所以为了这些费用,很多学校都会挪用公用经费来支付,这也是许多学校共同的无奈之举。但究其根本原因其实还是义务教育经费投入不足,经费投入不够是阻碍农村义务教育发展的关键因素。

在"新机制"实施以来,民族地区农村义务教育阶段学校的教育经费得到基本保障,但其基础设施建设和需要发展依然存在很大的资金缺口,学校只能维持基本运转。经费不足使这些学校只能在低水平、低标准下运行,这将直接影响到民族地区农村义务教育质量。

二 公用经费没有得到妥善使用

义务教育公用经费,指的是维持义务教育阶段学校正常运转而消耗的人力、物力而支付的费用,包括教学、后勤两大方面的费用,具体有水电费、仪器设备购置和维修费、图书购置费、房屋日常维护费、教学管理费、教师培训费等。

由图 5-1 和图 5-2 可以看出,从 2009 年到 2013 年我国八个民族聚居的省区义务教育生均财政预算公用经费的基本趋势是在逐年增加的。从普通小学生均财政预算公用经费来看,西藏增长得最快,由 2009 年的 1187.31 元增长到了 2013 年的 3434.75 元;从普通中学生均财政预算公用经费来看,新疆增长得最快,由 2009 年的 2483.64 元增加到 2013 年的 5293.35 元。这说明,农村义务教育受到国家更高的重视,教育投入也不断增加,经费保障新机制的实施取得了一定的成效。

但是经费的增加并不代表使用的效率提高,在我国民族地区公用经费的支出结构上就存在一定问题。

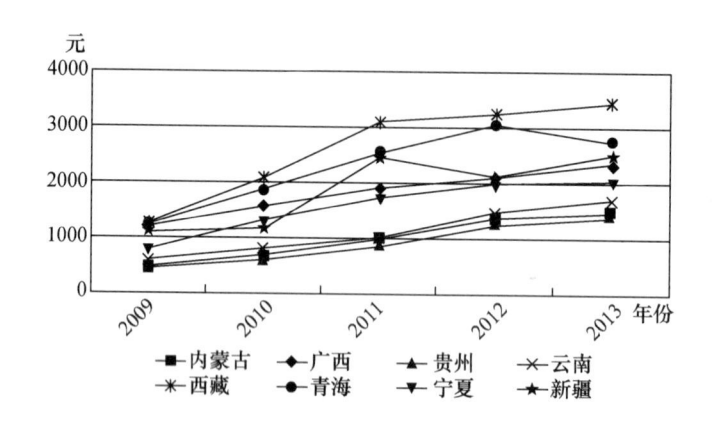

图 5-1 2009—2013 年八个民族聚居的省区普通小学生均公共财政预算公用经费情况

资料来源:根据 2009—2013 年《全国教育经费执行情况统计公告》整理。

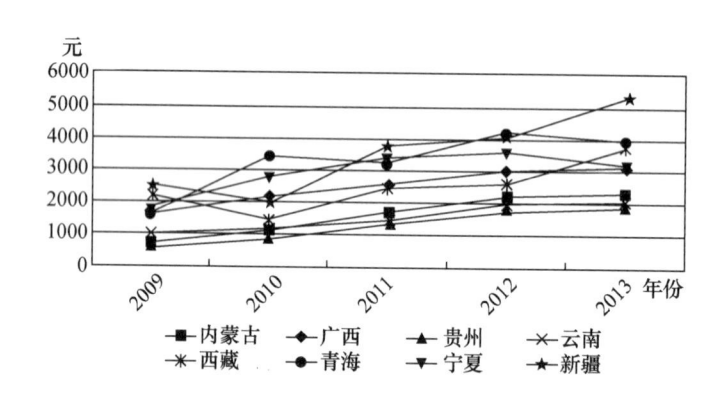

图 5-2 2009—2013 年八个民族聚居的省区普通初中生均公共财政预算公用经费情况

资料来源:根据 2009—2013 年《全国教育经费执行情况统计公告》整理。

基本上许多民族农村地区学校都会将公用经费或多或少地用于基本建设,部分学校没有很好地区分基本建设投资与建筑物的日常维修、维护费用;有的还会将部分用于偿还债务、人员经费,比如发放职工奖金或者补贴,尤其是寄宿制学校,存在食堂、宿舍等管理人员的支出需要,经费不足就经常会占用公用经费。

三 建设性经费相对不足

由表 5-1 可以看出我国民族地区小学公共财政预算教育事业费支出和基本建设支出的构成中,除了青海省外,其他七个省、自治区的事业费支出占到 95% 以上,而基本建设费支出多数低于 5%。从总体支出比例来看,基本建设费明显不足。

表 5-1　　2011 年八个民族聚集省区小学公共财政预算
教育事业费支出和基本建设支出构成

省区	事业费支出(千元)	占比(%)	基本建设支出(千元)	占比(%)
内蒙古	11529892	98.5	174993	1.5
广西	16684860	98.1	324954	1.9
贵州	14154122	98.3	249034	1.7
云南	15600427	97.5	404850	2.5
西藏	3045315	95.7	135360	4.3
青海	3345660	72.3	1284138	27.7
宁夏	2734662	95.6	125093	4.4
新疆	14504322	96.5	519662	3.5

资料来源:根据《2012 年中国教育经费统计年鉴》整理计算所得。

在民族地区的县级政府财政自给率普遍较低,主要依赖上级财力的情况下,保工资、保运转、救助贫困等基本需要是财政支出的首要目的,其次才是考虑建设及一些发展目标。新机制对基建没有及时的资金安排,因此,基建成为各民族农村地区教育系统比较关心的一个突出问题。首先,民族地区义务教育经费保障实施机制虽然解决了民族地区中小学政策运行的费用,但是民族地区中小学办学基本条件,特别是教学基本设施方面的差距仍然比较大,为了改善学校的办学条件,这些学校所在地的财政部门不断向上级申请教育专款。民族地区义务教育学校的教室条件随着"两基"达标而明显改善,但近几年由于受到地震、洪水、雨雪等自然灾害的侵袭,部分中小学校舍不同程度上出现了危房。其次,随着入学率和标准的提高,有的学校校舍短缺。各中小学校的学校硬件和教学设备普遍老化,设备维护、更新跟不上教学需要,而且缺少教学实验仪器设备、图书室以及实验室。由于财政困难,一些乡中学、中心小学没有完全配备图书馆、实验室,部分中小学实际上并没有开设实验课程,导致学生的动手能力差。一些民族地区县学校的课桌椅以及各项仪器设备大多是在 2000 年"两基"达标之前配备的,配备标准较低,经过长年的使用,部分课桌椅和仪器设备已经不能再使用。另外,一些民族地区中小学校还存在学校食堂建设不足的问题。有食堂的学校仅为少数,食堂设施较为简陋;大部分学校没有设置食堂,只能安排部分学生就近到乡镇的食堂、餐馆就餐,其卫生环境、传染病防疫等存在的隐患不容忽视。

四 城乡之间、校际之间投入不均衡

民族地区农村义务教育阶段学校的办学条件、教育资源与城市之间存在很大差距。具体体现在师资、教学条件、教学辅助设备、校舍等方面,最为主要的差别就是义务教育生均教育经费的城乡差别。以 2008—2011 年新疆城乡小学的生均教育经费为例,其农村小学的生均教育经费一直低于城镇小学的平均水平。2008 年,新疆农村小学的生均教育经费为 4563.91 元,城镇小学的生均教育经费为 4628.54 元,之间的差距为 64.63 元;2011 年,新疆农村小学的生均教育经费为 8519.68 元,城镇小学的生均教育经费为 8477.30 元,之间的差距为 42.38 元。从中我们可以看出,虽然新疆中小学间的城乡差距有所减小,甚至 2011 年农村小学的生均经费超过了城镇小学生均经费,但其之间的教学质量上的差距依旧存在。

表 5-2　　　2008—2011 年新疆城乡义务教育生均教育经费　　单位:元

年份	2008	2009	2010	2011
农村小学	4563.91	5475.92	6489.27	8519.68
城镇小学	4628.54	5526.37	6570.30	8477.30
差距	64.63	50.45	81.03	42.38

资料来源:根据 2009—2012 年《中国教育经费统计年鉴》整理并计算所得。

在校际之间,也存在着极大的差异,如教育经费投入差异、生源差异、师资差异、教育教学设备差异、校舍差异等。校际之间的差异是无法绝对消除的,是普遍存在着的,但差异过大会引起教育不公平,还会

影响薄弱学校的进一步发展。重点学校的设置,加剧了城乡间义务教育发展的不平衡,不仅加剧了学生升学上存在的差距,还加剧了义务教育内部资源配置的失衡。

第四节 相关对策与建议

促进义务教育的均衡发展,保障每一个适龄儿童接受到优质的义务教育是民族地区义务教育财政均衡发展的目标。促使民族地区义务教育财政均衡发展是实现义务教育均衡发展的策略,完善民族地区义务教育财政均衡发展的价值取向不应与促进实现民族地区义务教育财政均衡发展的手段相混同。

一 树立义务教育财政支出均衡发展的理念

义务教育财政均衡发展是一个长期性课题,解决不均衡的努力必定是长期的,绝不能希冀一蹴而就。因此,我们首先要在思想上明确义务教育财政均衡发展的理念,这对于我们今后的行动具有指导性的意义。首先,我们应该认识到我们追求的义务教育财政均衡发展是一种可持续的发展,它是一个理想与现实、目标与过程的统一。理想与现实的统一指的是义务教育财政均衡发展是与经济社会的发展相呼应、相协调的;目标与过程的统一指的是义务教育学校办学水平提升的过程与努力办好每一所学校,切实保障适龄儿童少年接受优质教育的目标的统一,是均衡发展与优质发展的和谐统一。其次,我们应该认识到义务教育财政均衡发展应该是一种从全民教育向全民优质教育转变的过程。联合国教科文组织于2000年通过的《全面教育行动纲领》为我国义务教育财政发展指明了方向:"向所有人提供受教育的机会是胜利,但如果不向他们提供保证质量的教育,那不过是一种空洞的胜利。"优质教育向来都不是精英教育的代名词,它是所有人都有权利享受的高质量的教育权利,是追求教育的整体优化的过程。最后,我们在追求义务教育财政均衡发展时要建立健全义务教育均衡发展责任制。从总体上进行规划,以各个县的实际情况为依据,合理配置义务教育的各类资源(教师、校舍、设备、图书等),逐步来缩小义务教育区域差距、城乡差距和校际差距,努力提高义务教育阶段学校的办学水平,培养全面健康发展的学生。

二 制定科学的教育财政支出均衡政策

其一,生均公用经费标准的制定要以各地区经济发展情况为依据,以达到财政均衡。民族地区区县政府应该从义务教育生均教育经费支出水平、人均财政收入、人均财政支出等各项财政指标来计算其义务教育财政供给能力的基准水平,义务教育财政资源要向低基准、薄弱的地区倾斜。第一,以各地经济的发展情况来实行倒挂式的生均公用经费标准,欠发达地区要高于中等地区标准,中等地区要高于发达地区的标准;第二,中央、省、地方三级财政为提高低基准地区义务教育财政供给的能力,可以设立一般性教育专项资金,为低基准地区提供相应补助,使其生均教育经费水平达到基准;第三,要有针对性地对高基准地区进行经费调节,来缩小区域间、校际间的差距,进一步促进义务教育财政均衡发展。

其二,确保义务教育经费长期均衡增长。中央和省级政府需制定义务教育经费长期均衡增长的保障性政策,继续加大对义务教育特别是民族地区和欠发达地区义务教育的投入。相关政策的制定要遵循《中华人民共和国义务教育法》第42条规定:"国务院和地方各级人民政府用于实施义务教育财政拨款的增长比例应当高于财政经常性收入的增长比例,保证按照在校学生人数平均的义务教育经费逐步增长,保证教职工工资和学生人均公用经费逐步增长。"为逐步均衡民族地区与非民族地区义务教育发展、促进我国义务教育整体的长期发展,义务教育经费投入应做到以下几点。第一,通过相关制度和法规的建立,为义务教育财政投入提供保障。这是因为义务教育经费短缺的问题并没有随财政投入力度的加大而得到解决。第二,制定相关政策来倾向于少数民族地区和欠发达地区等义务教育发展薄弱地区,提供专项教育扶持资金,建立起区县间均衡义务教育服务供给的方案,缩小城乡之间的教育经费差距,提高薄弱地区的义务教育服务水平。第三,民族地区对用于缩小校际间教育经费差距的专项教育资金的使用效率进行评估,以上级政府评估一般性教育专项资金使用效率情况为评估基础,以区县内校际间义务教育财政均衡程度为评估标准。

三 明确各级政府的教育财政支出责任

各地区政府的财政能力因地区间经济发展不均衡而存在巨大差异,为实现民族地区义务教育财政均衡发展,首要的就是明确各级政府间教育财政分担责任。其一，以立法的形式合理划分各级政府在义务教育投资中所拥有的权利、应当承担的义务和责任。各级政府要合理共同分担民族地区义务教育经费，建立健全民族地区教育经费保障机制。其二，各级政府分担民族地区义务教育经费的比例应该与其各自的财权、事权相对应，并且，与财政支出的最低比例和下限应该明确规定。以恩施州为例，其农村中小学的专项补助为每生每年30元，中央和地方政府按比例共同分担，比例为8∶2，中央承担补贴的份额是以全国范围为基础的，地方政府承担补贴的份额是以自己管辖的行政区域整体为基础的。也就是说，中央为每生每年提供24元的补贴，地方为每生每年提供6元的补贴。其三，各级政府应该做好义务教育经费预算工作。针对教育经费，中央政府应进行专项预算，其他各级政府应该进行单独预算。省级政府应该核实省内各县的财政能力水平，计算出拨付给县级政府的义务教育经费数；地方政府统筹安排上级和本级财政资金，并计算所辖县义务教育经费支出占县级财政收入的比例，优先补足所辖县教育经费不足的部分；县级政府则根据义务教育的标准收入、支出、激励系数等数据来做收支预算，以促进本县义务教育发展，具体来说，若标准支出大于标准收入，上级政府会根据县的实际情况直接拨付相应的专项补助，算作专项预算的一部分。

四 确立规范的义务教育财政转移支付制度

义务教育财政转移支付不仅有利于解决义务教育财政在区域间不平衡的问题，促进义务教育财政的公平与效益，还可以为促进义务教育的均衡发展贡献力量。它指的是上级政府以下级政府所辖地区义务教育财政缺口为依据，向下级政府提供义务教育财政补贴，以促进义务教育发展。

我国目前实行的财政转移支付制度分为两种形式。一种是一般转移支付，是核心的基础性制度，即在人均财力水平的基础之上，为部分县级财政进行转移支付，以解决县级教育基础性财力不足的问题。另一种是专项转移支付，是实现国家教育战略、纠正地方短期行为的重要手段。它是以民族地区的特殊教育需求为基础，以民族地区教育发展状况为依据，是以一般转移支付为前提，是由中央与省级资金相互配套的专项资金投入的支付制度。专项转移支付制度应以"科学立项，规范管理，讲求效率"为改革方向，以科学的原则为基础，分析各地办学条件上存在的差异，在各级政府具体的投资方案上确定具体的经费项目，明确各级分担比例。与此同时，不能因为加大了民族专项转移支付力度而降低县级财政对义务教育的投入力度。总而言之，民族地区教育部门应当结合其义务教育发展的实际情况，将两种转移支付形式进行有机的结合，联合运用，优化财政转移支付制度，才能让民族地区的县级义务教育经费问题得到更好的解决。

五　建立健全系统的义务教育财政监督机制

各级政府应该按照教育经费保障新机制的要求，处理好公平与效率之间的关系，在绩效拨款的基础上，无论是编制预算环节还是财务监测环节，都要建立起相应的拨款预算和监控体系。

第一，各级人民政府应接受同级人民代表大会和其常务委员会对教育经费预算及预算执行情况的监督和检查。为确保民族地区和农村地区的义务教育财政相关政策得到落实，在规定的时间内，各级人民政府应该向同级人民代表大会和其常务委员会汇报义务教育各项经费在本年度中的使用情况，并提交专题报告。同级人民代表大会对同级政府未按预算拨付的义务教育经费部分进行责令限改。

第二，各级政府应建立健全对义务教育经费的审计监督和统计公告制度，来对义务教育经费的均衡情况进行财政监督和监察。我国部分地区普遍存在挤占和挪用义务教育经费的情况，因此，要加强义务教育经费管理力度，对使用情况进行审计监督。不仅各级政府和人大的相关部门要行使内部监督职能，还需要媒体和群众进行外部监督。同时，我们可以借鉴其他国家的优秀经验，对义务教育经费的使用情况进行跟踪管理考核评估，对义务教育经费的使用效益进行考评，以加强政府、学校对义务教育经费的管理，使义务教育经费用到实处，促进民族地区义务教育的健康发展。

第三，建立问责机制。各部门应合作管理，监督检查各级政府拨付的免除学杂费补助资金是否落到实处，对公用经费滞留、截留、挤占、挪用的问题进行问责，严厉打击这类现象的出现，进一步加大监督管理力度。同时，对县级人民政府教育工作考核以及主要领导干部的考核和表彰，应把义务教育均衡发展的评估结果作为重要的衡量依据。此种做法为民族地区义务教育财政的均衡发展提供保障，有机地将官员政绩与义务教育财政均衡发展问责机制结合起来。

第五章　均衡发展：提升民族地区义务教育财政支出绩效的价值诉求 ∥ 89

第四，义务教育内部财政监督主体也应成为被监督的对象。目前，我国对教育经费投入检测和评价的内部监督主体主要有各级人大、各级人民政府、各级教育部门，义务教育阶段中小学，它们承担着不同的监督任务，履行着各自的监督职能，加强对它们的监督，有助于义务教育经费相关政策的有效落实。例如，中央政府及教育部决定着义务教育基建投资的方针，拟订义务教育经费的拨款数额，统筹着义务教育经费的管理。监督中央政府及教育部，能够及时发现义务教育经费分配使用中存在的问题，从而通过调整相关政策来及时解决这些问题，促使民族地区义务教育均衡协调发展。

第五，引导公众舆论对义务教育财政均衡进行外部监督。义务教育经费直接或间接地来源于社会，来自每一个公民，因此，社会公众与媒体有权利对义务教育经费的使用情况与效果进行监督。公众舆论对义务教育的监督有其自身的优势，公众与媒体有着较广的分布面，有着较多的信息渠道，而且随着信息技术的发展，公众舆论更容易对义务教育财政经费进行外部监督，从而引导公众舆论对义务教育的监督，可以有力促进义务教育财政的规范、合理与高效。同时，只有义务教育财政完全进入公众舆论的视野范围内，才能说明义务教育财政的公开、透明与阳光。

六　加强义务教育投入法制建设

建立完整的法律体系，保证对义务教育充足稳定的经费投入是义务教育发展的物质基础，多数发达国家建立和实施了以立法监督为主的外部监督与约束机制，对义务教育的政府经费投入、实施基本上都选择用法律形式来规定，从而保障了经费投入的稳定性。美国、韩国、日本等国家在这方面进行了较长时间的探索，我们可以借鉴这些国家的优秀经验。以美国《小学与中学教育法案》为例，该法案明确规定了联邦政府、州政府和地方政府对中小学经费分担的标准。完善的法律法规可以使义务教育经费的征集、使用等方面都有相应的法律规范，最终促使其沿着法治道路健康、有序发展。因此要加快我国义务教育财政投入立法工作进程，以立法来促进义务教育的财政投入，使其规范化。

我国于 2006 年修订的《义务教育法》对义务教育经费的投入和管理进行了明确的规定，政府的主体地位、各级政府的分担比例与相应责任都得到了法律上的确定。理顺政府间的财政关系是政府有效承担义务教育财政投入责任的前提。但是，我国现行《义务教育法》关于教育经费的规定，仍然属于原则的条款，各级政府的财政责任依然过于模糊，各级政府仍有互相推托的余地，不规范使用、浪费义务教育经费与专项补助的现象依旧存在。笔者认为，我国应该制定有关义务教育投入与使用的专项法律，内容包括制定与各地区社会经济发展水平相适应的教育经费投入标准、依法追究克扣、挤占、挪用、拖欠义务教育经费的行为的法律责任。

我国各级政府义务教育财政资金的分配程序、分配方法和分配数量都应在《中华人民共和国预算法》中做出明确规定，充分体现"公平优先、讲求效率"的原则。义务教育财政拨款的决策程序、资金的分配方案都要通过立法形式做出明确规定，重大的义务教育决策方案不仅要通过科学的财政预算与评估，还要通过同级人民代表大会的批准，促使教育财政路径与义务教育事业总计划相协调、相统一。

第六章 预算管理：建构民族地区义务教育财政支出的事前决策机制

第一节 民族地区义务教育财政预算管理

预算是财政支出的起点，是决定整体财政支出运行的重要部分，是将财政资源转换成教育所需的活动。我国义务教育财政预算执行的状况影响着民族地区义务教育财政预算管理，当然，民族地区也有其特殊性。本节在介绍教育财政预算，以及民族地区义务教育财政预算现行管理体制的同时，以湖北恩施苗族、土家族自治州的义务教育财政预算管理现状为例，对其编制预算、财政资金使用进行现状考察和问题分析。

一 民族地区义务教育财政预算的基本内涵

预算（Budget），是经法定程序审核批准的国家年度财政收支计划的文件。它不仅是国家管理财政收支的重要手段之一，也为国家各项事业的健康发展提供了物质保障。

教育财政预算是以发展教育事业为目的，筹措和分配教育财政资金的年度经费收支计划，其主体主要是法定程序批准的国家和地方教育主管部门及其所属教育事业单位。主要包括两个层面：其一，要根据国家相关规定编制该地区义务教育经费预算，包括开支标准、开支范围、开支额度；其二，要以教育事业发展需要为基准，领取财政部门或上级教育主管部门下发的预算资金。

民族地区义务教育预算是指民族地区中小学根据教育事业发展计划和任务编制的年度财务收支计划，它既体现了其教育事业发展规模、发展计划，又反映了其义务教育阶段对教育经费的需求。从形式上看，它为学校的财务工作提供基本依据，是列明学校一年收支的财务计划；从本质上来看，它是具有严肃性和权威性的有关学校收支情况、使用情况的法案，若相关部门、学校未严格按预算执行，就属于违规甚至违法，若情节严重，可能承担刑事责任。民族地区义务教育预算作为一项法律，作为一个法案，它其实决定了一个标准，或者说是一个法律标准。

二 民族地区义务教育财政预算编制的基本原则

（一）综合性和约束性

这是财政预算编制最重要的原则。这是由于年度预算编制程序是唯一可用的约束决策行为的机制。综合性要求从整体出发，分析问题，理解各种联系，评估制度对绩效的障碍，然后找出最合适的切入点进行阶段性改革，并最终扩展成为全面的改革。预算必须包括政府一切财政行为，使涉及财政的有关决策建立在硬预算约束背景下，并能够与其他要求相互竞争。有效的约束要涉及所有方面。而选择最合适的政策手段以实现特殊政策目标，对成功的公共支出管理来说，则意味着需要将经常性和资本性支出决策相联系。与经济相结合的约束性，也意味着预算应仅限于利用执行政府政策所必需的资源。

（二）合法性

合法性是指在实施过程中有权改变政策的决策者必须参与并同意最初的决策，无论该决策是否独立于预算编制或在预算编制过程中作出。合法性也意味着在预算编制过程中作出的决定应关注对现有政策的影响。与合法性相联系的原则，职能部门应决定如何最好地利用资源投入，团体和私营部门应对最适合其决策的问题作出决策。

（三）灵活性

灵活性与决策应建立在信息全面的基础上这一概念相联系。在运作上，管理者应对管理决策具有权威性；在纲领性计划上，各部门应享有更多的计划决策权限。这一点必须同时具有相关信息的透明度和决策主体明确的责任制，并要求有严格的战略。目前公共部门过多地出现了执行严格而战略松散的情况。

（四）可预测性

可预测性对于提高政策执行和规划实施的效率和效益具有重要作用。如果宏观和战略政策，以及执行现行政策所需资金比较稳定，公共部门就会运作得很好。这就要求关注短期和长期的平衡。财政政策应考虑到确保资金及时满足计划和项目的需要，这要求在调整不平衡预算、项目发展计划及其评估方面有一个中期计划。

（五）可竞争性

可竞争性在政策制定和公共服务提供中能换得更大的可预测性，因为可竞争性确保了现有政策不断受到审查和评估，促使职能部门不断改进工作。

（六）诚实性

诚实性意味着预算来自无偏见的收入或支出预测。技术问题和政治问题都会引起预测偏见。过于乐观的预测弱化了预算对战略性重点部署的约束，导致重点政策执行不力。

（七）透明度和责任制

透明度和责任制要求一切决策，以及决策依据、结果和成本必须公开，并清楚明确地告知公众。透明度同时还要求决策者在作出任何决策之前，必须收集一切相关材料和信息。决策者有责任行使好所赋予的权力。这是换取更大的灵活性的基本条件，同时也对准确、及时获取信息提出了更高要求。①

三 民族地区义务教育财政预算现行管理体制

（一）民族地区义务教育财政预算管理体制

2006年修订通过的《中华人民共和国义务教育法》第7条明确规定："义务教育实行国务院领导，省、自治区、直辖市人民政府统筹规划实施，县级人民政府为主管理的体制。"义务教育经费被国务院和地方各级人民政府纳入到财政预算中，义务教育经费需要在地方政府财政预算中单列出来。

2005年12月下发的《国务院关于深化农村义务教育经费保障机制改革的通知》（国发〔2005〕43号）第四部分第2条提出："推进农村义务教育阶段学校预算编制制度改革，将各项收支全部纳入预算管理。推行农村中小学财务公开制度。"预算编制制度的改革不仅是农村义务教育经费保障机制改革的重要一步，还是农村中小学经费规范管理的关键。民族地区社会经济文化发展滞后，信息闭塞，交通不便，以传统的农业经济为主，是"老、少、边、穷"的典型。因此，农村义务教育

---

① 霍姆斯主编：《公共支出管理手册》，王卫星译，经济管理出版社2002年版，第1—3页。

阶段学校预算编制制度改革，重点在于着力推进民族地区义务教育阶段的预算管理体制建设。

（二）民族地区义务教育财政预算具体编制过程

地方政府财政预算的编制过程一般包括四个环节（如图6-1所示），即预算草案编制、汇总、行政首长审批、权力机关审议通过。编制过程具备两个特点：其一是"自上而下"，即收入与支出费用的总限额首先由批准部门或上级部门制定，随后，各个有关部门根据自身实际与需求提出预算要求；其二是"自下而上"，各个相关部门以新计划、新项目的实际需求为基准，为得到额外预算，而向预算批准部门或上级部门提出请示。

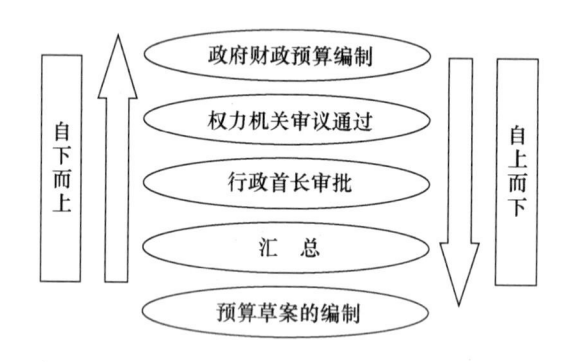

图6-1 财政预算具体编制过程

（三）教育财政预算编制"二上二下"的具体程序

目前，县教育局、县财政局和各农村义务教育阶段学校在县政府的统一领导下共同组织和实施义务教育财政预算编制工作，其他相关部门单位积极配合。编制工作中应该注意以下几点，要科学合理安排预算，规范批复程序，及时并足额拨付经费，不断完善相关制度。

义务教育预算编制的整个过程应该以"自下而上，自上而下，两上两下，上下结合"为原则。首先，义务教育阶段各学校的相关人员要根据学校的基本情况（学校收支情况、人员编制情况、现有资源状况等）进行统计，并填制相关数据表，如《学校收入预算表》、《学校支出预算表》、《学校基本情况表》、《政府采购预算表》。学校预算编制小组在校长的领导下审核学校预算建议数，并在规定的时间内，将由校长

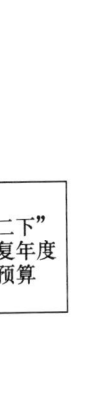

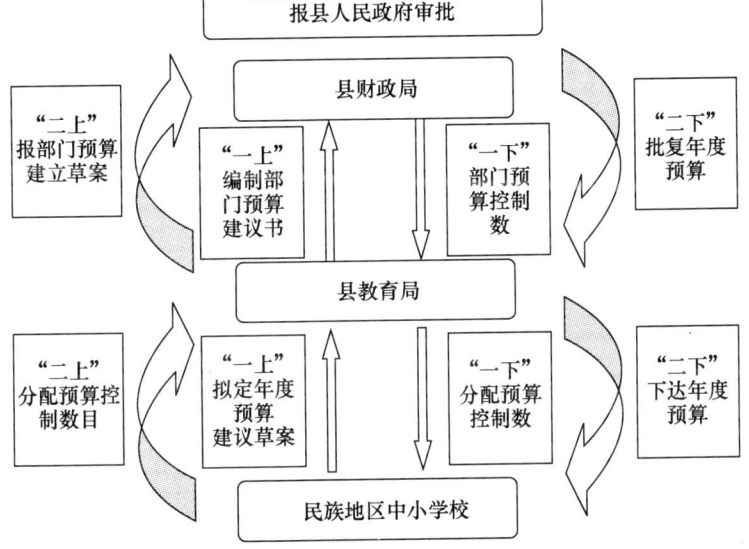

第六章 预算管理：建构民族地区义务教育财政支出的事前决策机制 | 95

图6-2 财政预算编制"二上二下"的具体程序

资料来源：高巍：《我国农村义务教育学校预算编制制度实施过程中的问题及对策研究》，硕士学位论文，东北师范大学，2007年，第7页。

和填报人员签字并盖公章的预算建议依照程序上报给县教育局。其次，县级教育部门和财政部门按照程序审核并汇总各个学校的预算建议，再将预算控制数反馈给各个学校。再次，义务教育阶段各学校校长组织预算编制小组根据下达的预算控制数来调整预算建议数，并将拟定的预算草案按程序上报给县级教育局。预算建议数的调整范围包括重新编制学校预算编制说明、调整学校的收入预算（以财政补助收入为主）、支出预算和政府采购预算。又次，县教育局收到各个中小学的预算草案后，要进行审核，并将它们汇编成教育部门的预算草案报送到县财政局。最后，县财政局要对各部门的预算草案进行审核和汇总，并在得到县政府的审批以后，报送给县人民代表大会，等待审议。县财政局在县人民代表大会审议通过后的一个月内正式向县教育局批复年度预算。在接到年度预算正式批复的半个月内，县教育局必须将预算下达各校。

第二节 民族地区义务教育财政预算
　　　　制度执行现状调查

鄂西土家族苗族自治州人民政府于1983年年底正式挂牌成立。它于1993年正式更名为恩施土家族苗族自治州,是我国目前最为年轻的一个自治州,也是湖北省唯一的一个少数民族自治州。恩施土家族苗族自治州是"老、少、边、山、穷、库"的典型,位于湖北省的西南部,东部连接着宜昌市,南部紧挨着湘西土家族苗族自治州,西部连着重庆市,北部紧靠着神农架。截至2013年,恩施土家族苗族自治州辖恩施市、利川市,以及六个国家级贫困县巴东、建始、宣恩、咸丰、来凤和鹤峰。截至2014年年末,全州总人口有406.29万人,国民生产总值612.01亿元,人均生产总值18463元,全年地方财政总收入118.63亿元,其中,地方公共财政预算收入57.82亿元。[①] 恩施州属民族贫困地区,与湖北省其他县市相比,经济发展水平相对滞后。因此,将恩施州作为研究民族地区的样本是具有代表性的。本书以具有典型性的H县、X县和J县作为研究样本,以每个县的经济、社会、义务教育的发展情况为抽样依据,先从三个县中分别抽取较好和较差的两个乡镇,再从每个乡镇中抽取两所中小学,主要运用实地调查和访谈的方法来获取其义务教育经费投入与保障情况的相关资料。

近几年,恩施州的义务教育事业在稳步发展。2009年,九年义务教育完成率为86.3%,成人识字率为99.0%。2010年,全州九年义务教育完成率为85%,青壮年识字率为99.5%,"两基"成果得到进一步的巩固。2014年年底,全州共有普通中学164所,招生5.80万人,在校学生17.25万人;小学512所,招生4.31万人,在校学生24.72万人,办学条件得到改善,师资队伍得到优化,教育质量得到提升,义务教育均衡发展。[②]

---

① 资料来源:《恩施州2014年国民经济和社会发展统计公报》,恩施州统计信息网。
② 资料来源:《恩施州国民经济和社会发展统计公报》,恩施州统计信息网。

(一) H县义务教育财政预算制度执行现状

H县是国家级扶贫的重点县,位于恩施州东南部。该县辖六乡两镇以及一个开发区,全县总面积为2892平方千米,总人口为22.02万人。从经济状况来看,2011年,全县的生产总值为26.26亿元,与2010年相比,同比增长16.9%,经济保持平稳较快增长。从财政情况来看,2011年全县财政总收入为2.4亿元,一般地方预算收入是1.6亿元,上级拨付的各项补助收入为2.9亿元,补助收入可分为两部分:财力性补助收入2.7亿元,返还性补助收入0.2亿元。全县财政支出预算主要包括以下六个方面:预算单位运转经费3.69千万元、保障性支出3.76万元、专项支出1.4亿元、教育支出1.3亿元(义务教育支出0.2亿元)、人员经费为2.1亿元、上解支出0.26亿元(其中省级0.24亿元、州级0.02亿元)。从义务教育基本情况来看,2011年该县共有中小学72所,其中,教学点27个,完全小学28所,初级中学5所,九年制学校(包含私立创新学校)9所;在校学生数为21433人,其中,小学在校生数为10386人,初中在校生数为7287人;"普九"人口覆盖率为100%,小学适龄儿童全部入学,并无辍学现象,初中适龄少年的毛入学率在97%以上,年辍学率不超过3%;教职工共有2135人,编制内教职工有1858人,小学编制内教师924人,初中编制内教师550人,余下的为资教教师[①],小学教师学历合格率为99.23%,初中教师学历合格率为93.12%。

该县以往实行的校长审批制随着教育经费的增多而出现了一系列弊端,如校长在学校财务管理上消耗了过多精力、缺乏财务知识而偶有违规操作行为。针对这些弊端,该县教育局在调研基础上决定改变教育经费管理方式,用团队管理方式。该方式不仅可以为校长腾出更多的时间来管理学校,还有利于增加资金使用透明度和提高资金使用效率。该县在管理义务教育经费方面取得了突破性的进展,于2009年起开始实行财务会审制度,即校长不再一人独权签核教育经费,而是要通过审核小组的审定后再签批。

---

① 资教教师,也称资教大学生教师,简称"资教生",是湖北省教师队伍中出现的一个特殊称谓。湖北2004年开始实施"农村教师资助行动计划",通过政府出资买岗的形式,以优惠政策鼓励一批大学优秀应届毕业生到贫困县农村乡镇学校去任教,以缓解农村教师不足的问题。

（二）X县义务教育财政预算制度执行现状

X县是国家级贫困县，该县辖六乡三镇，全县总面积为2740平方千米，总人口为31.04万人，县内少数民族人口占总人口的66.56%，包括土家、回、苗、侗等23个少数民族。从财政收入预算状况来看，2011年全县地方财政总收入为2亿元，一般预算收入为1.4亿元。从财政支出预算状况来看，一般性预算支出为4亿元，其中教育支出为1.3亿元（义务教育支出0.14亿元），教育发展基金有550万元（用于改善办学条件、扩建教学楼、奖励优秀教师），争取490万元资金（改善部分中学教学条件及建设青少年活动中心等），校舍安全工程专项补助资金为238万元（中央120万元，省118万元）。该县义务教育阶段学校能够维持正常运转。

（三）J县义务教育财政预算制度执行现状

J县为国家级贫困县，辖五镇五乡，全县总面积为2659平方千米，总人口为41.19万人，全县少数民族人口数占总人口数的29.3%，包括土家族、苗族等11个少数民族。2011年该县财政总收入为6.2亿元，一般预算收入为2.4亿元，财政总支出为7.3亿元，一般预算安排支出为6.7亿元，上解支出为0.6亿元。[①] 2010年，该县政府以《省财政厅关于下达2010年农村中小学教学点公用经费补助资金预算的通知》（鄂财教发〔2011〕127号）和《州财政局关于下达2010年农村小学教学点公用经费补助资金的通知》（州财教发〔2011〕543号）文件为依据，以解决县农村小学教学点运转艰难问题为目的，设立用于补助农村小学教学点的专项公用经费，对不足100人的农村小学教学点按一定标准补助公用资金136万元（中央109万元，省27万元），设立补助校舍安全工程的专项资金322万元（中央162万元，省160万元）。

我们通过对以上三个样本县的相关调查和访谈，进一步了解并掌握了民族地区义务教育财政预算制度和预算管理现状。

---

① 资料来源：J县财政局《关于J县2011年财政预算执行情况的报告》。

第三节 民族地区义务教育财政预算管理存在的问题

改革开放至今，我国的财政收入持续稳步增长，由建设性财政体制转为公共财政体制。在获得大跨越的同时，现行的财政预算管理监督机制依旧存在不少问题，在一定程度上影响其充分发挥有效性。通过对恩施州三县的实地调查，我们不难发现，民族地区义务教育财政预算仍然存在一些问题，具体如下：

其一，预算编制不尽科学。预算管理最初出现在管理会计之中，企业广泛运用，预算管理体系主要包括平衡计分卡的战略管理体系、传统的预算管理体系。我国的义务教育财政经费预算是以部门预算为主，财政部门负责教育费预算的编制，计划部分负责教育基础建设费。地方各级财政部门在编制本年度预算时往往不会征求义务教育阶段学校的意见，而仅仅以当地上一年度的财政经常性收入或上一年的预算情况为参考。这会导致部分学校预算数常年不变。地处贫困山区的恩施州绝大部分学校的办学条件还相当落后，硬件设施缺乏。全州中小学 D 级危房较多，存在安全隐患；寄宿制学校数量不够，家在边远地区的孩子交通不变，上学困难；学生如厕困难，甚至发生过因拥挤而造成踩踏事故等。为解决这一系列的问题，就需要增加财政预算，但现实中并没有财政部门进行实地调查，更没有征求、询问征求中小学校的意见，经费多少，不是取决于不同学校的实际需要，而是取决于原来的基数，这导致财政拨款与学校实际需要落差较大。

其二，预算约束软化。预算约束软化指的是预算的调整具有较大的随意性。不少地方政府会在没有经过人大常委会审查和批准的情况下调整教育预算科目，易导致隐形分配，如"部门申请、领导批条、追加预算"。人大常委会针对这种情况十分被动，唯有进行事后"追认"监督，预算的权威性、严肃性、约束力受到了极大的冲击。例如，有的地方为了年中能够安排追加预算，而预留较多的教育财政预算资金；有的地方过多地追加预算，设置超过了年初预算金额。预算约束软化、不严格审批追加预算不仅给了一些部门和单位跑要资金的机会，还为腐败的滋生提供了环境。此外,还存在预算执行进度过慢的问题。在调查中发现,恩施州的一些中小学校财政日常支出进度较慢,但在年终时常常搞突击支出来填补不足。

其三,财政预算、执行和监督缺乏制衡。财政预算编制、执行和监督缺乏制衡主要有两个原因。第一个原因是,同一主体行使预算编制、执行和监督这三项职权,导致三者之间缺乏制约,易于掩盖各环节中存在的各种问题。公民的民主意识、权利意识和参与意识随着生活水平的提高而不断加强,希望自己作为纳税人的合法权益得到保障,也期望政府能够依法执政。公民有权利了解缴纳的税费被政府用到何处、效果如何。政府也有义务和责任公开相关信息给公民。但是由于专业知识的缺乏以及政务信息的不公开,纳税人很难了解事实真相,监督和制约就更是谈不上。第二个原因是,监管财政预算难度大。人民代表大会仅仅是审批预算的收支总额,大部分地方财政部门也无法对预算收支的具体内容、经济效益和社会效益进行审查,预算草案科目只有"类"这一级,科目范围宽泛,没有具体到"款"、"项"、"目"。尤其在我国义务教育财政预算管理中,相关问题突出。其一,预算科目内容宽泛,并没有进行详细的划分,特别是义务教育经费支出项目划分粗略,导致无计划而盲目的经费支出问题。其二,预算审批的法律性、严肃性缺失,监督力度弱。调查中了解到,部分学校未按照规定规范执行编制的预算,如挪用、挤占教育经费、用某个项目的经费去填补另一个项目经费的空缺等,导致学校财务入不敷出,不仅严重影响学校发展,还影响义务教育事业的健康发展。

其四,预算编制和审批时间相对较短,预算年度不合理。一方面,各地教育财政预算编制工作时间为每年的11月左右到次年3月人代会召开前,人代会上将会对上报的预算草案进行讨论、审查,但是审查匆忙、形式化,并没有逐项进行审议。另一方面,因为人民代表大会要对各地区上报的预算草案进行审批,所以预算执行时间滞后预算编制时间约3个月,存在时间差。从而导致各地区每年有3个月没有预算,或者预算没有经过法定程序审批。因此,若没有预算,教育部门的工作就难以开展,若使教育部门工作顺利开展,就需要调整预算,但这样一来,就增加了预算调整的随意性,增大了私自调整预算的风险。

第四节 存在问题的原因分析

少数民族地区义务教育事业发展的影响因素中，预算管理的科学与否，是具有先决条件的。即在财政水平处在一定水平时，预算体现的不仅是一个时期财政支出的结构，更是教育发展各部分的效果。从客观上来看，自然地理环境在一定程度上影响着经济发展水平、财政支出情况，在义务教育财政管理中引入预算绩效的概念，就是要改善因客观原因造成的资金使用效率不高的困境；从主观上来看，导致民族地区义务教育发展过程中存在问题的主要原因是相关部门领导的领导能力和领导水平、财政预算编制相关人员的素质等。

第一，自然环境恶劣，经济发展水平滞后。我国少数民族地区大多社会、经济、文化发展水平滞后，信息闭塞，交通不便，自然环境恶劣，主要分布于西部的边远山区、牧区、林区以及边境地区。即使国家政府在改革开放以后实施均衡发展的战略，努力缩小东西部间的经济差距以及其他方面的差距，但它们之间的差距并未被消除。我国少数民族地区教育事业发展缓慢主要是因为其城市化发展水平和经济发展水平。其一，民族地区地域广阔，但人口稀少，导致其城镇分布不密集，城市化发展速度十分缓慢，城市化发展水平较低，城市仅有较弱的辐射力，难以带动经济发展；其二，民族地区市场经济的发展十分滞后，经济收入水平低，财政支出严重不足。

第二，地方政府相关政策不到位。2010年颁布的《国家中长期教育改革和发展规划纲要（2010—2020年）》中明确提出："要健全以政府投入为主、多渠道筹集教育经费的体制，大幅度增加教育投入。"我国于2012年首次实现了国家财政性教育经费支出占国内生产总值的4%的目标，并且教育的财政投入在不断增长。2001年我国公共财政教育投入为2700亿元，2010年我国公共财政教育投入为14200亿元，平均每年增长20.2%，与同期的财政收入的年均增长幅度相比要高。教育支出已经是我国公共财政中的第一大支出，2001年教育支出占财政支出的比重为14.3%，2010年教育支出占财政支出的比重为15.8%。各级地方政府的教育经费随着国家财政性教育经费支出的增加而有所增长，但地方义务教育经费各方面因义务教育财政体制不够完善而存在问题，如地方编制的预算资金数与其财政经常性收入、义务教育经费投入数存在差异，地方教育经费投入结构不合理，编制和管理财政经费预算等方面存在诸多漏洞。

第三，预算编制质量低、力度弱，项目支出管理难度大。民族地区各相关单位部门在编制和执行教育财政预算时缺乏约束意识，导致其预算编制质量不高，预算执行效率不高，主要表现在以下三个方面：其一，相关部门在编制教育预算时缺乏前瞻性，从而造成与之后的实际工作脱节。其二，教育预算的编制具有较大的随意性，没有标准的项目库为依据，项目编列随意，频繁调整项目，要求增加预算资金的同时却没有对应的实施项目，项目资金的落实比例不高。其三，其财政部门不能科学地核定具体项目支出的额度，无据可依，对项目支出的管理十分困难。

第四，相关部门对财政违规、违纪事件处理不力。近几年来，审计不断揭露出不少令人触目惊心的大案要案，甚至涉及教育领域，客观地讲，这种"屡审屡犯"现象的发生与我国原有的制度也有一定的关系。1994年颁布的《中华人民共和国审计法》虽然初步建立了我国审计工作机制，然而，审计部门只能履行审计职能，却没有相应的处分或处置权力。党和国家及政府的其他监督部门（纪检、检察院、法院、监察、公安等）的问责惩戒机制也不够健全。对于问题单位的处理，很大程度上仅仅只是一个纪律或者道德约束，审计出来的许多问题结果是"不了了之"，没有对相关责任人"动真格"，相关部门仅仅在审计报告公布后进行象征性的处理，睁一只眼闭一只眼。政府相关部门机构抱着无所谓的态度纵容这些人继续违规，违规当事人发现可以以较小的成本换来较大的收益，并没有对自己的违规行为进行纠正，而是依然故我。

第五节　相关对策与建议

通过对恩施州三个县的调查，我们充分认识到改革民族地区义务教育财政预算的迫切性和必要性，完善教育财政预算体制、建立科学合理的教育财政预算制度、培养并提高参与式预算意识。民族地区义务教育财政管理体制的完善必然会受到诸多因素的影响，如当地的义务教育实际发展状况、经济发展水平、相关人员素质等。因此，在实际的调整与改进中，我们必须实事求是，因地制宜，必须要与具体情况的发展变化相适应。

一 完善民族地区义务教育财政预算制度的对策

（一）加强教育财政预算管理制度改革中的民主参与

"参与"在《现代汉语词典》中的解释是"参加（事务的计划、讨论、处理），参与其事"。"民主"的概念最初起源于希腊，指的是人民的统治。1970年，卡罗尔·佩特曼出版了《参与和民主理论》，认为：所有公民直接、充分地参与公共事务决策的民主才是真正的民主，公民应该参与到政策议程的设定到执行的整个过程；公民直接参与到政治中不仅可以让他们的政治责任感得到强化，还可以让他们对公共问题的关注度增加，不仅有利于培养出对政治事务感兴趣、积极的公民，还有利于促进人类的发展。通过对中美在义务教育预算管理模式上的比较，发现二者在这方面存在一定差异。中国义务教育预算是由政府相关部门直接进行管理，公民参与度极低，缺少参政、议政的机会，相关决策信息、过程几乎不透明；美国义务教育预算有着听证会制度，公民参与度很高，相关决策信息、过程完全透明。经常性收入与项目经费支出的比例如何实现平衡，财政拨款如何做到与各个学校实际需要和发展相符合，都需要公民的积极参与，通过公民真实、有效的反映，制订出科学合理的计划。

（二）建立系统、完备的财政预算管理体制

系统、完备的财政预算管理体制是促进我国各项教育事业均衡发展的根本保障。如今，由于我国的教育经费的透明度很低，各个学校教育经费的预算数目无法被地方政府和公众所了解，容易出现编制出的预算与实际不符、拨款与义务教育需求脱节，缺乏对学校财政项目支出预算系统而又完善的管理办法和评价体系。因而，迫切需要建立起完善的教育财政预算系统，从整体上看，要合理编制预算，并实施多项措施予以配套，将外部控制和内部控制有机结合在一起，实现对预算整个过程的全方位控制。例如，提高教育预算等级，适时适当地调整预算周期等。与此同时，从学校上看，学校应该建立财务制度，有计划地、合理地安排各个教育项目经费，并对教育经费开支实行事前监督；为杜绝浪费教育经费的现象，要通过完备的经费开支报销程序和经费开支审批制度对教育经费支出实行严格管理。这样，从学校内建立起有效的支出约束机制，做到有章可循，并且严格按制度办事，杜绝经费使用过程中出现的"跑、冒、滴、漏"现象，节约经费，让各项经费的使用效益充分体现。

（三）加大预算监督和执行力度，强化预算的法治约束力

财政民主、预算法治是公共财政的逻辑起点。为了有效合理地配置财政收入与支出，现代发达国家都实现了预算法治。对于政府及其官员来说，预算是一种"制度控制方法"，预算制度具有计划性，将政府的预算支出项目进行翔实描述、合理分类，哪一项最为重要，哪一项相对重要性较低，它都明确体现，并说明理由。同时，预算制度具有时效性和约束力，必须经过法律程序的批准、权力机构的监督。

教育财政预算在经审批后即具有法律效力，应该及时执行。但事实上，预算执行被延缓，未能及时下发给当地中小学，因为地方财政部门对教育经费预算缺乏监督，甚至将某部分经费挪作他用。进而导致教育财政预算管理低效，使一些学校因未能及时得到所需经费而运转困难。地方财政预算的法律约束力被极大地削弱。各级相关部门应该提高预算执行效率，加强对预算的严格监督，以促进预算计划的顺利实施，以保障我国义务教育事业的稳步健康发展。

（四）严格规范预算编制过程

首先，在编制教育项目预算时，常常会出现有项目名称，但无相应的预算经济指标内容的现象，导致缺乏监督预算执行过程的依据。不少预算单位通过教育项目经费来调控预算经费，挤占、挪用项目预算的情况经常出现。其次，预算的编制过程粗糙随意，为预算的后续工作带来极大的困难，如预算的审核批准、预算的执行、预算业绩考核、预算的监督等。预算编制的不规范，会导致地方财政部门对教育投入不合理。规范预算编制过程，我们应该做到以下几点：第一，在预算大类的基础上要细化预算科目，相关数据应该分项目、分部门来填制，同时要用文字进行说明。这样不仅可以让教育财政经费支出更有计划性，合理优化配置教育经费，还可以为人大提供审查依据。第二，要以系统的视角来编制预算。在着眼于年度需求的同时，要回顾历史、放眼未来；在考虑局部效果的同时，要追求整体的社会效益；在满足各地教育经费需求

时，要综合考虑国家的实际财力。第三，编制预算时应采取"零基预算"，摒弃"基数法"，增强预算的前瞻性。

二 完善民族地区义务教育财政预算制度的建议

（一）强化义务教育财政预算参与意识

1. 转变公众参与的思想观念

我国是高度集权的社会主义国家，政府通常具有决策权，处于"主导地位"，制定好各项政策，公民只能被动地接受、执行政策，公民参与意识薄弱，严重缺乏参与决策的积极性。因而，我国公民的政治参与机制具有动员性。

卢梭是参与民主论的代表，他主张：民主制的表现形式可以是公民直接介入到公共事务的决策中；公民个人可以通过参与获得某种程度控制自己生活和周围环境的能力，体现个人自由的价值，成为自己真正的主人。公民通过参与，提升了自己的公民意识、主体意识、权利意识。因为民族地区受教育者及其相关利益者的切身利益是与其义务教育财政预算执行与管理的有效性直接联系着的，所以我国公民有权利参与到民族地区义务教育财政预算执行与管理的过程中来。公民提高参与意识，适时有效地监督义务教育财政预算的全过程，包括义务教育财政预算编制、审计、执行、管理等各方面，不仅有利于完善我国义务教育财政参与式预算制度，推动教育财政体制的改革与发展，还在一定程度上代表了公共财政预算的发展方向。

2. 努力营造公众参与的政治环境

安斯坦（Sherry R. Amstein）在《公民参与的阶梯》中指出："公民参与是公民权利的使用，是一种权力的再分配。"[1] 公众参与到教育财政预算中主要包括两个层面，其一是向公众传递政府的预算决策，其二是让公众参与到政府财政预算决策的过程中来。因此，民族地区政府应该为公众参与教育财政预算过程营造氛围，提供政策保障。政府可以采取一些措施积极引导公众参与到教育财政经费预算全过程，例如：引导民众直接参与讨论预算草案，与地方人大代表对预算草案审议有机结合起来，听取民众的声音，积极了解民众与义务教育阶段学校提出的意

---

[1] Sherry R. Amstein, "A Ladder of Citizen Participation", *Journal of American Institute of Planners*, 1969（35）.

见，等等。一来可以使政府信息公开透明；二来可以提高预算编制的准确性、计划性和针对性，提高执行效率。从而，可以从根本上提高地方政府的工作效率，使有限的义务教育经费获得最大效用。

（二）确立地方政府义务教育财政预算听证机制

1. 政务公开，保障公民的合法权益

政府公开相关政务信息，益处颇多。从公民角度看，有利于公民依法获取政府信息，改善公民与政府之间的关系，推动民主化进程；从政府角度看，有利于提高政府的工作效率，保证政府决策的民主化、科学化。为了提高政府工作信息的透明度和公开性，保障公民依法获取政府信息的合法权益，《中华人民共和国政府信息公开条例》于2008年5月开始施行。该《条例》第9条明确规定了政府公开信息的具体内容，如财政预算、决算报告、扶贫、教育、医疗、社会保障、促进就业等方面的政策、措施及其实施情况。

2. 决策公开，明确财政预算听证机制

温家宝在第十届全国人大第二次会议上的政府工作报告指出："要进一步完善公众参与、专家论证和政府决策相结合的决策机制，保证决策的科学性和正确性。加快建立和完善重大问题集体决策制度、专家咨询制度、社会公示和社会听证制度、决策责任制度。所有重大决策，都要在深入调查研究、广泛听取意见、进行充分论证的基础上，由集体讨论决定。这些要作为政府的一项基本工作制度，长期坚持下去。"[①] 温家宝在第十二届全国人大第一次会议上的政府工作报告中指出："坚持科学决策、民主决策、依法决策，健全公众参与、专家论证、风险评估、合法性审查和集体讨论决定等政府决策程序。"[②] 这是对公众参与决策的肯定。以上内容为民族地区义务教育财政预算听证机制的确立提供了基础。美国公众参与地方政府预算过程的方式主要包括：公众听证会、公民咨询委员会、问卷调查、公民小组等。这样不仅可以将公民融入预算过程中，还可以广泛听取公民意见、提高预算过程的透明度，促使预算的编制、执行、审计、监督等各方面的质量有所提高。

---

① 《温家宝在第十届全国人大第二次会议上的政府工作报告》，http://www.people.com.cn/GB/shizheng/8198/31983/32185/2376764.html。

② 《温家宝在第十二届全国人大第一次会议上的政府工作报告》，http://www.npopss-cn.gov.cn/n/2013/0319/c219468-20832737.html。

美国义务教育财政预算管理模式充分体现民主参与。公民积极参与到预算编审的整个过程，预算编制科目细化，拥有完善的听证会制度，决策公开，过程透明度高。1996年，我国在制定《行政处罚法》时首次规定了正式听证程序，听证会制度在不少地区也进行了实验，切实推动公众参与到公共决策中，是我国行政程序立法史上极为重要的一步。但是，我国听证会制度涉及的领域有限，主要运用在三个方面：立法听证、行政处罚听证、价格听证。在深化义务教育预算体制改革中，首先要保证预算编制科学民主，增加其公开性和透明度，提高预算质量；其次要鼓励公众积极参与到教育财政预算的整个过程中，提出意见；最后要逐步确立民族地区义务教育预算听证机制。从某种程度上来讲，这种做法不仅可以充分体现公众的利益诉求，还可适时地对政府决策进行修正，弥补"政府失灵"的问题。

（三）完善义务教育财政预算监督制度

1. 预算监督民主化、公开化

地方政府上报人大的教育财政预算报告，内容简单、编制粗糙，各科目并没有细化预算指标、标明具体的支出项目。因此，人大因缺少预算的明细资料而无法对预算执行情况实行有效的管理和监督，人大代表的审查监督作用在一定程度上被削弱。政府在教育经费预算的编制、管理的过程中缺乏约束力，预算单位使用预算资金的过程不透明，未被有效监督，"寻租"现象越来越多。由于政府和学校间信息不对称，在执行教育经费预算时，会出现过多追加预算的现象。

目前，我国几乎很少公开在预算监督过程中发现的问题，因此，应该强化预算监督的民主化、公开化。预算监督民主化指的是提高公民的民主监督意识，积极主动地对教育财政预算编制、决策、执行、审计等各个方面进行监督，参与到整个监督过程中来。预算监督民主化不仅可以改善政府与公众的关系，保证公民的合法权益，还有利于做出科学的预算决策，及时拨付教育经费。预算监督公开化指的是依照法律向社会公开有关教育财政预算的监督规则、对象、过程和结果，及时发现并处理在监督过程中发现的问题。

2. 建立义务教育财政预算领导问责机制

我国相关部门和人员对教育财政预算监督不力，出现诸多问题，如预算编制和中小学的实际情况不符，预算的编制环节与执行环节相脱节，教育预算经费未能及时得到落实。出现问题以后，谁来负责？政府、学校相关领导是否应该负责？如何处理？国家相关部门应建立领导追究问责机制，一方面有利于责任政府的建立，增强管理者的责任感；另一方面，能提升决策的严肃性、法律性，保证决策的科学性和民主性，杜绝其随意性。

问责，即追究当事人的责任。领导问责制，即政府官员在履行职责的过程中出现越权、滥权等行为，而造成重大损失的，应该追究其责任，并使其承担一定后果的制度。为了加强领导干部队伍建设，2004年通过的《中共中央关于加强党的执政能力建设的决定》指出："建立健全领导干部个人重大事项报告制度、述职述廉制度、民主评议制度、谈话诫勉制度和经济责任审计制度，依法实行质询制、问责制、罢免制。"2006年，对公务员实行行政问责制度在《中华人民共和国公务员法》中被明确列出。

领导问责制对推动民族地区义务教育事业的健康发展有着重要意义。它要求领导与权责对等，以"有权必有责，权责必对等"为划分领导责任的原则，加强对相关政府、学校领导的监督。领导问责制的建立，不仅可以增加领导干部的责任感，还可以提高领导干部的执政能力，合理有效地行使权力、完成职责。

义务教育与民族地区各项事业的发展有着密切的联系，它关乎民族地区经济社会发展的未来。义务教育事业得到优先发展的前提是合理的教育财政预算，因此促进我国义务教育事业健康发展的必然要求及改善和解决我国民族地区义务教育财政问题的有效途径是拥有完善的义务教育财政参与式预算制度与科学合理的义务教育财政管理体制。

第七章　财务审计：完善民族地区义务教育财政支出绩效的事后监督机制

改革开放以来，由于国家的相当一部分政策向着民族地区倾斜，并加大了该民族地区的人力、物力、财力的投入。但因为历史、文化、自然环境等因素制约着少数民族地区的改革与发展，他们的经济发展相对滞后，呈现"经费相对不足与经费浪费并存"的现象，具体而言，一是义务教育经费投入相对短缺，二是因经费配置与使用不当，而造成严重浪费的现象。究其根本原因，在于民族地区义务教育财政支出的结构不合理、资金使用低效，且缺乏有效、合理的公共支出监督体系。然而，我国审计机关在义务教育财政支出审计的问题上，仍把重点放在传统的财务审计、审计资金到账情况上，披露传统财务问题，但是忽视了资金的使用效益。这种传统的财务审计，既不能满足评价，也不能反映政府的经济活动的需要，其中，公共资源利用效果的需要尤为突出。当人们开始关注政府公共支出的效果、效率和经济责任，且政府支出的规模不断扩大，公众民主意识不断增强时，财政支出审计就随之产生了。财政支出的审计，既是审计发展的必然产物，也是审计发展的高级阶段，同时也丰富、充实了政府责任监督体系。但就目前我国的财政支出审计而言，该工作还处在探索阶段，尚未形成系统、完整的财政支出绩效审计理论。

本章选取了较有代表性的民族地区个案：黔南布依族苗族自治州。通过调查研究了民族地区义务教育财政支出状况，在了解民族地区的义务教育专项资金运行现状的情况下，通过分析关于民族地区对义务教育财政支出审计的现状和问题，找到问题产生的原因，从而针对出现的问题提出相应对策。

第一节 民族地区义务教育财政支出的绩效审计概述

只有厘清关键概念，我们才能研究好民族地区义务教育财政支出绩效审计问题，并对民族地区义务教育财政支出的绩效审计与传统财务审计作比较，以认识与把握民族地区义务教育财政支出绩效审计的规律。

一 民族地区义务教育财政支出绩效审计的基本内涵

（一）审计

所谓审计，是指由独立的专职的机构、人员，按照国家的相关法律、法规，审查、监督、评价和鉴证被审计单位的某一特定时期内的会计报表、账簿等资料，以及其他相关资料的公允性、真实性以及经济活动的合规性、合法性和效益性的一项独立的经济监督活动。根据《中华人民共和国审计法》规定，我国的审计机关依照法律规定独立行使审计监督权，不受其他行政机关、社会团体和个人的干涉。

政府绩效审计被世界各国和国际组织认为是对被审计单位履行职责时管理和利用公共资源的经济性、效率性和效果性所进行的监督检查和评价。结合国外关于绩效审计的定义和我国现阶段的实际国情、现状，审计可被定义为是一种独立性的监督活动，是按照相关的法律法规、标准，通过独立的审计机构、人员，采取恰当的审计技术、方法，依据审计的程序，监督和评价被审计单位或项目的经济性、效率性和效果性，通过改进建议，促使其改善管理、提高其效益的一种活动。

财政支出审计根据国内外公认的解释来讲也称"3E"原则审计。财政支出审计把经济监督与管理相结合，是一种将政府行为和项目支出的节约、效率和效果进行综合考核和评价的审计方法。经济性指的是用支出是否节约或是否以最低的成本费用获取相当质量的资源来衡量；效率性是将投入与产出的关系搞清楚，看是不是用最小的投入得到相等或是更大的产出，即支出是否追求效率；效果性是看能否达到预定目标，能否达到国家政策目标、经营目标和其他预期的结果。

（二）民族地区义务教育财政支出绩效审计

民族地区义务教育财政支出审计主要是研究我国民族地区的农村义

务教育财政支出开展的审计。主要是研究民族地区政府公共部门对公共财政支出中满足义务教育支出的财政资金筹集、分配、使用、管理的效率和效益,即绩效审计。评价政府为满足义务教育发展的需要而运用财政资金进行资源配置活动的经济性、效率性、效果性。其目的是促进各有关部门能够合理、节约地使用义务教育资金,从而提高财政资金的使用绩效。然而,对于民族地区的义务教育财政支出,其绩效审计有着特殊的内涵和特点,首先,审计执行主体是民族地区义务教育财政支出的绩效审计主体,即是通过谁来执行义务教育财政支出审计的问题。当前,因为我国政府公共服务还未透明化,而国家的许多机密信息会在公共支出的许多项目中涉及,并且以前主要是由政府的审计部门来负责有关对财政支出事项的审计工作,因此,现阶段我国主要还是由政府审计机关及其审计人员负责执行民族地区义务教育财政支出的绩效审计。其次,在民族地区财政教育支出中,用于义务教育的经费是义务教育财政支出的绩效审计对象,在新机制实施以后,义务教育经费主要包括以下几个方面:一是财政支出对教师工资;二是对义务教育公用经费;三是对校舍维修改造资金和政府负担的"两免一补",即免费教科书、免杂费补助金、公用经费补助金等项目的资金。最后,民族地区义务教育财政支出的绩效审计的内容,根据审计的三要素,可概括为经济性、效率性和效果性审计。其中经济性审计,是指评价民族地区义务教育财政资金是否合理节约地使用和耗费,考虑浪费资源或者不经济的现象是否在哪些环节出现。这里主要关注的是投入的整个过程中的成本,检查民族地区义务教育专项资金的支出是否科学合理,其中包括人、财和物支出,且发挥资金可支配效率和少花钱多办事等。而效率性审计,是指审查民族地区义务教育财政资金投入与产出之间的关系,其中最主要的是要判断支出的项目是否经济有效,并查明为什么存在低效率。效果性审计,是指审计义务教育的产出有没有达到之前预期的效果,即有没有获得理想的效益,评价产出的教育成果质量合格与否,义务教育成果与预期要求符合与否,利用资源的具体方式和手段有效与否,预期的经济效益和社会效益实现与否。

二 义务教育财政支出的绩效审计与传统财务审计比较

财政财务收支活动是财务审计的主要内容,审查财政财务收支活动是否遵守财经法规和财务会计制度、会计原则是其目的,以达到纠错防弊的效果，而且，提出改进财政财务管理、提高经济效益的建议和措施，就是依据该审计结果。财政支出的绩效审计是与财务审计息息相关的，其中，财务审计是财政支出的绩效审计的基础。要开展审计，前提是应先进行财务审计，来证实被审计单位的财务数据的正确与否。一旦财务数据出现错误的或是虚假的情况，而审计人员的比较、分析和论证是在此基础上进行的，那么得出的评价意见和结论势必是错误的。义务教育财政支出的绩效审计是一种高层次审计类型，它是独立于传统审计的，将它同传统的财务审计比较，不同之处体现在目标、职能、对象和范围、方法、标准、程序、对审计人员的要求和理念上，具体如表7-1所示。

表7-1　　　　　　传统财务审计与绩效审计的区别

	财务审计	绩效审计
审计目标	检查相关部门和机构的会计资料的真实性、合法性	提高资金使用绩效，促进公共管理部门做出正确的使用管理决策
审计职能	属于防护性或鉴证性审计，主要体现在监督职能上	改良管理，增加绩效，以建设职能为主
审计对象和范围	被审计单位的资料，其中包括财务收支活动及其载体会计资料；审计范围限制在经济活动领域中，其中包括被审计单位的相关经济资料	不但包括会计资料，还有其所反映的财务收支活动，另外还包括其他经济资料，以及其所反映的各项管理决策活动
审计方法	包括八种方法，分别是：审阅法、分析性复核法、查询法、复算法、核对法、函证法、盘点法以及调节法	调查研究，以及统计分析，包括七种，分别是：采访、调查、基本数据处理、抽样、因素分析、系统分析以及逻辑分析
审计标准	全世界所公认的会计准则，及国家有关法律法规	国家相关法律法规和规章制度，另外还包括方针性文件、公认管理实务以及行业标准、ISO标准或国际公约
审计程序	准备—实施—报告	遵循财务审计程序的基础上，更强调后续审计及反馈意见和改进效果

续表

	财务审计	绩效审计
对审计人员的要求	要求审计人员掌握国家的会计准则、会计制度、经济法规、审计标准、程序和技术等方面的专业知识和基本的判断能力	非常深刻地了解政府工作，具有不同于一般政府工作人员的才能和更加专门的专业知识，具备工程学、法律、计算机、管理学、统计分析等专业知识
审计理念不同	该审计的导向是：问题和过程，经过对一些违规、违纪现象的查处和纠正，着手于对现存制度的维护和遵循	该审计的导向是：绩效和结果，经过分析预期目标和实际结果之间的差异，找出制度上或管理上存在的缺陷，促使现存制度的改善和完备

资料来源：周勇：《中国政府绩效审计问题研究》，博士学位论文，东北师范大学，2008年，第7页。

第二节 民族地区义务教育财政支出的绩效审计现状

近年来，我国除了引入绩效审计之外，民族地区也在探索财政支出的绩效审计的道路上取得了不小的成果。民族地区将其引入到对民族地区义务教育财政支出的审计上，自发地形成了一部分特色，而且取得了一些经验。但是，我国整体审计还不太成熟，所以在对民族地区义务教育进行财政支出审计过程中仍存在许多问题迫切需要被发现、被认识。

20世纪80年代，绩效审计才进入我国，这就导致我国起步较晚，当时，我们称为经济效益审计。目前，我国绝大部分地区都已经开展了不同程度的审计。其中，公共支出的审计内容，已转向公共财政资金的经济性、效率性和效果性，且逐步靠拢国外的政府审计工作内容。2002年，由深圳市审计局率先展开对公共资金项目绩效审计的试点，其中，12家市属医院参与了绩效审计。"2002年，青岛市也由点及面地开展了公共支出项目绩效审计工作，并逐步加以推广，而且，在2005年，绩效审计工作的业务量就占了全局业务总量的大约四分之一。"[1] 近年来，绩效审计工作已在我国许多地区的审计机关开展，并且还查处了一些问题，如违规使用公共资金的问题等，有效地提高了被审单位的经济效益以及管理水平。

当前，在我国的政府审计工作中，占主要部分的仍是传统的揭露资金违规问题的合规性审计，且绩效审计目前在我国依旧处于摸索阶段，仍需广泛深入地开展，这些与西方一些较早开展政府绩效审计的国家相比，从绩效审计的内容、评价标准、组织模式和操作流程，到开展范围，以及法律体系建设等方面都有着较大的差距。

一 民族地区义务教育财政支出绩效审计实施的现状

改革开放以来，我国不但从国外发达国家引入了绩效审计的公共财政管理理念，而且民族地区义务教育财政支出也在绩效审计的探索道路上取得了一定的成效，并逐步地形成了属于自己的一些特点。另外，我国在专项资金审计方面，民族地区政府审计机关主要关注以下两点：一是专项资金使用的真实性、合法性；二是评价资金的使用效果。例如，在2006年，我国"新机制"实施后，民族地区的审计部门专项审计了义务教育阶段"两基"、农村中小学校舍维修资金及其公用经费的义务教育专项资金，虽然这次审计不是严格意义上的绩效审计，但也能从某一层面上反映出其与传统财务审计相区别的特征，这与我国现阶段国情的绩效审计独特的一面相符合。

（一）民族地区"两基"教育经费绩效审计稳步实施

我国2004—2007年实施的西部地区"两基"攻坚计划，到2008年统计民族自治地方699个县级行政区划单位中已有405个县（旗）、市、区实现了"两基"目标，教育经费的审计在广西、湖北恩施州等中西部自治地区等先后实施，其中，审计涉及了绩效方面的评价、建议。公共财政主渠道是"两基"教育经费的来源，"两基"攻坚达标的实现是在教育经费的达标之上的。"两基"攻坚达标验收实际上是对于公共财政资金的投入、管理以及使用效益的考核。审计"两基"教育经费，重点是财政财务收支。除此之外，还有对公共财政资金使用效益的审查和评价。而计算机审计则是国家现阶段审计发展的必然手段，由

---

[1] 刘家义：《公共支出绩效审计研究》，中国时代经济出版社2007年版，第115页。

于借助了计算机审计技术，使"两基"教育经费绩效审计按照审计流程得以稳步实施。

（二）民族地区开展义务教育财政支出绩效审计的特点

根据有关资料整理得出，近年来，我国民族地区开始将注意力转到资金的使用效益和效率上来，并且开始涉及资金审计中关于资金效果的评价，初步开展了义务教育财政支出绩效审计工作。

表7-2　　F市教育局提供给审计机关的审计证据①

审计证据

被审计单位：F市人民政府

证据名称	2010年教育决算报表及学年报表		
取证日期	2011年4月8日	取证地点	市教育局

1. 小学与初中学生数（人）：
年度　小学在校生数　小学教师数　初中在校生数　初中教师数
2010　28022　　　　1759　　　　16004　　　　1035

2. 小学与初中公用经费实际支出情况（万元）：
年度　小学合计　中央　省　市州　县　小学生均　初中合计　中央　省　市州　县　初中生均
2010　977　　784.38　99.62　18　75　　348　　　1315　　　1123　99　18　75　　821
注：2010年按中小学分别填写中央、省、市（州）及县配套的公用经费数。

3. 县级财政拨付到教育局账户管理的各类经费（万元）：
年度　税改转移支付资金　城镇教育费附加　地方教育附加　城维税　其他
2010　　无（F市实行国库集中支付）

4. 贷款用于教育的情况（万元）：
年度　贷款总数　用于基建　用于购买图书仪器　用于还教育欠账　其他
　　　无

复核：　　　　　　　　　　　　　　　　　　　　　　　　　　　取证：

第一，事后审计是审计的主要方式，而事前和事中审计所见不多。根据审计局所公布的审计结果及获取的证据可以看出，已开展的绩效审计基本上都是以结果和问题为导向，虽然对于效果和效益方面的审计有所涉及，但是主要审计资料仍然是财务资金会计和统计数据，主要的审计体现在事后资金的结果账面上。基于民族地区开展财政资金绩效的审

---

① 资料来源：Q州F市教育局提供的《2010年教育决算报表及学年报表》。

计情况，因为我国目前财政预算管理的透明度略低，预算编制的规范程度还需加强，执行信息的真实度和准确度有待提高，且有严重的信息不对称情况，审计人员采取的审计方式多为事后审计，开展绩效审计一般情况下是收集不到真实有效的项目立项、预算编制和资金分配等环节中重要的非量化的信息明细资料的，此审计仅关注财政资金的使用结果，而没有进行有效的审计监督财政资金的预算编制和资金分配等过程，由于这种审计的监督程序侧重于事后，所以审计结果的侧重点表现不全面，不能保证审计的整体效果。

第二，以财务审计为主，绩效审计为辅。在我国，绝大多数民族地区开展的财政资金绩效审计并没有在真正意义上开展绩效审计，而是在关注传统的财政收支的合法性审计的同时，也关注了管理和绩效方面的问题，绩效评价和管理建议只在审计报告中偶尔顺带提及。审计方法大多是集中在微观分析上，是对有限的会计资料、账本的财务数据而言，其审查重点大多数是资金的违规使用、挤占挪用以及财政资金分配不及时等。而针对非财务资料和数据审计，其分析深度和广度是远远不够的，例如，宏观层次评价较少的财政支出范围的界定、资金使用的"3E"性等。这主要是针对违法违纪的行为以及会计资料信息失真的情况来实施的绩效审计，以揭露财政财务收支不真实、不合法的现象为切入点，来解决管理体制以及管理机制上，关于资金使用效益、效率和效果的问题。

第三，没有明确的法律依据和审计准则来开展财政资金绩效审计。而F市所开展的审计工作则是根据《中华人民共和国审计法》、《贵州省审计厅2010年义务教育经费投入、管理、使用情况的审计工作方案》来进行的，并没有具体的州或是县市的规定性文件或规章，也没有相关的绩效审计法规和准则。由于目前我国民族地区没有把绩效审计作为法定的审计任务，也没有按照有关法律法规来实施，且财政专项资金开展的绩效审计范围小、层次低、随意性大，这就导致无法完成、落实《审计法》中规定的提高财政资金使用效益的要求。并且，在全国范围内，目前尚无效益审计的专项准则或者指南，也没有民族地区的专门标准，绩效审计的开展既没有规范性，也没有科学性，其审计质量也得不到保证。

第四，绩效审计的核心是民族地区义务教育专项资金使用效益。义务教育的专项资金应纳入公共财政体系，而绩效审计的核心则是公共财政资金使用效率。近年来，通过审计数据，可以看出我们并未使义务教育公共财政资金的使用效益实现最大化，导致财政资金的浪费、闲置。目前，我国不太重视财政支出的效益性，社会事业基金拨付的人情化严重，存在各种问题，例如项目基金转移、截留、挤占、挪用、不按工程法定程序办事，以及损失浪费等问题，难以估计一些重大建设项目规划闲置等造成的经济和社会效益损失。因而，促进改善宏观管理是当前开展政府绩效审计最重要的目标，出发点是修改、完善有关管理法规和管理制度，揭露并反映了在体制转轨时期影响财政资金效益、效果和效率提高的体制性、机制性以及管理性问题，从而能够在根本上深化体制和制度改革，来规范财政资金管理，提高绩效。这样一来，绩效审计就变成了公共资金更高层次、更全面、更深入、更有力的监督。与此同时，在超越了传统审计监督的层面的同时，也有力地推进了我国审计事业的发展。

二 新机制实施后义务教育财政支出审计——黔南州的个案分析

2011年4月，课题组调研集中在贵州省的布依族苗族自治州的D县、S县和F市，课题组共分了几次前往进行。访谈法和问卷法是调研采取的主要方法，主要调研层面集中在县教育局、财政局及学校进行，其目的是要了解从2006年开始到现在的义务经费保障新机制实施的情况，及其实施前后，在义务教育经费运转状况和现实之间存在的问题。

（一）黔南州总体情况简介

1956年8月，黔南布依族苗族自治州成立，位于贵州省中南部，东连黔东南州，南邻广西壮族自治区，西接安顺市、黔西南州，北靠省会贵阳市。总面积2.62万平方千米，全州辖都匀、福泉二市和瓮安、贵定、龙里、惠水、长顺、贵甸、平塘、独山、荔波、三都十县及都匀经济技术开发区（其中新阶段国家扶贫开发重点县6个）。其中，一共有6个国家级贫困县和137个贫困乡镇，有37个民族，如汉族、布依族、苗族、水族、壮族、侗族、毛南族、仫佬族等，乡镇数240个，总人口415万人，其中，少数民族占总人口的57%。2010—2011学年度，全州共有普通小学1263所，有教学点544个，共有在校生347232人，其中，农村学生（含县镇）有337588人，适龄儿童入学率占98.04%，小学在校生年辍学率占0.29%；有初中167所，其中完全中学25所，

47所九年一贯制学校，其中初中在校生有204778人，农村学生（含县镇）有198328人，城市义务教育阶段的中小学在校生中，小学9644人，初中6450人；普通高中共招生人数为19282人，高中在校生人数为51578人，比上年增加了2765人，高中阶段毛入学率为48.67%。小学学校数量比上年减少了98所，教学点减少了20个，但初中学校数量比上年增加了3所。总体而言，全州中小学布局调整趋于合理，基本能够符合城镇化建设的需要。享受到贫困寄宿生生活补助的人数共有95444人，其中，13524人是小学寄宿生，共占全州小学寄宿生人数的48.1%，另外81920人是初中寄宿生，占全州初中寄宿生人数的66.8%。6820.2万元是贫困生补助资金。

（二）个案选取的价值

根据黔南州的总体概况，我们可以知道，黔南州在地理空间上，属于民族聚居区、山区、农村地区和贫困地区相互"叠加"关系的地区。黔南州地区有37个民族，其中包括苗族、水族、壮族、侗族、毛南族、仫佬族等，其中少数民族在人数上和种类上都是相当多的，占总人数的57%，这对于研究民族地区具有一定的代表性；而从地理位置上看，少数民族自治区大多地处环境较为恶劣的地方，如山区、林区、牧区等。黔南州也属于环境恶劣的地方，它地处贵州中南部，多山地和丘陵，喀斯特地貌特征明显，由于黔南州是西部大开发战略实施省份之一，所以，研究中西部教育均衡发展具有普遍意义；自然条件制约了地方经济，粗放型经济是主要经济，自然资源为当地主要依靠的生活来源，经济发展相对落后。全州共有6个贫困县和137个贫困乡镇，这就占据了全州总乡镇数的一半，这些对于研究西部一些经济不发达的民族地区具有借鉴意义；除此之外，全国唯一的水族自治县，就是黔南州S县，这里保留着比较原始的生活方式，有着相对来说比较明显的民族特征以及生活风俗习惯，S县也是本次调研的其中一个地点，对我们研究民族地区的教育状况具有代表意义。

除此之外，贵州省黔南州的地貌属于中国西部高原山地，该省地貌可概括分为三种基本类型：高原山地、丘陵和盆地，其平均海拔都在1100米左右。有18个世居民族，包括汉族、苗族、布依族、侗族、土家族、彝族等，是一个民族较多的省份，少数民族的人口就占了总人口的38.98%，包括3个自治州，11个自治县。贵州省虽是一般行政省区，但由于地处少数民族聚居区，东与湖南省相邻，西南与广西壮族自治区相接，南与云南省毗邻，西北接壤四川省，北面与重庆市相邻。

鉴于以上情况，我们的调查研究对象选取黔南州，黔南州县的两级能力有限，保"吃饭"、保机关运转和保稳定是其收入主要运用的方面，现行财政体制下，县市级直接接收中央和省级转移支付资金，但是州级就很难得到中央和省级的资金支持，所以在该地区推行新机制比其他地区困难较大，通过调查，我们了解到，州级财政自身更难以承受配套资金。农村义务教育经费保障相关政策已实施了很长时间，这里我们通过对三个地区作为调查的样本实地走访调查，包括经济和教育情况较差的 S 自治县、较好的 F 市和中等的 D 县，我们可以看出实施后的具体情况如何，还存在什么问题。它们基本能代表黔南州的经济、文化、行政区域。通过横向比较一市两县，以点带面，"解剖麻雀"，为我国民族地区能够有效地开展绩效审计提供了现实依据。

（三）黔南州实施新机制后义务教育资金投入现状

自 2006 年国家农村义务教育经费保障机制改革实施以来，黔南州财政和教育部门积极响应中央和省的号召，不但积极筹措资金，而且不断加大对农村义务教育经费保障的投入，全面实施推行"两免一补"。其中，教师工资、生均公用经费、寄宿制学生家庭生活困难的寄宿生生活补助以及校舍维修专项资金都属于国家义务教育专项资金。其中，教师工资（含教师的津补贴）是根据教师的实际人数发放的；但生均公用经费是按照学生实际人数和国家对不同地区的定额标准来核拨的，在2009 年，贵州省农村义务教育中小学已全部达到中央所制定的基准定额：小学每生每年 300 元，初中每生每年 500 元，其中，国家层面承担80%，贵州省配套 20%，分别按省级 60%、州级 20%、县级 20% 的比例来承担；而校舍维修资金测算标准是：按校舍生均标准面积，分别是小学 4.5 平方米、初中 6 平方米，在计算标准校舍面积后，还要扣除二期危改工程已经改造的危房面积，再结合折旧率约 3.3%、单位校舍改造成本每平方米 400 元等因素，来测定各县市区维修改造资金的总额，并由县一级统筹安排；国家则按家庭经济困难寄宿制学生人数来核定寄宿生生活补助，标准为：其中小学生每生每天 3 元，初中生每生每天 4元，另外，学生每年在校天数全部按照 250 天来算，教育经费则按照先保运转，再保发展的原则，来基本保障学校的基本开支。2008 年，国家一共安排了3747万元，这些资金主要用于以下几个方面：远程教育管理信息建设、中小学后勤管理以奖代补经费、农村寄宿制学校建议、偿还"普九"债务等借款，另外还包括中小学小型维修部分学校布局调整等20个小型项目的内容。

1. 三个县（市）的义务教育经费支出总量呈上升趋势

根据已获得的调研数据，得出近两年义务教育经费的总量均呈明显上升的趋势。由图7-1至图7-3可以得出，D县、S县、F市2009—2010年义务教育财政投入都呈总量上升的趋势。

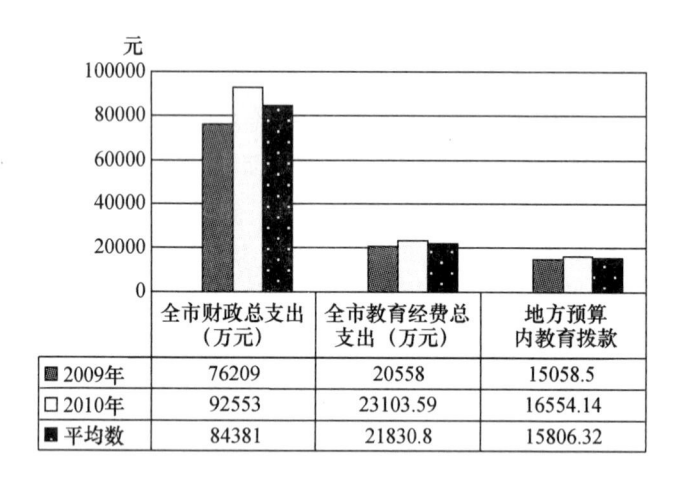

	全市财政总支出（万元）	全市教育经费总支出（万元）	地方预算内教育拨款
2009年	76209	20558	15058.5
2010年	92553	23103.59	16554.14
平均数	84381	21830.8	15806.32

图7-1　D县2009—2010年教育投入总体情况

资料来源：根据D县、S县、F市教育局提供资料整理而得，下同。

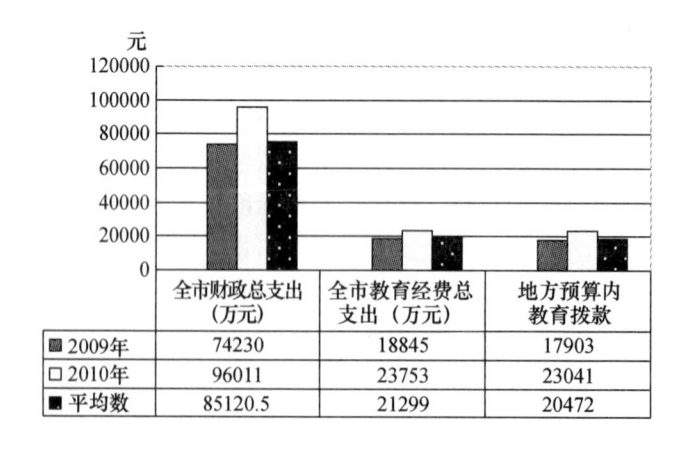

	全市财政总支出（万元）	全市教育经费总支出（万元）	地方预算内教育拨款
2009年	74230	18845	17903
2010年	96011	23753	23041
平均数	85120.5	21299	20472

图7-2　F市2009—2010年教育投入总体情况

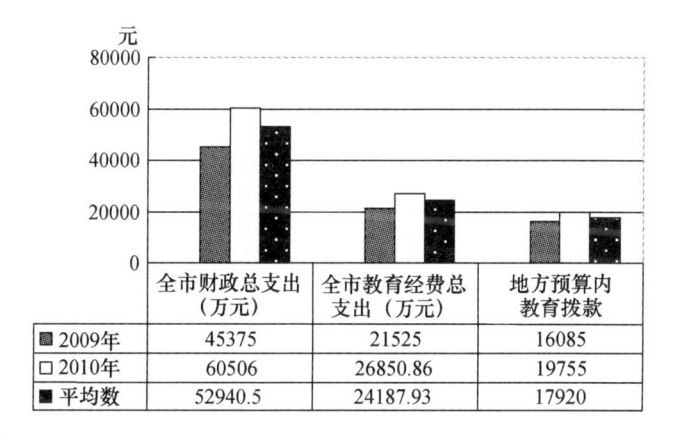

	全市财政总支出（万元）	全市教育经费总支出（万元）	地方预算内教育拨款
2009年	45375	21525	16085
2010年	60506	26850.86	19755
平均数	52940.5	24187.93	17920

图 7-3　S 县 2009—2010 年教育投入总体情况

2. 实行"校财局管"经费管理制度，保障公用经费足额及时到位

"校财局管"是一种财务管理体制，是由县一级财政、教育行政部门及农村中小学三者共同组织和实施的，三者各司其职，各负其责。"县一级的财政行政部门的主要任务除了要组织好农村中小学经费预算的编制、下达以及批复的工作外，还需及时地拨付资金，而且要对预算的执行情况进行监督检查，并对使用效果进行考核；县一级的教育行政部门主要负责组织、指导农村中小学编制年度预算草案，汇总审核用款计划，并及时申请财政部门的经费，同时检查和内部审计农村中小学的预算执行情况；由校长领导农村中小学，把学校收入归到部门预算上，然后对于预算外的资金，将其纳入财政专户，研究、确定预算并建议草案，然后经县级教育行政部门审核后再送至县级财政部门，按照年度预算批准的申报用款计划，再按要求定期报送预算执行情况报表"。每年年初由校长统一领导，每个学校按照有关规定，与教务、总务、财务以及教师代表配合共同组成预算编制小组，从宏观上来把握学校的收支情况，并将本校的经费资源合理分配，依据"量入为出、收支平衡、略有结余"原则，把本来就有限的资金，用在学校急需的地方，依照"计划开支"原则，必须严格依据预算来办理各项收支，把学校的部门预算编制好。

3. 专项列支教师工资和贫困家庭寄宿生生活补助费专项资金

教师工资制度改革在黔南州大部分地区已经逐渐开始，即使说教师的绩效工资政策执行不到位，但是也提高了每个教师的绩效补贴，而且与公务员政策进行对比，也逐步完善了教师的绩效工资制度。不但把教师工资列支为专项专款，而且规定不能将之挪作他用或截留，这就保障了教师工资能够足额到位。其中，寄宿制学生的生活补助基本上都能足额到位，克扣现象基本上都能遏制。贫困家庭寄宿生生活补助费专项资金管理办法基本上黔南州大部分县市都已经制定了，改善了农村学生在上学期间的家庭负担，就能保证学生的入学率，这样就减少了由于上学而产生的机会成本。2008年春季，黔南州大多数地方学校几乎是全部取消住宿费，并且能够做到及时发放补助，做到公平、公正，不许挤占、挪用和截留，切实落实国家对家庭经济困难寄宿学生生活补助足额到位。

（四）义务教育资金运行存在的问题

虽然新机制保障了资金的足额到位，但是还存在很多问题，例如，从黔南州全州来看，公用经费负担较大的是州一级和县一级，包括州内各县市资金投入的差距较大、学校布局不够合理、教学点条件较差等；而且，"校财局管"资金管理制度的运行不够流畅，资金的使用效率低；国家的专项资金和省级的配套资金不能够及时到达，截留、挪用教师工资和校舍维修资金等现象更是频频发生。具体表现为：

1. 州级财政负担较重，地方财力有限，义务教育经费缺口较大

山区较多，人口分布分散是黔南州布依族苗族地区的特殊地理条件，属于"两欠"不发达少数民族地区，当地经济条件较差，农村的贫困面大且程度深，由于州一级和县一级的财力有限，所要承担的公用经费压力比较大；虽然现有的公用经费分配制度能够保障一些学校的基本运转，但学校总体上来说公用经费不足。具体情况如表7-3至表7-5所示。

农村中小学公用经费中承担比例较大的是州一级和县一级，经费投入区域差距较大，有待完善政府财政中观调控的职能。公用经费在县域内表现不均衡，中心学校和教学点存在明显的差距。以S县为例，作为全国唯一的水族自治县以及国家级贫困县，财政的自给能力弱，且90%以上的财政支出主要依附于上级转移支付补助资金。县一级的财力不足，除去国家农村义务教育经费保障机制必须配套的经费，没有能力对教育局、教育站和学校投入更多的办公经费，这使教育行政部门和学校运转经费更加困难。

表7-3　　　　D县州级公用经费配套资金到位情况表

单位：万元，生均元

年度	州级承担小学生均公用经费配套数	州级应承担小学公用经费总数	州级承担初中生均公用经费配套数	州地级应承担初中公用经费总数	州级应承担公用经费配套总数	实际到位数	州级财政总欠中小学公用经费数
2007	0	21.26	20.27		41.53	0	41.53
2008	3	28.49	30.41	2	58.9	0	53.9
小计	3	49.75	50.68	2	100.43	5	95.43

资料来源：根据D县教育局提供资料整理而得。

表7-4　　　　D县义务教育公用经费收入情况　　　　单位：万元

	2006年	2007年	2008年	2009年	2010年
中央和省级	1722.01			5176.47	6232.43
州级	0	-41.53	-53.90	-122.7	
县级	66.4	107.36	120.97	131.92	138.70

数据来源：根据D县教育局提供资料整理而得。

表7-5　　　　S县州级公用经费配套资金到位情况　单位：万元，生均元

年度	州级承担小学生均公用经费配套数	州级应承担小学公用经费总数	州级承担初中生均公用经费配套数	州地级承担初中公用经费总数	州级应承担公用经费配套总数	实际到位数	州级财政总欠中小学公用经费数
2007	0	23.72	0	17.88	41.6	0	41.6
2008	2.5	35.69	1.5	26.26	61.95	4	57.95
小计	2.5	59.41	1.5	44.14	103.55	4	99.55

资料来源：根据S县教育局提供资料整理而得。

2. 学校公用经费挤占严重

义务教育阶段的学校取消学杂费收费后，就没有其他收入来源，公用经费挤占现象日益严重，中小学教师人员不足，为了进一步提高教学质量，学校对于超时上课、代课的教师给予适当的补助和奖励，还发放

节假日加班费以及慰问金等占用公用经费；没有编制的寄宿制学校工勤人员不列入国家财政，也占用一定公用经费支出；公用经费开支基本用于校园的附属设施建设绿化等和"普九"欠下的债务；还有高中经费不足占用初中公用经费。学校和教育行政部门、审计部门认可或是不予追究这些占用现象。总体上造成了学校的公用经费紧张。

3. 预算管理制度尚未建立

各基层部门对预算管理认识不深，既不重视预算管理，也没有相应的财会人员。虽然，教育部针对这些问题已专门出台了相应的农村义务教育专项资金管理办法，但是各学校校长、财务人员并未接受过正规的会计业务培训，很多人对财政纪律和相关政策的认识不够深刻，有很多单位负责人在实行"校财局管"以后，认为这属于财政部门的制约，进而产生了抵触情绪，刻意放松甚至是放弃财务管理。认为预算编制具有很大的局限性，不能够随时变化，对有关预算编制的问题只是走过场，或者只是把预算当成是财务部门的事，认为其他部门只是辅助提供一些数据，这样一来，直接带来了很多预算编制问题，这就导致了编制预算所要的数据来源基础不可靠，从而造成了预算的不真实。

4. 教师工资与付出劳动不成正比

由于黔南州的"教师的津补贴"及"三险一金"等财政承担部分没有编制足额预算，教师的工资水平与公务员水平在地区间相差太大。根据走访调查，黔南州很多地方所实施的教师绩效工资起不到很好的激励作用，或者说激励的作用不明显。甚至一些地方的中心学校老师的工资水平比教学点明显高出许多，大多数老师表示，他们的工资与公务员工资差距明显，有许多县乡的寄宿制学校老师均身兼数职，负责寄宿的学生生活的管理员以及学校的安保工作均由教师承担，工作量较大，负担较重且没有给予额外的工资补助。

5. 校舍维修资金支出不合理

黔南州受地理环境差异较大，许多县级学校的校舍条件较差，集中体现在学生食堂和教师宿舍上，其中教学点的校舍条件尤为突出，表现在校舍维修经费缺口大、中小学布局调整配套资金难以落实上。虽然有"农村义务教育阶段薄弱学校改造工程"和专项校舍维修资金，但根据黔南州现有的状况来看，很多县市仍存在明显的"形象工程"，学校间的条件差距较大，"马太效应"在村小申请校舍资金中仍然存在，而政府则集中财力、物力来建设相对较好的学校，这就导致其他学校申请不到"校舍维修"资金。

第三节 民族地区义务教育财政支出绩效审计中的问题

虽然我国民族地区已初步开展了绩效审计，但要真正地开展绩效审计还有很长一段路要走，而且，由于民族地区的义务教育财政支出有其自身的特殊性，民族地区义务教育财政支出绩效审计依旧有很多问题需要解决。

一 农村中小学"薄改工程"——以黔南州为个案

（一）黔南州农村中小学"薄改工程"总体情况

2008年黔南州共安排"农村中小学薄弱学校改造工程"项目学校春秋两季共157所，全州12个县市覆盖，计划在土建工程上投资9527万元，其中，4748万元为中央资金投入；4290万元为省一级的资金投入；85.3万元为县一级配套资金，403.7万元为其他投资，总建筑面积121335平方米。截至2009年9月30日，151所项目已动工，占项目总数的96.18%；11所主体过半，占项目总数的7%；34所主体完工进行装饰，占项目总数的21.66%；89所已竣工，占项目总数的56.69%；完成5127.3万元的投资，累计施工面积达到95228.96平方米。

（二）农村中小学"薄改工程"专项资金绩效审计的基本情况

2009年黔南州审计局组织对黔南州12个地市2008年度"农村中小学薄弱学校改造工程"项目（以下简称"薄改工程"）专项资金的拨付、管理和使用情况进行审计。该审计共涉及12个县市的157所项目学校，调查发现共有1905.9万元专项资金在项目和县的财政、教育部门留存，这使"薄改工程"项目不能按计划顺利完成，进而影响了财政资金的使用效益发挥。有些市县因未严格按照项目工程规划的内容，与预期效果相去甚远。此次审计揭露了专项资金管理中所存在的问题，提出了审计建议，引起了各管理部门的高度重视。

1. 审计主要内容

经济效益：对两项工程资金拨付的情况进行检查，看是否存在滞留、拨付不及时之类的问题，对两项工程建设进度的影响进行分析，对专项资金的使用效率进行评价；对两项工程资金的使用情况进行检查，判断其是否严格按照规定的项目、规定的用途使用资金，有无自行变更项目的情况，来评价专项资金的使用效果。

社会效益：对两项工程的进度情况进行了解，针对已完工面积和接受受惠的农村中小学生人数，来分析两项工程对农村教育事业的影响，并对政府惠民、惠农政策的执行效果进行评价。

2. 审计中发现的问题

第一，大量项目资金滞留，对财政专项资金的使用效益有很大影响。从审计情况角度来看，到2008年年底，共有2905.9万元危改和寄宿制专项资金留存在财政和教育部门，占应支出9527万元的30%。

第二，项目资金的拨付较晚，致使项目工期不能按时完成。从项目计划的完成情况来看，"薄改工程"共完成项目学校规划数的56.69%，其中45%为完成建设面积规划数。导致财政资金大量沉积，以及不能在规划时间内完成工程项目。例如2008年，某县"薄改工程"规划本应实施的学校建设项目共有16所，共投资1810万元，当年未实施的有9所；2008年12月底，某县第三中学教学楼项目的87万元资金由财政拨入县教育局，但截至2009年5月，该项目尚未按规划立项和施工。

第三，项目规划被当地自行变更，将900万元"薄改工程"专项资金用于其他项目。在执行中小学"薄改工程"规划的过程中，某县教育局并未按照规划制定项目实施，未经有关部门批准，也未到当地发展改革计划委员会立项，调整用于教师宿舍楼的建设，用了中央及省下拨的危改专项资金500万元；另外，某市财政局将400万元"薄改工程"专项资金调整到市区中学的建设上来；还有一个县教育局为了能够成功获得专项资金，以新建某镇初级中学综合教学楼和学生宿舍等名义，获得630万元专项资金，并把项目规划资金用在规划外的学校建设上来。

3. 原因分析

第一，中央以及省级资金到位均较晚，大约有1/3的资金是于下半年甚至有的是到第二年才能拨款到达项目市和县，这样就造成了施工期的延后；第二，某些项目市和县的开工前期工作（如勘查、设计、招投标等）准备不够充分，导致资金到位后仍不能按时开工，这也导致了施工期的延误；第三，由于某些项目市和县在其申报农村中小学危房改造项目的时候，未能与中小学布局调整的实际情况相结合，且为了能够争取到中央及省专项资金，申报了一些不切实际的、违反规定的危房改造项目，这也使项目规划无法正常执行，例如，某县原规划的危改项目学校15所和寄宿制项目学校4所，共26000平方米建设面积，2100万元资金到位后，却不再按原规划实施；第四，某些项目市县的管理部门对于教育专项工程政策的认识不足，没有严格执行专项规划的意识，擅自更改规划。

4. 审计方法应用

主要方法采取听、看、问、查的方式进行。所谓听，即为听取有关县政府全面汇报项目实施情况；所谓看，即到项目所在的学校现场查看项目计划的执行、建设进度、质量、校园规划、宣传和建后管理等情况；所谓问，即对有关人员进行访问和询问；所谓查，即查阅、查看有关资料和有关报表。首先，针对部分市、县的财政、教育部门专项资金账户进行抽查，并对资金拨付情况进行检查，对资金拨付的对象、时间及金额进行审阅，并对相关资金安排的文件、批复，核对，能够发现专项资金没有被许多市、县的有关财政、教育部门拨付给项目单位，而财政部门和教育部门有项目资金大量滞留，进而对专项资金的使用效益有所影响，导致2905.9亿元资金滞留，占应支出的30%。其次，对部门市、县的财政、教育部门专项资金账户进行抽查，对项目实施情况进行检查，调查审阅相关资金安排的文件、批复，延伸到一些学校，对项目的实际进展情况进行了解，发现了因为项目资金拨付到位很晚，从而无法按时完成项目，影响了项目的实施，整体完成了规划数的一半。最后，对部分市、县的财政、教育部门专项资金账户进行抽查，对资金使用情况进行检查，对相关资金安排的文件、批复进行审阅，对资金使用的账簿、凭证进行审阅，发现了在财政、教育部门均存有自行调整项目等问题，一些把危改专项资金用于自行调整教师宿舍楼的建设，一些把危改专项资金转移到市区中学的建设上来，还有一些用于规划外的学校建设。

5. 审计评价

经济效益评价："薄改工程"资金存在的问题包括专项资金被滞留、拨付不及时，这些对两项工程的建设进度有很大的影响，专项资金的使用效率有所降低；由于其自行变更项目规划，导致不能发挥资金应有的效益，进而对专项资金的使用效果有所影响。

社会效益评价：直到2009年9月30日，共有151所项目已动工，占总项目数的96.18%，主体过半11所，所占项目总数的7%，34所完工进行装饰，所占项目总数的21.66%，89所已竣工，占项目总数的56.69%，一共完成了投资5127.3万元，施工面积达到95228.96平方米。共有农村中小学生56万多人受惠，至此，"薄改工程"取得一定的成效，并对农村教育事业的发展做出了很大的贡献。但是，完成的进度只有总体规划的一半，影响了政府惠民、惠农政策的执行。

6. 审计建议

首先，从财政、教育和发改委等部门来说，既要保证中央资金尽早到位，也要尽早拨出省、市安排的专项资金。除此之外，其他各项目的市和县也应做好开工的前期工作，努力提高工作效率，以免造成工期的延误，从而影响到资金的使用效益。

其次，要加强市县相关部门关于今后申报中央及省级专项资金的可行性研究，进行认真规划、总体考虑，且要实事求是申报项目。加强省级财政、教育等部门项目的审核及管理，既要严格批报程序，又要维护规划的严肃性。

最后，既要严格按照教育专项资金的使用规定，也要加强监督有关部门专项资金使用，禁止挤占、挪用，要追究个别严重违规的责任人的责任，确保落实政府惠民、惠农政策。

二 义务教育财政支出绩效审计存在的问题

虽然我国民族地区已初步开展了绩效审计，但真正的绩效审计并未开展，由于民族地区义务教育财政支出具有特殊性，因此很多问题还存在于民族地区义务教育财政支出绩效审计上。主要表现在：

（一）主观认识不足，传统审计观念有待更新

合规性审计一直是我国政府审计的主要形式，由于绩效审计开展的时间较短，一些理论和实践都不太成熟。不管是审计机关、公众还是社会各界，都是肤浅地认识公共支出绩效审计。大多数审计人员的思维方式依旧在传统的合规性审计上，在实际工作中，习惯借助一些传统财务审计手段，如看账本、翻凭证等，虽然对于一些如何查处违纪违规资金的使用问题得心应手，但针对怎样分析和评价经济性、效率性及效果性

所知甚少。同样，财务审计是民族地区义务教育财政支出绩效审计，项目资金的节约效率和使用效果是工作成果的体现，不如传统审计的结果一样量化直观，当前，我国合规性审计任务依旧非常繁重，这对于绩效审计这种投入精力较多但成果暂时不明显的审计模式，会产生抵触情绪。

（二）预算管理透明度不高，财务信息管理不规范

1. 财政财务管理薄弱，信息资料失真

实行"校财局管"以后，大部分人认为这是财政部门的制约，因此对其产生了抵触情绪，一些人刻意放松甚至放弃了财务管理。私设"小金库"的情况也出现，还有未经允许私自挪用学校经费来发津补贴，及乱收费等现象；有的人也认为，报账会计的工作只是打杂跑腿的，对于资格证、财务专业的工作能力这些方面都认为无关紧要，这就导致了会计专业人员的能力参差不齐。由于会计资料的准确规范程度不够，因此编制预算需要的数据来源的基础可不可靠有待商榷，这就会导致预算不实。被审计单位所提供的数据资料是绩效审计评价的基础，这就要求审计单位提供的会计数据资料必须真实、准确和合法，还必须能全面、完整地反映被审计单位进行的经济活动，不然一切审计评价将会毫无意义。根据目前掌握的情况来看，民族地区义务教育财政支出资金的违法违规、弄虚作假现象在我国普遍存在，预算编制没有严格执行且不规范，尤其是会计资料普遍有一定的失真情况，绩效审计的评价结果会受到一些虚假信息资料的影响。这无形中就给全面开展绩效审计造成了很大的困难。

2. 预算管理不够规范，制度尚未建立

除去日常的账簿报表等一些资料之外，我们另外还需要收集大量的非财务指标及资料来实施绩效审计，进行审计评价监督。虽然目前我国大部分的农村中小学已经引入了预算管理制度，但黔南州并未完全建立规范的预算管理制度。绝大部分农村中小学校长只是在新机制实施前接受了预算编制的最基本培训，大部分都还不能完全掌握或是说对这项工作不是很熟悉。大多数农村的中小学校长及财会人员对于预算编制的有关要求和具体方法掌握不牢。黔南州多数县市在实施预算编制、审批和执行制定具体的要求和办法过程中没有结合本省实际；有关预算管理的相关责任部门目标尚不明确，预算审核、批准的机制还不健全。其中有

一部分学校虽然对预算进行了编制，但总体上来讲还比较粗糙，依旧存在预算收支不全及科目使用不当等相关问题，且学校在使用资金的时候也并未完全按预算编制执行。不管是从预算的编制执行还是决算管理的整个过程，目前依旧未曾建立起完善的预算管理制度。透明度在预算管理的整个过程中较低，且审计介入对项目资金的立项、预算编制及资金分配等环节中处于相对被动和滞后的状态，无法收集到比较准确的一大部分重要的非量化信息的明细资料。还有一些被审计单位和一些审计机关的信息不对称，而被审计单位利用了其所处的垄断地位，大搞形式化，真正有效的资料和证据是不可能对信息资料掌握不完全的审计人员提供的。大多数均以审计人员所需的资料在财政财务收支范围之外，或是一些内部资料涉及机密等为借口拒绝提供，导致我们的审计人员无法客观评价公共活动的有效性，或是仅依靠现有资料加以评价，更加大了审计风险。

（三）审计机关独立性较弱，缺少相应的法律和规范

1. 审计机关独立性相对不强

黔南州是国家行政体制自治的地区，开展绩效审计与非民族地区相比会受到更多权力的干扰，有关审计的力度和效果均不佳，弱化了审计主体的独立性。不管政体如何，保持独立性和客观性在审计过程中显得尤为重要。实施审计和审计成果的可靠性对于立法机关和行政机关的充分独立性来讲是绝对必要的。即使国家审计法明确规定了审计的独立性，但是在实际操作中绩效审计工作的独立性则大打折扣。对于我国来讲，审计都隶属于行政型审计，就是说行政部门的内部审计，先天不足导致独立性弱。黔南州的大多数审计是由教育局内部的审计机构和督导部门进行，结果一般都是资金到位、使用状况良好，完全查不出任何问题，这就意味着这些审计部门形同虚设。审计部门在绩效审计专项资金项目时，小部分地方政府领导因惧怕绩效审计所揭露的问题过多从而导致自己的政绩下降，往往会利用各种关系进行以权压审，而审计领导在同时面对法律权力时不知所措，往往陷入两难的境地。

2. 缺少相应的法律法规保障，审计准则不明确

根据《中华人民共和国审计法》和《贵州省审计厅关于义务教育经费投入、管理、使用情况的审计工作方案》，黔南州得以有效开展绩效审计工作。但是，由于没有州以及县市具体的规定性文件及法规以及

相关的绩效审计法规和准则，黔南州教育财政支出绩效审计工作有待进一步规范。在《中华人民共和国审计法》中，有关绩效审计的规定十分简洁，不具体不明确。仅仅是笼统的原则说明和规定。就当前情况来讲，财政专项资金开展的绩效审计有范围小、层次低且随意性大几个特点，绩效审计也没有作为法定审计任务进行开展，也没有按照有关法律法规严格实施。除此之外，全国范围内目前尚无效益审计的专项准则或指南，一来没有绩效审计方面的指标评价体系，二来没有绩效审计方面的准则性质的可操作性指导文件，具有针对性的法律制度规范比较欠缺。这使效益审计无规范性和科学性可言，也就不能保证审计质量。

（四）技术方法落后，人员素质相对较差

从黔南州绩效审计开展状况中可以看出，其审计方法主要是手工账务处理，即以手工为主的方式对账目进行基础审查和评价，绩效审计技术方法相对落后，没有应用先进的技术方法。这些地区运用计算机相关技术来管理审计项目的能力也十分弱。绩效审计有着较强的综合性和专业性，是高层次审计。审计人员因其复杂的技术和要求，在具备财务会计、审计业务知识和计算机操作技能的基础上，还应相应地掌握统计知识、经济管理知识等。因为合规性审计在我国长期占主导地位，所以审计人员大都是具备传统审计知识的财经会计类、审计专业的大专院校毕业生，知识面窄，缺少计算机、工程投资、法律等专业知识，不具备满足绩效审计要求的知识结构和业务素质。

（五）审计结果公开较少，责任追究制度尚不健全

政府和学校通常只公开取得的成绩、关注度和透明度高的专项资金用途与项目执行情况，审计结果几乎不公开，并未真正做到"政务公开"和"校务公开"。以走访调查的黔南州三县市为例，财政机构和教育机构将审计公告与结果作为私密文件，完全不将其公开，只有审计机关等政府机构有权查阅。乡镇学校也不向公众公开资金的使用情况。审计报告的最终效果、公共项目绩效审计的开展都受审计公告形式和标准的影响，但我国的审计公告形式与标准也不明确，审计公告制度还需要不断完善。一方面，我国审计机关一般实行的是"事后审计"，大多数情况下，相关的责任人已换岗或退休，并没有相关的监督机制与执行办法，说明在此情况下难以追究有关责任人相应的责任；另一方面，一些政府的决策领导层对自己相关项目的漏洞和问题是有一定了解的，但不

会主动让审计机关来审查和清算自己的失误，事后审计的执法程序浪费物力、人力。

第四节 民族地区义务教育财政支出绩效审计中的成因

作为一项历史不长的事物，可以说绩效审计在民族地区的开展仍存在许多的难题亟待解决，再加上民族地区的独特性特征，使已有的经验"失灵"。探究民族地区义务教育财政支出绩效审计存在问题的成因，有利于我们更好地把握民族地区绩效审计的特点，帮助我们找到更适合民族地区的绩效审计的解决办法。

一 经济不发达，基层政府财力有限，教育经费缺口较大

F市是"老、少、边、穷"的典型，交通不便、信息闭塞，仍以自给自足的传统农业经济为主。得益于国家对民族地区的各项资助政策，该地区经济有了一定的发展，生活水平有所提高，但其生产力水平依旧较低，相对贫困，由于财政收入有限，地方政府会限制教育方面的财政支出，义务教育阶段学校本身底子薄，导致义务教育发展滞后。不少民族地区的财政收入十分有限，财政负担重，很难落实省级配套20%的生均公用经费。义务教育经费问题很多，如义务教育经费投入效率低，造成教育财政资源的浪费；义务教育经费的使用结构不合理，并未真正用于义务教育重要项目中去；经费未能及时到位，出现挤占、滞留和挪用等问题。这些经费问题出现的根本原因就是长期的经费投入不足。审批机关在审计时对部分挤占、挪用的问题持以默许态度，绩效审计几乎失效。（见表7-6）

二 信息不对称问题突出，监控成本较高

罗斯于1973年提出了委托—代理的概念，"如果当事人双方，其中代理人一方代表委托人一方的利益行使某些决策权，则代理关系就随之产生了"。[①] 也就是说，财产所有者因所拥有的财产规模随社会发展不

---

① 刘旭涛：《政府绩效管理——制度、战略与方法》，机械工业出版社2003年版，第95页。

表7-6　　　　　　F市地级公用经费配套资金到位情况

单位：万元，生均元

年度	地级承担小学生均公用经费配套数	地级应承担全州小学公用经费总数	地级承担初中生均公用经费配套数	地级应承担全州初中公用经费总数	地级承担公用经费配套总数	实际到位数	地级财政总欠中小公用经费数
2008	2	25.64	2	24.77	50.41	4	45.41
2009	6	76.92	6	74.31	151.23	12	139.23
2010	18	230.76	18	222.93	453.69	36	417.69
小计	26	333.32	26	322.01	655.33	52	602.33

资料来源：根据F市教育局提供资料整理而得。

断膨胀而无法直接经营和管理，需要管理者，从而使得财产所有权与经营权相分离，产生所有者与管理者之间的委托—代理关系。委托—代理关系中容易出现两个问题，其一是委托人和代理人间的信息不对称问题，其二是当事人在契约签订之前的客观状态引起的信息不对称即外生的信息不对称，导致的"逆向选择"问题。所以，必须通过建立完善的代理人激励和约束机制，有效地评价和监督代理人，减少信息不对称来避免以上问题。受托经济责任（即受托责任所涵盖的问题主要集中在经济领域）的存在是审计活动产生的前提条件，也是政府绩效审计产生的基础。委托人因技术、时间等原因的限制而无法直接审查和监督受托人，因此，产生了专门来完成这一事务的审计人员。公众与公共部门之间也存在委托—代理关系，即公众是委托者，公共部门是受托者，受托者对公共资金进行管理。审计机关审计公共支出行为，了解相关信息，可以充分实现公众的知情权，实现公众对其所有的公共财产运行的情况进行监督。

民族地区由于其自身的地理条件、自然条件和经济条件等限制相对于非民族地区政策监控和监督的成本很高。例如，不少民族地区的义务教育阶段学校处于偏远地区，预算编制过程消耗的时间长，报账不便，相关部门监督义务教育资金的使用状况也会消耗较高成本。义务教育整个财政支出的过程之中有多层委托—代理关系，如公民与财政部门间的委托—代理关系，财政部门和教育部门间的委托—代理关系，教育部门和中心学校间的委托—代理关系，中心学校和教学点间的委托—代理关系等，更易造成信息不对称问题，一些相关信息在经过多层的上传和下达后失真，审计机关取证困难。因而，审计机关必须要付出更高的成本来对代理人进行监控。政府和行政部门常常为获得更大利益而虚报审计所需的资料和证据，隐瞒信息，由于民族地区实行民族自治，其审计机关对政府的依附性大，审计机关缺乏独立性，仅通过虚报的资料和证据进行审计，导致审计结果失效，无法真实反映资金使用过程中存在的问题，不利于资金效益的提高。要真正开展绩效审计，就必须以真实准确的资料、证据为审计依据。

三 各级审计机关的行政体制有待进一步理顺

本书所指的民族地区是指5个自治区和云南、贵州、青海3个个少数民族聚居省区，在这些民族聚居区中，民族自治地区政府对本地区的行政事务享有自治权。审计机关缺乏独立性，不仅是政府部门之一，还要服务于政府部门。《中华人民共和国宪法》第109条规定："地方各级审计机关实行双重领导体制，对本级人民政府和上一级审计机关负责。"民族地区的审计机关不仅要实行双重领导体制，还要注意到实行民族自治的民族地区政府享有自治权，自治管理本地区的经济、立法、文化等事务，多层行政体制的叠加。因而，民族地区的审计机关在开展工作时，缺乏独立性，难免会因经济、人事等而依附政府。政府审计因独立性的缺失而只能归于政府机构的内部审计，外部监督职能无法实现。

四 民族地区的客观条件对开展绩效审计的制约

（一）经济发展水平落后，相应法规制度不健全

少数民族地区是"老、少、边、穷"的典型，主要集中在山区、牧区等偏远地区，信息封闭、交通不便，以自给自足的传统农业经济为主。少数民族地区的经济发展水平相对滞后，生活水平相对较低，城乡差异大。绩效审计属于上层建筑，它服务于经济，调整着经济关系。但是民族地区的绩效审计仅颁布了几个关于义务教育资金使用的规范性文件、法律法规和准则，缺少相应法律法规的保障。

（二）地理环境恶劣，审计技术方法落后

绝大多数的国家级贫困县市主要分布于民族地区，因为民族地区以

山地和丘陵为主,地势艰险,交通不便,交通事故频发,与外界交流困难,严重影响着经济的发展。由于自然原因,审计机关对义务教育资金的使用情况进行监督时成本高,调查取证难。

(三)长期只投入不管理,审计证据收集难度较大

为了维护民族团结与稳定,平衡各省际间的经济差异,国家重视民族地区教育经费投入,但是,我国只重视民族地区教育经费的分配,忽视了民族地区教育经费的管理,并没有将经费的用途和使用效果纳入审计中。义务教育经费的相关使用者因为严格规范使用账本而无法向审计机关提供真实有效的资料和证据,审计机关也因取证困难而无法展开审计。

五 监督管理机制不健全,缺少对资金项目的追踪监管

我国十分重视民族地区义务教育的发展,各级政府对义务教育经费的投入都在逐年递增,但经费投入效果与预订计划相去甚远,义务教育资金的有效运行受到影响。一方面,义务教育专项资金滞留、挤占和挪用的现象严重。另一方面,国家的相关政策仅明确了目标,并没有明确目标实施的详细方案和步骤,同时,地方因缺乏上级相关部门的有力监管而未落实相关目标。虽然很多地方都建立了"校财局管"资金管理制度和公用资金的管理规范,但依旧存在一些问题。以黔南州为例,其教育局督导室、州政府督导及教育局会议工作组对市、县、乡、镇的义务教育经费的落实情况、使用情况进行检查和评估,但检查范围小、力度小、次数少、方法落后,督导所发挥的作用很小。由此我们可以看出,我国缺乏健全的义务教育监督管理机制,相关教育政策的落实和执行缺乏政策保障。

与此同时,多数义务教育专项资金缺少项目跟踪、项目实施情况调查,相关监督工作未能得到落实,忽略了追究责任。不少地区通常会用某一个项目来应对各项检查,导致审计机关取证缺乏真实性,不利于相关问题的整改。

第五节 相关对策与建议

立足于客观的分析,科学地探讨民族地区义务教育财政支出绩效审

计的对策，为完善民族地区绩效审计提供普适性经验，使民族地区义务教育财政支出绩效审计真正成为一种能够推广与执行的机制。

一　完善民族地区的审计制度，保证审计机关的独立性

如前所述，审计机关的独立性不强是我国民族地区绩效审计出现问题的主要原因。就像英国学者艾弥而·沃尔夫说的那样，"审计的概念与独立性的概念，如同一枚硬币的正反两面"。[①] 而在我国，民族地区是审计者的政府审计机构，它不但隶属于自治区政府也隶属于上级审计机关，二者有着共同的利益，这样一来，就难以使绩效审计保持客观、公正和独立。因此，必须要建立民族地区专门的审计制度，才能保证审计机关的独立性。

（一）加强人大监督，建立教育专项经费监督检查长效机制

在加强和完善民族地区义务教育经费监管机制的基础上，建立教育专项经费监督检查长效机制，对义务教育财政支出进行专项使用管理。各审计机关应接受人大的各项监督，各县市在向同级人民代表大会报告各级政府分担的责任及农村义务教育财政支出等情况的同时，审计机关还应每年向本级政府、本级人大和上级审计机关提交绩效审计报告，并建立好能够向政府和人大提交绩效审计报告的规章制度，使绩效审计像传统预算执行审计一样大幅度开展起来。民族地区建立专门的绩效审计制度的目的是为了能够提高政府预算和公共支出透明度和有效性，这样一来，就能更深层次地评价与监督政府受托经济责任。"当今世界，无论国外审计选择哪种模式，基本上都独立于政府体制，并把政府对立法机关承担的受托责任的履行情况列为主要的审查和评价范围，首要地位是立法机关的服务。"[②] 在我国监督政府是人大的职能，这与政府的地位、职责和工作内容是统一的。

（二）建立专门的审计制度

我国所建立的民族地区的专门的审计制度，经常表现在审计教育经费上，尤其是审计专项经费的使用情况，一旦发现挤占、挪用、截留教育专项资金的行为，必须严肃处理。审计领导体制在我国是实行双重领导，我国民族地区所实行的自治的行政体制，自治政府不但拥有立法自

[①] 萧英达：《国际比较审计》，立信会计出版社2000年版，第95页。
[②] 杨肃昌、肖泽忠等：《中国绩效审计发展问题研究》，《财贸经济》2004年第4期。

治权，而且也拥有行政事务自治权，审计机关不仅隶属于拥有立法自治权的自治政府，而且也隶属于其上一级的审计机关。审计机关既对本级自治政府负责并报告工作，也对上级审计机关负责并报告工作。这种制度对政府审计机关的独立性有严重影响，对我国绩效审计的发展有所制约。尤其是目前地方自主权不断扩大，在某些情况下审计机关不得不搞一些平衡和地方保护动作，严重影响了政府审计的独立性，为审计活动增加了风险。我国要建立与民族地区财政支出相匹配的审计体制，并针对义务教育财政专项支出建立专门的审计制度。把审计机构归于自治区人大常委会领导，"应对人大常委会负责，且要积极汇报工作，从法律方面来讲，要明确审计局长的任免、任期、经费来源等方面，以确保政府审计独立性的条款；地方各级人大常委会直接领导地方各级政府审计机关，并对地方人大常委会负责而且要向他们汇报工作，在地方法规中有关审计局长的任免、任期、经费来源等有明确规定，也有确保政府审计独立性的条款；上下级相关审计机关一定要保持相应的业务领导关系；中央审计署也针对地方政府实施监督并分设派出机构"。[①] 使建立的专门审计制度能有更强的独立性和权威性。

二 加强预算管理全过程绩效审计

（一）在财务审计的基础上开展绩效审计

首先，我国的审计工作中出现查处违法资金高达数百亿元，并且涉及众多贪官污吏的情况已经屡见不鲜，这足以说明，我国还应给予具有真实性、合规性的审计任务足够的重视。通过揭露和查处违法违规行为以及表明损失浪费的严重性来促使提高相关资金的使用效益，这种情况从严格意义上来讲，仍属于真实、合法审计的范畴，而这将在一定程度上削弱绩效审计。其次，民族地区受自身和外界因素制约，经济发展水平较低，思想落后，普遍存在关于传统财务审计的经验较多，而绩效审计的经验与认识较为不足的情况。因此，在民族地区开展绩效审计，应该循序渐进，结合民族地区的自身情况，在财务审计的基础上，有步骤地开展绩效审计，使财务审计与绩效审计相结合。

（二）提高预算透明度，落实主体责任归属

公共支出由预算编制、审批、执行、决算等一系列过程组成。其

---

① 张丽华：《市场经济条件下我国政府绩效审计存在的问题与对策》，《经济经纬》2001年第2期。

中，编制预算是公共支出中尤为重要的环节。必须实施以结果为引导的审计预算，以效率和效益优先，从公共资金使用的结果入手。绩效预算较为强调政府活动的产出和结果，因此，政府必须将每项资金的具体使用进行预算列支，在制度层面保障资金的准确定位。通过上述手段，使各项支出的用途都可以与计划活动的结果相联系。因此，通过将预算编制进行严格的规范，使资金使用在起点就具备明确的目标和方向，从而使公共资金项目的绩效得以加强，同时可以对项目资金的相关使用效益、效果和效率作出分析与评价。

（三）加强预算执行过程监督，提高资金使用效益

年度预算的具体组织与实施即为预算执行，其中包括预算收入的组织、预算支出的安排和对预算的监督等方面内容。预算执行是预算管理的重中之重，并且预算执行自始至终贯穿于整个预算年度中。绩效预算使资金投入与产出的效益效果相结合，从而使资金运作的透明性可以在很大程度上得以提高。绩效预算使公众通过政府公布的绩效报告来评价和监督政府，这就打破了政府工作只有内部管理者了解其优劣的困境。同时绩效预算还使责任关系更加明晰，使项目资金管理者必须为其项目执行结果负责的同时，享有更大的权限。在传统预算中，政府的具体作为，效益并不十分明晰，绩效预算使某个项目的具体投入与产出都很清楚，项目的具体负责人、单位也十分明晰，同时对于追究责任者也有十分明确的规定。上述措施使项目资金在整个过程中的使用效率与效益有了很大程度的提高。

（四）实施财务公开管理，加强公共监督

决算是预算年度管理的终结，是一定时期内，关于预算的执行结果、财务状况和项目资金使用结果的具体总结。每一预算年度结束后，政府部门与单位的结算要由财政部门进行审核，政府预算执行情况要由人民代表大会进行审议通过，同时应该向社会公众进行披露公布，接受社会监督。通过实施绩效预算，可以对资金使用达到的效果目标作出明确规定，同时使绩效目标得以确立，而且可以帮助项目资金的使用、管理人员更好地理解工作绩效的期望，进而实现资金管理者与行政官员、立法机构成员及社会公众之间的有效沟通。社会公众总是会不断地期望资金管理和使用者以最小的投入获得最大的产出，因此建立预算陈述制度以改善政府和社会公众之间的沟通是当前预算改革的一项重要的努

力。绩效预算通过描述每一项资金的预算信息，帮助政府管理者将预算执行的相关信息发布给社会公众，帮助普通社会公众获得简单易懂的信息，从而使社会公众对资金使用的监督得到不断的加强。

三 加快民族地区绩效审计相关法规的制定

有法必依，因为开展绩效审计的前提以及依据就是法律。但是，目前我国的相关法律法规还不够完善且缺乏相关的准则及具体标准。

（一）完善民族地区绩效审计的立法体系

当前，我国的《审计法》并没有明确且具体的针对绩效审计的规定，相关规定也大都是原则性的说明，并不十分详尽。如 2005 年《审计法》修订后，明确规定审计机关应对财政收支或者财务收支的真实、合法和效益依法进行审计监督，并提高财政资金使用效益。但在具体执行时发现，法律并没有明确授权应如何具体开展绩效审计，因而绩效审计缺乏明确的法律依据。同样地，针对民族地区更是缺乏专门的绩效审计法律和法规。因此，应该增加关于绩效审计的内容，完善绩效审计相关的法律和法规体系，且应明确审计机关开展绩效审计的职责和权限、程序和方法、内涵和目标，以及绩效审计的评价标准，绩效审计范围等。力求完善相关绩效审计的法律法规体系，为绩效审计的开展提供法律保障。

（二）加快制定和完善民族地区的绩效审计准则

当前，我国还没有出台有关绩效审计的准则及工作指南，更没有针对民族地区绩效审计的具体细则。因此，应加快绩效审计相关准则体系的建设。制定并实施绩效审计具体准则，使绩效审计工作能够科学化、规范化、系统化地展开。绩效审计准则通过一系列的标准、规范来规范公共支出绩效审计的预算管理的实施程序，包括预算编制计划、决算的执行、据算和报告评价等方面，以确保审计质量和绩效审计的规范有序进行。[①] 审计准则作为审计人员的行为指南和规范，是审计人员开展工作所应遵循的基本原则。审计准则一方面是对审计主体的要求，另一方面也是对审计机关和审计人员工作质量的具体要求。因此，建立并完善绩效审计准则至关重要，是系统化、规范化、高效率、低风险地开展审计工作的重要保障。

---

① 张晓燕：《我国政府绩效审计问题的研究》，《当代经济》2007 年第 2 期。

四　改进绩效审计技术，建立并完善评价体系

（一）加强对审计人员的培训，提高思想认识水平

"对发展中国家而言，关键的因素是塑造公共机构的能力，并且开发员工的知识和技能，使他们能够进行绩效审计"。[1] 由于公共支出项目绩效审计范围广内容多，因此，要求实施绩效审计的人员除了具备财政和审计的专业技能外，还应有生产、经营、建设和管理等方面的相关知识，需要审计人员具备多元化的知识结构。因此，首先应对审计人员进行相关培训，完善其知识结构，力求培养复合型人才。在实施绩效审计的过程中，审计人员需要运用大量其他学科知识技能，因此必须不断更新知识，掌握新技能，使其由"财会型"向"复合型"转变。其次要通过招聘等方式积极吸收相关的优秀专业人才，完善各种专业人才的比例，优化审计队伍人员结构。再次要建立效益审计人员分级别的工作责任制，规定其应具备的效益审计知识和技能，实施审计业务的内容和重点，以及承担的审计责任。[2] 最后应充分重视外聘专家人才的重要作用，建立绩效审计专家库，有效利用外部优秀人才，以弥补民族地区审计队伍专业知识和专家学者力量的缺陷。

（二）引入适合民族地区的技术方法

当前绩效审计的实施过程中大都涉及大量的数据及信息，因此需要运用多学科、多领域的技术方法对数据和信息进行处理。但目前我国民族地区在进行绩效审计工作时，其方法还较为单一落后，因此有必要借鉴先进技术和方法来逐步提高我国的绩效审计，尤其是民族地区绩效审计的质量。"例如英国国家审计署形成的质量控制法、调查法、问题解析法、统计分析法、访谈法、观察法及计算机辅助审计法等。瑞典的审计局为获取审计证据，确认行为因果关系，核实有关的结论所采用的访谈法、观察法、文件审阅法、案例研究法、问卷调查法、数据资料整理及预测法等。澳大利亚审计署所突出强调的重要性原则、分析性复核、抽样技术、审计调查、项目分解等方法。以及日本会计检查院重视积累并利用过去的审计信息，重视从其他各个方面收集到的相关信息，建立

---

[1] 雅米尔·吉瑞赛特：《公共组织管理——理论和实践的演进》，上海译文出版社 2003 年版，第 47 页。

[2] 卓越：《政府绩效管理导论》，清华大学出版社 2006 年版，第 304 页。

并利用局域网储存大量信息，随时可以进行信息的比较以发现线索的方法"。[①] 根据其他国家的经验不难发现，这些国家已经探索出了一系列行之有效的先进技术方法，因此在学习与借鉴先进技术方法的基础上，结合我国民族地区的实际情况进行局部调整不失为一种科学的策略。

（三）加强民族地区评价体系的研究与开发

要想准确地衡量政府行为活动的实际效果，就必须找到科学度量绩效的指标体系。然而，目前我国并未建立一套完善的衡量政府机关、公共部门资金使用效益的指标体系，因此难以对政府部门使用资金的社会效益进行量化评价，对于民族地区具体的评价体系也就更是缺乏。这在一定程度上阻碍了我国政府绩效审计工作的开展。因此，应在着眼于我国现阶段审计工作水平的基础上，参考发达国家绩效审计的相关标准，建立一套系统的、完整的、具有可操作性的审计评价指标体系。此外，由于绩效审计的繁复性，对于其财政资金支出的"3E"评价不能用单一的评价指标来衡量，应根据其绩效审计的内涵、内容及目标，在遵循全面性、可比性以及成本—效益等评价指标的基础上，具体设计相关可行原则，建立适合民族地区绩效审计的科学指标体系。

五 加大专项转移支付力度，建立专项资金监管机制

（一）加大专项转移支付，发挥省级政府主体的作用

地方政府投入配套资金是中央对农村义务教育专项转移支付中的必要措施，但由于中央对农村义务教育的专项转移支付规模太小，且硬性的配套要求并没有把地方政府的财力差距考虑进来，而且就基层政府而言，其受财力因素限制，不能完成硬性的配套指标，因此经费不足，挤占教育经费等问题较为严重。为改善上述状况，必须在加大中央对民族地区的专项转移支付的同时，充分发挥省级政府的主体作用。义务教育需要中央政府去承担，但同时也离不开省级政府，省级政府应当对其所属县市在宏观上进行调控，而且必须对一些财政困难县市的义务教育实施转移支付。

（二）加强"校财局管"，逐步推行审计公告制

依据《农村中小学预算编制实施细则》，各校应成立公用经费的履行审计监督职能的监督小组，切实落实财务公开制度，将各项资金的具

[①] 杨蓓：《政府投资项目绩效审计方法浅析》，《财会通讯》2007年第4期。

体用途进行清晰罗列，务必使公众对各项资金的使用一目了然。同时，应继续加强落实"校财局管"的资金使用管理办法。在宣传方面，利用新闻媒体等对改革政策进行宣传的同时，更加注重采取老百姓喜闻乐见的宣传形式，更好地使相关政策深入民心，营造和谐良好的社会氛围。而对于挤占、截留、挪用教育专项资金的行为，经发现查实，将按相关规定进行披露公布。落实与推行审计结果公告制度，促使绩效审计的结果接受社会舆论监督是创建阳光型政府、提高政府政务公开性的必然要求。所谓"审计公告制度"就是审计机关依照相关法律法规，采取适当的方式就其审计管辖范围内重要审计事项的内容、审计程序、审计过程、审计内容向社会民众进行公开的制度。一直以来，我国的审计机关具有一定的神秘性，同时带有浓重的政府内部监督色彩，多数审计机关的审计报告仍是一般人无法查阅的私密文件，虽然按照审计法，审计结果可以对外进行公布，但在现实中，并未得到有效的落实。而审计公告制度则可以使社会公众对审计结果有所了解，并且有利于提高审计工作的透明度，有利于增强审计监督的权威性，有利于社会公众了解并认可审计工作。

（三）强化审计问责制度的执行

加强完善内部审计工作，及时发现学校在业务教育经费管理和使用中存在的问题，并提出相关整改意见，限期进行整改。同时，教育局应对一些不按照要求及时整改、屡教不改及性质严重、影响恶劣的学校相关领导、财务人员进行行政处分。

相关审计行为的成果和结论即为审计结果，但有了审计结果并不意味着审计工作结束了，审计结果公告后，公众会对审计披露的问题产生疑问并且等待后续的处理结果。比如，如果政府在公共支出项目决策实施的事前、事中存在监督缺位的问题，那么就这种状况而言，政府具体在哪些方面存在失误？哪些失误是客观造成的，而哪些失误是人为的、可以避免的？又应该由谁为这些失误承担相应的责任？审计结果披露出来的问题后续是否得到解决？又是如何解决的？审计报告涉及的部门之间是否面临互相推诿、避重就轻、合理化建议无法得到落实等难题？民族地区的绩效审计多以事后审计为主，为避免绩效审计日渐程序化，必须坚持建立与落实失误责任制，在法律层面明确各部门的责任，进而达到"谁决策，谁负责"的审计监督目的。对于存在违规的项目和单位要严查到底，依法追究项目单位及其负责人的直接责任，同时应该坚决揭露与制止审计中发现的投资浪费等不良现象。基于绩效审计的原则，对一些没有效益或效益较低的项目追加投资时，应该更加严格把关，为今后的投资提供规范与引导。而且审计机关也应该高度重视相关审计建议的落实与整改情况。政府应该就审计对象对审计调查结果及建议做出的反应作出明确的要求，同时要求审计对象制定或采取措施加以改进。此外，政府还应该对存在的问题及相关整改意见提出进一步的质询。只有这样，责任追究制度才能落到实处。

（四）重视绩效审计工作的跟踪问效

对于绩效审计的后续监督给予充分的重视，对于民族地区的专项资金使用项目实施项目进行跟踪，对项目的实施开展情况以及最终的成果和效益进行调查取证，使义务教育资金的效益得以充分发挥。国外绩效审计格外注重后续跟踪审计结果，比如，美国国会拨款委员会会根据其接受审计意见的情况对各机构核定拨款额度；澳大利亚对跟踪审计也尤为重视，在每年的绩效审计项目中对以前审计项目的跟踪审计约占1/3。要想真正实现审计工作的意义必须重视绩效审计结果的落实情况。我国在绩效审计结果的后续处理上做得并不好，即使高质量的审计报告已经由审计机关提供出来，审计意见也不一定被落到实处。只有将绩效审计结果的利用与行政监督相结合，建立完善明确的相关奖惩制度，才能使绩效审计发挥其应有的作用。

第八章　绩效工资：解决民族地区义务教育财政支出绩效的动力保障机制

根据《教育部关于做好义务教育学校教师绩效考核工作的指导意见》（教人〔2008〕15号）精神，文件中明确指出义务教育学校的绩效工资制度需在全国范围内普及并实施。该文件的颁发使人们的视线开始聚焦在义务教育教师绩效工资这一概念上。对于义务教育教师绩效工资概念，我们可以将其定义为教师工资以义务教育教师在从事教学活动中所表现出的行为和结果为基础，对其进行综合评价来确定其工资水平的一种工资体系。

本章通过对我国义务教育阶段教师工资改革的历史回顾，选取具有代表性的民族地区作为案例分析对象，通过调查与实证分析绩效工资在民族地区实施中所出现的问题，并对所呈现出的问题提出针对性的对策。

第一节　我国义务教育教师工资制度的历史沿革

2009年我国正式实行义务教育绩效工资的改革，在已有工资制度的基础上，经过一定时期的变革与演变，我国义务教育学校教师的绩效工资制度形成。1949年至今，我国中小学的教师工资制度经历了五个时期：

一　由供给制过渡到工资制（1949—1955年）

新中国成立初期，工资制度由战争条件下形成的偏重平均主义的供给制逐步向工资制演变。我国工资制度在对解放区的供给制和旧中国的工资制度进行研究和比较的基础上进行了变革。1950年，《工资条例

（草案）》由国家劳动部和全国总工会制定并颁布。

1952年，新中国第一套工资制度依据《工资条例（草案）》所制定。其主要内容有：首先，规定全国统一的工资计算单位为"工资分"，并明确了其包含的品种和数量。其次，新的工资等级制度在各大行政区各自建立。八级工资制以及工人技术标准在国营企业的大多数工人中实行。政府机关技术人员、文艺人员、卫生技术人员、教学人员、科研人员、翻译人员、出版社编辑人员、报社通讯社广播台工作人员共八种工资标准被规定。其中，职务等级工资制在教学人员（教师）中实施，并将工资标准分为大学、中等学校和初等学校三种。最后，工资制度由供给制向工资制过渡。在战争历史环境下，生活环境极其不稳定，物资供应需要统一的后勤补给，全党军民生活所需的各种资料以一个大致平均的标准所提供，在这种历史条件下，供给制是必要而且可取的。但这种带有军事共产主义的平均分配制度在和平时期已经不能适应经济建设发展的需要。事实上，从1950年开始，供给制的等级标准在逐步向工资制方向转变。到了1955年1月，人民解放军干部全部改成工资制。1955年7月，工资制在所有国家机关干部的事业单位人员中普遍实行。

二 职务和技术等级工资制度（1956—1984年）

1956年进行了全国范围内的工资制度改革，工资制度在此后的30年间只是做了局部的修改和变动，基本没有大的变动。国家机关，包括公立学校在内的事业单位在普遍提高工资标准的这次改革后规定了其职务和技术等级工资制度。主要内容有：首先，直接货币工资标准在取消"工资分"后开始实行。十一类工资区根据各地物价水平在全国划分。其次，在原有基础上，对事业单位各类专业技术人员的工资制度进行了完善和修订。职务等级工资制也根据各类人员的特点分别建立。职务和职称等级工资制在国家机关、事业单位中实行，职称等级工资制在属于事业单位的学校中实行。最后，全国职工工资水平提高。中小学教职员、乡干部等原工资待遇过低的岗位，其工资有较大幅度的提高。1956年，《关于工资改革的决定》经国务院发布，提出适当提高全国职工工资水平。1956年7月，全国中小学教师、行政人员的工资标准表由高等教育部和教育部制定并下发。

教师的工资待遇以及工作积极性在这次工资改革后都有了普遍的提

高。统一的货币工资制度建立后，中小学教师工资间的地区差距也逐步缩小。这次工资改革，也使工资和职务等级挂钩，平均主义被克服的同时也强化了激励机制。但这次改革由于工资改革的艰巨性以及改革中缺乏经验等因素也出现了一些问题和缺陷。具体如下：首先，繁杂过细的工资标准使得各工资关系形成级别林立，层次重叠。其次，国家财政支出由于职工工资增长幅度过大处于紧张状态，进而引起物价上涨。再次，在教师等级工资制中，所有劳动报酬全部体现在等级工资中，而资历、经验等潜在的劳动形式又是等级工资的确认依据，这使以其他劳动形式工作的教师积极性被严重挫伤。

三　结构工资制（1985—1992年）

结构工资制的制度改革是第二次全国范围的改革。在这次改革中，基础工资、职务工资、工龄津贴、奖励工资被划分为教师工资的四个部分。国家对工作人员的最低生活保障为基础工资；按照实际职务确定的相应工资部分为职务工资；工作人员工作年限，以年为单位，逐年增加，按月发放的部分是工龄津贴；以工作人员的工作成绩为依据，鼓励先进优秀，有利于调动教师的工作积极性的则为奖励工资。

两个突出的特点存在于这次的结构工资制中：其一是既结合了影响教师工资的各种因素又简化了工资标准。影响工资形成和变化的多种因素被分为四类后，简化归一了复杂的工资标准和级别林立、层次重叠的工资关系。理顺工资关系，克服平均主义，工资的正常晋升被实现。其二是被强调的职务工资，联系了工作人员的劳动报酬及其职务，工资结构中每个部分的积极作用被发挥。按劳分配的原则在确立正常的增资机制后得到更好的体现。实行结构工资制的同时，教师工资的进一步改革在政府相对地逐渐扩大学校在分配上的权力的推动下更好地发挥其作用。

但是，结构工资制同时存在着其缺点。比如，全国工资总体提高的幅度比教师的工资增长幅度大；教师的功利心理和官本位思想也由于工资设计中过分强调职务因素而形成；因为大幅度削减职务和技术等级工资而导致的等级偏少，使同一层级的教师能力差距难以体现出来。而且比照国家机关制定的中小学教师的工资制度并没有体现教师的特殊劳动特点。

四 岗位工资制度（1993—2009年）

结构工资制使教师的工资受到学历、职称、工龄来确定报酬的分配制度的影响，这使学校内"待遇"与"职称"挂钩，但实际的岗位和工作结果并不相符，结构工资制的种种弊端开始显现。于是，工资制度改革再一次开始实行。工作报酬以工作岗位为核心，并依照实际工作的岗位职责、完成任务的复杂性、完成工作的数量和质量等因素来确定。1993年，独立的教师工资制度在事业单位工资制度改革中确立，至此，实现了中小学教师工资与国家机关在工资制度上的脱节，提高了教师的工资水平。教师间的工资差距由于以岗定薪的分配制度开始拉开。同时，岗位工资制的一些弊端也开始浮现。例如，岗位级别较低的基层教师工作量大，不成正比的付出劳动量与获得的劳动成果使得教师的工作积极性受到打击，影响其工作水平与工作质量。于是自2009年起，绩效工资制度改革在义务教育阶段开始实施。

五 绩效工资制度（2009年至今）

自2009年起全国范围内义务教育阶段教师实施绩效工资制度，我国工资制度开始第四次变革。同年2月，在教育部出台的《关于做好义务教育学校教师绩效考核工作的指导意见》中，详细的绩效工资实施方案得以制订。绩效工资制度的具体内容如下：第一，基础性工资和奖励性工资是工资的两个部分，两种工资所占总工资比例是7:3。依据各地方的经济发展水平，为了体现岗位职责，县级以上人民政府人事、财政、教育部门确定按月发放基础性绩效工资。根据教师的实际工作量及教学成果，在公平考核的基础上由学校考核分配奖励性绩效工资。第二，激励导向作用和民主原则在学校制定的奖励性工资考核原则和标准中体现出来。学校要在教育部门的指导下，根据各类教师不同岗位的特点分类考核并制定科学的考核标准，同时在考核过程中要做到民主、公平、公正。第三，县级以上人民政府人事、财政部门按照教师平均工资水平不低于当地公务员平均工资水平的原则来确定绩效工资总量。纳入财政预算的绩效工资所需经费应专款专用，分账核算。第四，对退休教职工所发放生活补助的具体补助标准被制定。

通过对义务教育阶段教师工资改革的历史回顾，教育绩效工资有如下几个明显特点：第一，奖励性绩效工资的激励作用得以强调，坚持"多劳多得、优劳优酬"的分配原则，为了激励教师投身教育事业，激发教师的工作热情，着重强调教师工资与绩效的相关性。第二，学校对工资的支配权限得以扩大，学校根据教师绩效考核结果来分配占绩效工资总量30%的奖励性绩效工资。第三，教师绩效考核标准由学校来制定，并保持较高的要求。结合学校的自身状况来制定学校的绩效考核评价标准，同时指标要科学、详尽并且量化。第四，农村教师及班主任要更多地得到义务教育绩效工资的倾斜。

第二节　民族地区义务教育绩效工资实施的现状分析

我国是一个多民族融合的大国，关系到我国民族团结、国家安定的重要问题是民族问题，发展民族地区的首要问题是少数民族的贫困问题，而其中促进民族地区发展的关键则是发展民族地区的义务教育。然而，对于教育而言，教师是不可或缺的一部分。从2009年义务教育教师绩效工资改革在全国开始实施以来，义务教育教师绩效工资在全国各地的改革面临着种种困难，民族地区也不例外。民族地区是我国的一个特殊群体聚居地，在全国各地的改革中，民族地区在义务教育教师绩效工资改革中有着一定的共性问题，同时也存在其特有的个性问题。

本节以贵州省黔南布依族苗族自治州为例，通过对黔南布依族苗族自治州D县、S县和F市义务教育绩效工资实施状况的了解，并采取了一定的实证分析，通过实证分析，民族地区义务教育绩效工资实施中存在的问题得以揭示。

一　贵州黔南州绩效工资实施的基本情况

黔南布依族苗族自治州东与黔东南州相连，南与广西壮族自治区毗邻，西与安顺市、黔西南州接壤，北靠省会贵阳市。全州总面积2.6万平方千米，辖2市10县和1个经济技术开发区。其中，有6个国家级贫困县和137个贫困乡镇，有汉族、布依族、苗族、水族、仡佬族等37个民族，总人口415万人。关于黔南州义务教育绩效工资的实施，下面将进行解读与分析。

（一）黔南州地区义务教育阶段教师基本情况

由于黔南州与其他少数民族地区具有相似的经济、文化、地理特

第八章　绩效工资：解决民族地区义务教育财政支出绩效的动力保障机制

征，且具有多民族特性，所管辖区大多数为贫困县，因此，选取黔南州作为调查对象，对于研究少数民族地区义务教育教师工资问题具有很好的代表性。

2010—2011学年，黔南区成立普通小学1263所，教学点544个，在校生347232人；初中167所，其中完全中学25所，九年一贯制学校47所，204778人为初中在校生，相比上年，高中在校生51578人，同比增长2765人。18240人为黔南州的小学专任教师，其中，在总人数比例中，少数民族教师占比61.34%；10386人为初中专任教师，其中少数民族教师占总人数的比例为71.86%。

1. 黔南州D县基本情况

贵州最南端为D县，占地2442.2平方千米。总人口接近35万人，其中，30万人约为农业人口；24.06万人约为少数民族人口。布依族、苗族、水族和壮族是人口较多的少数民族。在总人口比例中，少数民族人口占比75.03%。经济发展水平在全州为中等水平。全县共成立中学22所，其中，1所高级中学，2所完中，15所初级中学，九年一贯制学校4所。初中招生6464人，毕业生6490人，在校生19899人。全县共有小学217所，其中，完小123所，教学点90个，九年一贯制小学部4个。小学招生2828人，毕业生6521人，在校生23497人。D县共有教师1270人，其中，74人为中学高级职称，469人为中学一级职称，中学二级职称有621人，中学三级职称有41人，未评职称有65人。

2. 黔南州S县基本情况

S县为全国唯一的少数民族自治县，且属于国家开发重点县。全县总面积2400平方千米，辖10镇11个乡，总人口34.21万人，其中33.09万人是少数民族人口，在总人口比例中占比96.73%；22.21万人为水族人口，在总人口比例中占比64.92%，全国60%以上的水族人口在其居住，同时汉族、布依族、苗族、瑶族等14个民族也在其居住。S全县在义务教育阶段中成立中小学校213所，其中，小学194所（包括83个教学点），初中13所，九年制学校6所；在校生56771人，小学在校生人数39962人，初中生16809人；义务教育阶段专任教师2621人，其中小学专任教师1684人，初中专任教师937人。

3. 黔南州F市基本情况

F市总面积1688平方千米，辖9镇7乡，现有人口35万，被评为省级历史文化名城和卫生文明城市。作为贵州经济发展的黄金地点以及国务院批准的开放城市，F市矿产资源丰富，工业发达，经济发展水平在黔南州处于领先地位。F市成立学校187所，其中，小学123所（包括7个教学点），20所中学；23014人为小学生在校人数，16575人为初中在校生人数，1743人为小学教职工人数，1291人为中学教职工人数。2011年，投入2.5亿元，保证教师工资1.7亿元。

从少数民族种类和人数的角度出发，黔南州有37个少数民族，在总人口中占比约为57%，在民族地区中存在一定的代表性；从生存环境的角度出发，民族地区大多为环境比较恶劣的山区、林区等偏远地区。黔南州位于在全国属于西南部的贵州中南部。在属于西部大开发战略实施省份的贵州中南部，有较多的山地和丘陵，具有明显的喀斯特地貌特征，环境比较恶劣；从地区经济发展的角度出发，因为受到自然条件的制约，民族地区经济多以粗放型经济为主且经济发展相对落后。6个贫困县和137个贫困乡镇存在于黔南州，贫困乡镇在全州总乡镇中占比接近一半，这对研究经济不发达的西部民族地区具有一定的代表意义。此外，作为全国唯一水族自治县的S县，原始的生活方式和相对明显的民族特征和生活风俗习惯得到了较好的保留，这对研究民族地区的教育状况具有典型代表意义。基于上述原因，选择贵州省黔南布依族苗族自治州作为调查研究的对象，并实地走访调查了作为调查样本的经济教育发展情况较差的S县、中等的D县和较好的F市。

（二）黔南州义务教育绩效工资的实施状况

州教育局根据《贵州省人民政府转发省人力资源社会保障厅省财政厅省教育厅关于义务教育学校实施绩效工资实施意见的通知》并结合黔南州实际，制定了具体的试行办法：以按国家规定执行事业单位岗位绩效工资制度的义务教育学校正式工作人员为实施对象，绩效工资从2009年1月1日起开始实施。

按照学校工作人员上年度的基本工资数额和规范后的津贴补贴水平来确定绩效工资总量，其中，确定义务教育学校规范后的津贴补贴水平的原则是州人事劳动和社会保障局、财政局按照教师平均工资水平不低于公务员水平。

基础性工资和奖励性工资是绩效工资总量的两部分，基础性绩效工资与奖励性绩效工资在总量中分别占比7∶3。随着绩效工资的基础部分和州机关公务员津贴补贴的调整来相应地调整总量,调整时间为每年第一季度前进行一次调整。黔南州义务教育绩效工资的实施状况如下:

1. 基础性绩效工资的分配

根据地方经济的发展水平和物价水平,基础性绩效工资(岗位津贴)体现了其岗位职责。岗位津贴按照教师、管理、工勤技能等岗位来设置(如表8-1所示),每月发放。基础性绩效工资的垂直压缩率(最高职级与最低职级岗位津贴之比)在黔南州实施义务教育学校绩效工资后为1.94。

表8-1 黔南布依族苗族自治州义务教育学校岗位津贴标准

岗位职务	基础性津贴(元/月)
高级职务	1320
中级职务	930
助理级职务	760
科员级职务(中教二级)	680
五级管理岗位	1320
六级管理岗位	1110
七级管理岗位	930
八级管理岗位	840
九级管理岗位	760
十级管理岗位	680
技术工二级	930
技术工三级	840
技术工四级	760
技术工五级及以下	680

资料来源:黔南州教育局计财科提供的学校岗位津贴标准表。

2. 奖励性绩效工资的分配

绩效工资起激励作用的主体部分是奖励性绩效工资,根据义务教育学校绩效工资总量以及工作量和实际工作贡献,州人事劳动和社会保障局、州财政局按30%核定奖励性绩效工资总额。以其明确的功能和需求为依据,按下列方法确定:

（1）农村教师补贴、班主任津贴和校长津贴三项津贴补贴项目是从先核定好的奖励性绩效工资总量中24.9%的额度中设置的。具体设置如下：

农村教师补贴。农村教师补贴在条件艰苦的农村义务教育学校教师中实施。在奖励性绩效工资总额内，州教育局提取11.2%的比例设立农村教师补贴。州教育局根据农村学校边远艰苦程度来确定其执行的范围。执行范围具体分为三类并分别制定标准。其标准为：一类学校40元/人/月，二类学校70元/人/月，三类学校100元/人/月。

班主任津贴。班主任津贴是在核定的奖励性工资总额内，按奖励性工资总额的7.4%所设置的。班主任津贴根据现有学校布点、校舍条件不同，每个班学生人数多少，班主任工作量大小等情况，按照管理班级人数多少分为三类：29人以下的为一类，40元/月；30—49人的为二类，60元/月；50人以上的为三类，80元/月。现任班主任要接受学校每半年组织的考核，考核合格的教师才能获得班主任津贴；反之，则不予发放。

校长津贴。在奖励性绩效工资总额内，州教育局提取6.3%的比例设立校长津贴。各学校津贴是经教育局考核后，由州教育局分别核定的。核定方法是按校长人数乘以1.56的系数再乘以人均额（奖励性工资总额除以职工人数），得出校长津贴基数。

按照干部管理权限，教育主管部门具体负责校长的绩效考核工作，校长每半年要接受教育主管部门的一次全面考核。考核合格的校长才能获得校长津贴；反之，则不予发放。

（2）根据各学校实际情况，州教育局将其余部分的奖励性绩效工资总量分别核定额度，根据绩效考核结果，学校在核定的额度内确定分配方式和方法。

（3）学校要根据教师岗位的不同特点来完善内部的考核制度，同时要做到考核的过程中分类考核，公平公正。奖励性绩效工资要根据考核结果来分配，在分配中要坚持多劳多得，优绩优酬，适当拉开分配差距的原则，同时要重点向一线教师和班主任倾斜。在征求教职工意见的基础上，各学校要集体研究并制定绩效工资分配方案，在教育主管部门批准后开始执行，同时，在向同级政府人事部门备案后公开执行。

（4）学校在实施绩效工资后，不得违反规定的程序和办法来分配奖励性绩效工资，在绩效工资总量外的津贴或奖金等其他名目不得被发放。坚决予以纠正，严肃处理此类违反政策规定的行为。

3. 奖励性绩效工资的管理

县级以上人事、财政部门负责绩效工资总量的核定工作，全额发放完成了规定教学任务教师的基础性绩效工资。具体学校接收学校奖励性绩效工资。学校在教育部门的督促下制定综合考核办法，并将奖励性绩效工资的分配落到实处。经费保障与财务管理的规定如下：

（1）经费的来源所在以及开支渠道。黔南州规定，各县级财政预算中包含义务教育学校绩效工资所需经费。在财政预算中单列对中央、省补助的资金，并强化预算管理，禁止挤占、挪用绩效工资的行为。将资金统一安排，义务教育学校教师绩效工资应被优先解决，确保绩效工资所需资金在有事业型收费项目的完全中学中落实到位。

（2）在财务管理上严格规范。财务费用管理应被严格规范。学校"一边免费、一边乱收费"的行为需严格禁止。同时，学校不得有违反规定的程序和办法分配奖励性绩效工资的行为。在绩效工资总量以外的津贴或奖金名目不得被发放。坚决予以纠正，严肃处理有此等违反政策规定的行为。

（3）专额款项专额用途，分账核算。原则上，绩效工资统一以银行卡的形式发放，不得发放现金。资金要专款专用且不得擅自挪用绩效工资的资金。按规定程序核定后，基础性绩效工资划入到个人工资银行账户，教师在接受完学校的绩效考评并公示后，奖励性绩效工资开始核算，并上报于学校主管部门，财政部门在审查无误后，将工资划入个人银行账户。

4. 抽样学校奖励性绩效工资的考核细则

A 小学的绩效工资实施方案从 2010 年 2 月 20 日开始实行。考评分为"德、能、勤、绩"四个方面进行。"德"占分为 10 分；根据各职位不同的工作内容来考察"能"，占 10 分；影响"勤"的因素包括是否旷工、早退，是否积极参与各种活动和公益劳动来考察，占 10 分；着重考察"绩"，占 70 分。在教学常规及量化分，平均分，人头分与优分及格来考察"德、能、勤、绩"四个方面。在"德"育考察中，有的评价标准很抽象。比如为人师表 1 分；热爱学生，团结同志 1 分。

自 2010 年 3 月 1 日起，B 中学的奖励性绩效工资分配方案开始实行。从"德、能、勤、绩、量"五个方面进行考察,100 分为总分,其中德占 15 分,能占 13 分,勤占 12 分,绩占 40 分,量占 20 分。三洞中学将"德"细分为 23 个指标,其中每个指标底数分值为 15 分,做到单项实行累扣。这种细化详细的"德"量化制度使"德"的考察更为具体,更方便操作。按时完成教学进度、内容;按时完成备课教案等具体的量化指标则为"能"的量化制度。"勤"主要从教师的出勤、迟到、早退、旷课等内容进行考核。根据所带班级学生成绩的平均分、及格率、优分率,即"绩"主要考察教师所教学生的成绩情况。客观地评定教师教学工作定额的工作量则为"量"的评判标准。对课程的课时数标准为:周课时为 12 节的课程是语文、数学、英语。周课时为 14—16 节的课程是政治、历史、地理。周课时为 14 节的课程是生物、物理、化学。周课时为 14—16 节的课程是音乐、美术、体育、劳技。总分 20 分,即满定额工作量,未完成既定工作量的则被扣分。

自 2009 年秋季学期始,C 中心学校教师开始执行奖励性绩效工资考核实施方案。学校统筹安排了以下四项。第一,岗位补贴(在奖励性绩效工资中占比 4%);第二,师德、考勤、继教及常规工作(在奖励性绩效工资中占比 20%);第三,教育教学效果(在奖励性绩效工资中占比 45%,其中乡校内评比为 35% 的比例,参加全县评比获得县名次为 10% 的比例);第四,全乡统筹安排补贴(在奖励性绩效工资中占比 7%)。中心校长对副校长,教导正、副主任等岗位进行考核并给予岗位职务补贴。而总务处组织统计每月 30 元的考勤补贴;政教处组织统计每月 20 元的师德考核;教导处组织统计每月 30 元的继续教育、常规工作补贴。在全体教师对各学期发放奖励性绩效工资公示期满无异议后,奖励性绩效工资方能发放。

自 2010 年 1 月 1 日起,D 中学教师开始实施绩效工资考核的分配实施办法。绩效工资奖励性部分经由学校审核后报县教育局和县财政局,每年分两次考核发放,并将各自直接划拨到教师个人工资卡上。师德、基本工作量、超工作量、考勤四个部分为绩效考核内容,考核方式采取量化的方法。有违反师德行为受师生或家长举报属实者扣 10—20 分,师德考核总分 20 分,基本工作量为 56 分。根据周来计算各学科教师工作量:其中语文、数学、英语课程节数为 12 节,其他学科的教师每周 14 节。根据实际来计算教师超课时情况,教师超过标准课时时应获得相应的加分。24 分为考勤满勤分。在经过职代会讨论后，且考评各项得分以及实施考核全过程都必须有原始依据印证，符合上述条件后方能通过实施评价方案。考核过程要坚持公开透明的原则，且公示至少三天的考核结果随时接受教职工的监督和质询。

"德、能、勤、绩"是 E 小学教师绩效工资考核评价细则的四个方面。其中，"德"从政治思想和职业道德表现及精神面貌等方面进行考察，占 10 分；"能"从教育能力、教学能力、教研能力等 10 项进行具体的考察，工作量占 35 分；"勤"从工作态度和考勤分为七个方面来详细考核，占 15 分；"绩"从教育成绩、教学成绩两个方面然后细化之后进行考察，占 35 分。考核总分 100 分，师德为 5 分，考勤为 10 分，工作量为 20 分，教育教学管理过程为 15 分，教育教学管理成绩为 50 分。这五种分配是 F 中学教师的奖励性绩效工资分配。党支书、副校长每人 110 元/月，中层干部每人 90 元/月是 F 中学教师的职务津贴标准。学校教师奖励性绩效工资的再分配中不再有校长的参与。依法执教、爱岗敬业、热爱学生、严谨治学、团结协作、尊重家长、廉洁从教、为人师表八个方面是 F 中学关于师德的考核标准，考核标准非常详细且易于实践考察。工作量既与课时有关，也与作业和测验有关，要在参照达标次数的标准上符合规定，标准规定的次数不能被超过。

根据考核细则内容可以得出，奖励性绩效工资的分配在每个学校各不相同。但是基本一致的是考核内容：考核通过计分制的形式来进行，从师德、考勤、教学过程以及教学成绩等方面来进行考核。而且学校都比较重视学生的学业成绩，这从教学成绩的考核比重占的比例较大中可以看出，同时教学成绩也作为考核教师的主要标准。从考核标准的具体详尽程度及可操作性中可以看出，学校间的差距较大。有考核标准比较简陋的学校，其考核标准的说明偏向更加抽象化，具体的考核标准并不存在，有较差的可操作性。而有的学校则不同，在大的考核标准下又衍生了更详细的考核细则，一目了然，便于实际操作。

二　贵州黔南州绩效工资实施效果的调查分析

我国义务教育阶段教师绩效工资改革是从 2009 年 1 月 1 日开始在全国实行。

2009 年秋季，贵州省黔南布依族苗族自治州大部分学校开始实施绩效工资，部分学校在 2010 年开始实施。本书为了进一步了解民族地区教师绩效工资实施后的效果及教师对绩效工资的态度和意见，设计了相关问卷，并将这些问卷发放到抽样学校中，将调查问卷给予部分教师填写，并统计分析了回收的问卷。

（一）样本选择与数据统计分析

1. 样本选择与调查问卷

本书的抽样设计采取的是三阶段（区县、学校、教师）进行不等概率的抽样设计：第一阶段，选取贵州省黔南布依族苗族自治州，即在全国具有一定代表性的民族地区。在全州中选取经济发展水平不同的好、中、差三个县（市）。第二阶段，一定数量的学校在各个样本县（市）中被抽取。教育发展水平不同的好、中、差三种水平的三个学校在每个县（市）中选取。第三阶段，在抽中的学校中抽取教师。基本遵循每种职称选取两个老师的原则，在每个学校中抽取两名老师填写问卷。如选取两个职称为小教一级的教师，选取两个职称为小教二级的教师，选取两个特岗教师填写问卷，调研当天没有课的教师为选取的教师标准。根据学校的具体状况调整具体的数量。例如，在只有一个中教高级职称教师的学校，大多数为中教二级的教师，而且没有未评职称的教师，那么在这所学校，中教二级教师则成为我们的选择，在中教二级教师中选取4—5个教师填写问卷。笔者通过 SPSS 17.0 的方式，对数据进行了 KMO 与 Bartlett 检测，其中 KMO 值为大于 0.5 的 0.869；Bartlett 检验为达到了小于 0.001 的显著性水平的 0.000。Cronbach'α 系数通过可靠性检验计算，检验结果表明，Cronbach's α 系数达到大于 0.65 的 0.841，由此可知问卷具有良好的效度和信度。

2. 描述性统计

本调查在三个县（市）共十所学校进行调研，其中含有五所中学，四所小学和一所一贯制学校（即中学部与小学部在一起）。问卷调查共发放100份，87份回收，回收率达到87%，最终有效问卷为82份（剔除缺失比例过高的样本），有效问卷回收率达到82%。样本覆盖了不同规模的学校，不同年龄、性别、工作年限等教师人员的个体情况，覆盖量广大。

（1）性别状况。有效问卷数82份，其中男性教师人数为39人，在总人数中占比47.6%；女性教师43人，在总人数中占比52.4%。问卷调查中所抽取的男女教师比例在总体上基本持平。如表8-2所示。

表 8-2　　　　　　　　　抽样教师的性别比例

		频率	百分比（%）	有效百分比（%）	累积百分比（%）
有效	男	39	47.6	47.6	47.6
	女	43	52.4	52.4	100.0
	合计	82	100.0	100.0	

（2）年龄分布。在总数为 82 名的教师中，最小教师的年龄为 24 岁，最大教师的年龄为 59 岁，平均值达到 34.96 岁。数据情况表明，在选取的样本中教师年龄层面的分布较广，有较为成熟的教师队伍，且具有良好的教学经验，如表 8-3 所示。

表 8-3　　　　　　　　　抽样教师的年龄描述

	N	极小值	极大值	均值	标准差
年龄	82	24	59	34.98	8.375
有效的 N（列表状态）	82				

（3）教龄的分布。在样本总量中，教龄在 3 年以下的教师人数为 15 人，占比 18.3%；教龄在 4—9 年的教师人数共 20 人，占比 24.4%；29 人是教龄在 10—20 年的教师人数分布，占比 35.3%；15 人是教龄在 21—30 年的教师人数分布，占比 18.3%；3 人是教龄在 30 年以上的教师人数分布，占比 3.7%。从总体数据上出发，10—20 年是教师教龄峰值，其教龄分布略呈正态。

（4）学校属性。在总样本中，6 名抽样教师是属于村小性质的学校，占比 7.3%；31 名教师属于乡镇中心小学性质的学校，占比 37.8%；31 名教师属于乡镇初中性质的学校，占比 37.8%；4 名教师属于县区小学性质的学校，占比 4.9%；9 名教师属于县区初中性质的学校，占比 11.0%；1 名教师在该选项缺失，占比 1.2%。如表 8-4 所示。

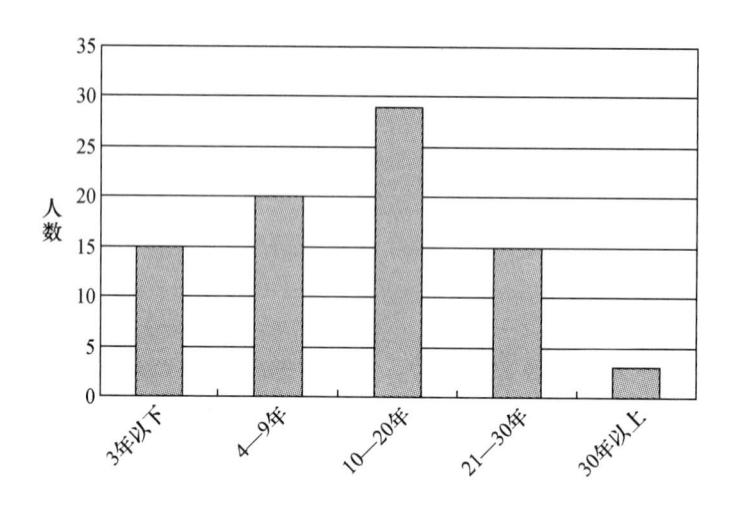

图 8-1　抽样教师的教龄分布

表 8-4　　　　　　　　抽样教师所在学校性质描述

		频率	百分比（%）	有效百分比（%）	累积百分比（%）
有效	村小	6	7.3	7.4	7.4
	乡镇中心小学	31	37.8	38.3	45.7
	乡镇初中	31	37.8	38.3	84.0
	县区小学	4	4.9	4.9	88.9
	县区初中	9	11.0	11.1	100.0
	合计	81	98.8	100.0	
缺失	系统	1	1.2		
合计		82	100.0		

（5）最高文化水平。有 82 名教师参与本次问卷调查。其中，最高学历为大学本科的人数为 33 人，在总样本中占比 40.2%；40 人的最高学历为大学专科，在总样本中占比 48.8%；9 人的最高学历为中专中师，在总样本中占比 11%。学历为研究生的教师没有。从整体数据出发，大部分的教师最高学历为本科与专科。笔者通过访谈获悉，通过各种学习方式或者专科或本科学历的教师年龄大多在 40 岁以上。如表 8-5 所示。

第八章 绩效工资：解决民族地区义务教育财政支出绩效的动力保障机制

表 8-5　　　　　　　　　　抽样教师的最高学历

		频率	百分比（%）	有效百分比（%）	累积百分比（%）
有效	大学本科	33	40.2	40.2	40.2
	大学专科	40	48.8	48.8	89.0
	中专中师	9	11.0	11.0	100.0
	合计	82	100.0	100.0	

（6）职称情况。职称分布状况为：小教二级6人；小教一级15人；小教高级18人；特岗教师5人；中教二级21人；中教一级15人；中教高级1人；中教三级1人，如表8-6所示。

表 8-6　　　　　　　　　　抽样教师的职称分布

		频率	百分比（%）	有效百分比（%）	累积百分比（%）
有效	小教二级	6	7.3	7.3	7.3
	小教一级	15	18.3	18.3	25.6
	小教高级	18	22.0	22.0	47.6
	中教二级	21	25.6	25.6	73.2
	中教一级	15	18.3	18.3	91.5
	中教高级	1	1.2	1.2	92.7
	特岗教师，无职称	5	6.1	6.1	98.8
	中教三级	1	1.2	1.2	100.0
	合计	82	100.0	100.0	

（7）班主任年限。5人是班主任年限为0（不是班主任的教师）的教师，在总样本中占比6.1%，23人是班主任年限为1—5年的教师，在总样本中占比28%；28人是班主任年限为6—10年的教师，在总样本中占比34.2%；22人是班主任年限为11—20年的教师，在总样本中占比26.8%；4人是班主任年限为20年以上的教师，在总样本中占比4.9%。如图8-2所示。

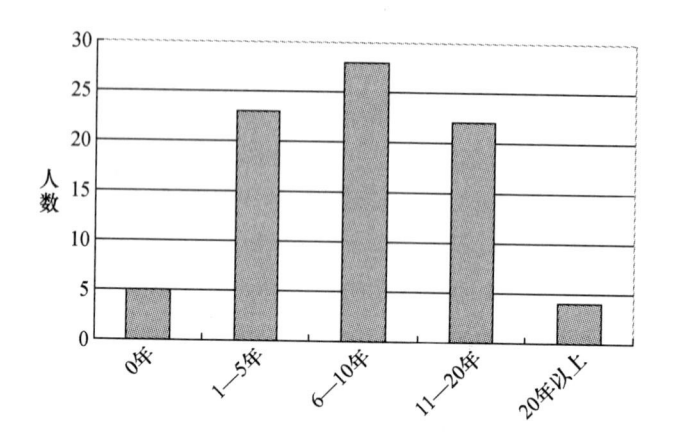

图 8-2 抽样教师班主任年限

（8）教师的婚姻状况。由表 8-7 我们可以看出，在接受问卷调查的教师中，接近 80% 的教师已婚，已婚教师在家庭责任的承担方面更大。

表 8-7　　　　　　　　　抽样教师的婚姻状况

		频率	百分比（%）	有效百分比（%）	累积百分比（%）
有效	已婚	65	79.3	79.3	79.3
	未婚	13	15.9	15.9	95.1
	离异独居	3	3.7	3.7	98.8
	丧偶	1	1.2	1.2	100.0
	合计	82	100.0	100.0	

（9）一周课时量。在图 8-3 中，横轴表示教师一周课时量，纵轴表示人数。可以看到，大多数教师一周课时量为 12—16 节课。

一星期的课时量最少的有 3 节，最多的课时量有 30 节。在访谈中得知，行政人员平时的行政事务较多，上课较少，为最少课时的教师，周课时量较少。一星期课时量为 12—20 节这一段分布最集中，平均课时量是一星期 15.24 节课。周平均课时量较大。如表 8-8 所示。

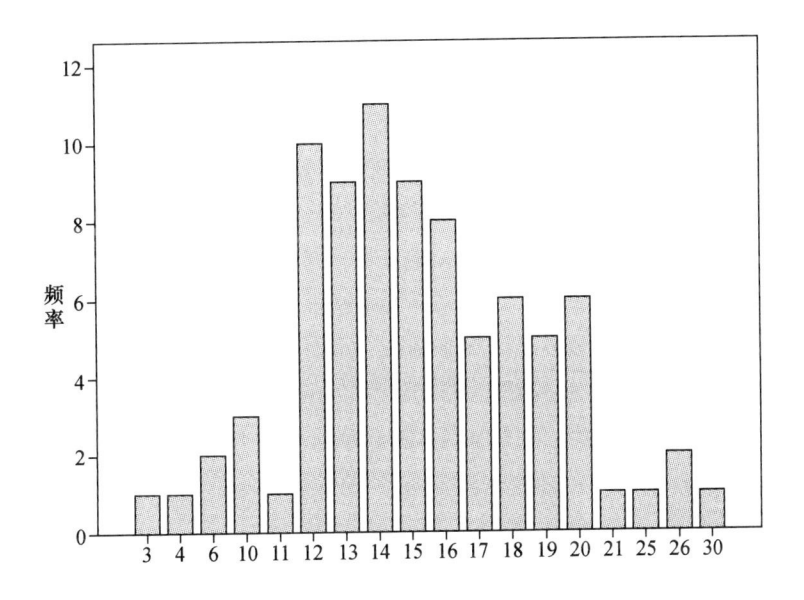

图 8-3　抽样教师的一周课时量的分布

表 8-8　抽样教师一周课时量的最小值与最大值

N	有效	82
	缺失	0
均值		15.24
峰度		2.078
峰度的标准误		0.526
极小值		3
极大值		30

（10）整体评价绩效工资。由表 8-9 可知，参与抽样填写问卷的教师对绩效工资的整体评价：缺失问卷 2 张（此题没有填写）；对绩效工资比较满意的教师占比 30%；对绩效工资不太满意的教师占比 53.8%；对绩效工资非常不满意的教师占比 16.3%。有两点原因致使其对绩效工资不满意：首先，绩效工资增加的数额很少，并没有如其预想的幅度增加。其次，教师工作的积极性并没有因绩效工资的评价考核而充分调动，教师预想中的"优劳优酬"也并没有被体现，因此形成了对绩效工资并不十分满意的现状。如表 8-9 所示。

表 8-9　　　　　　　抽样教师对绩效工资的整体评价

		频率	百分比（%）	有效百分比（%）	累积百分比（%）
有效	比较满意	24	29.3	30.0	30.0
	不太满意	43	52.4	53.8	83.8
	非常不满意	13	15.9	16.3	100.0
	合计	80	97.6	100.0	
缺失	系统	2	2.4		
合计		82	100.0		

（11）学校在制定奖励性绩效工资时所体现的民主程度。如表 8-10 所示，选择学校制定奖励性绩效工资方案过程是民主的教师占比 52.4%，所谓民主，即学校所制定的方案是全校教职工代表大会通过的。选择学校所制定的奖励性绩效工资方案是征求部分教职工意见的教师占比 23.2%。选择学校制定奖励性绩效工资方案过程是不民主的教师占比 17.1%，所谓不民主，即学校所制定的奖励性绩效工资方案根本没有征求教师意见。选择不知道学校在制定奖励性绩效工资时是否民主的教师占比 7.3%。

表 8-10　　抽样教师对所在学校制定奖励性绩效工资方案民主程度的看法

		频率	百分比（%）	有效百分比（%）	累积百分比（%）
有效	全校教职工代表大会通过	43	52.4	52.4	54.4
	征求部分教职工意见	19	23.2	23.2	78.5
	根本没有征求意见	14	17.1	17.1	96.2
	不知道	6	7.3	7.3	100.0
	合计	82	100.0		

（12）抽样教师认为在绩效考核中最重要的标准。有 2 人未填写此题，属于缺失问卷。剩下的 80 名教师中，占比 28.8% 的教师认为奖励性绩效工资的考评中最重要的标准是工作量；占比 35% 的教师认为，在奖励性绩效工资的考评中最重要的标准应该是班级的成绩；占比 15% 的教师认为，在奖励性绩效工资的考评中最重要的标准应该是职称学历教龄；占比 10% 的教师认为在奖励性绩效工资的考评中最重要的

标准应该是职务；剩余 11.3% 的教师在该选项中选择了不知道。由此可以得出，在抽样教师中，大多数教师认为最重要的考核标准是班级的成绩和工作量的大小。如表 8-11 所示。

表 8-11　　　　　　　　教师认为的考核中最重要的标准

		频率	百分比（%）	有效百分比（%）	累积百分比（%）
有效	工作量	23	28.0	28.8	28.8
	班级的成绩	28	34.1	35.0	63.8
	职称学历教龄	12	14.6	15.0	78.8
	职务	8	9.8	10.0	88.8
	不知道	9	11.0	11.3	100.0
	合计	80	97.6	100.0	
缺失	系统	2	2.4		
合计		82	100.0		

（13）在绩效工资实施后，教师积极性的变化。从图 8-4 中可以看出，认为绩效工资实施后积极性有很大提高的教师占比 6.1%；认为绩效工资实施后积极性有所提高的教师占比 47.6%；认为在绩效工资实施后积极性并没有变化的教师占比 37.8%；认为绩效工资实施后积极性比以前更低了的教师占比 8.5%。从图中我们可以看出，所占比例最高的是认为绩效工资实施后积极性有所提高但不显著，绩效工资实施后的积极性与实施前一样紧随其后，这两者在总数中所占比例最大。由此可得出，绩效工资的实施起到了一定的激励作用，但激励效果不是很大，有待进一步加强。

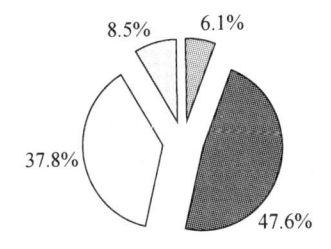

图 8-4　绩效工资实施后教师积极性变化情况

（二）黔南州义务教育绩效工资实施中的经验

1. 奖励性绩效工资实现向农村教师和班主任倾斜

在条件艰苦的农村地区以及偏远的民族地区，教师的流动性大且工作量也相对较大。农村教师及偏远地区的教师应获得更多的教师工资，这种适当的教师工资倾斜是为了吸引教师到农村及偏远地区任教。班主任的工作量大且非常辛苦，班主任在偏远地区的学校既当"老师"，又当"保姆"，而且还是学生的"心理辅导者"，由于班主任责任大，工作量还多，绩效工资也应该适当地向班主任倾斜。根据农村学校边远艰苦程度，州教育局将奖励性绩效工资具体分为三类且制定相应标准。分别为：一类学校40元/人/月，二类学校70元/人/月，三类学校100元/人/月。按照管理班级的人数多少，将班主任津贴分为三类：29人以下的为一类，40元/月；30—49人的为二类，60元/月；50人以上的为三类，80元/月。现任的班主任每半年要接受学校组织的考核，只有考核合格的才能获得班主任津贴，凡是考核不及格的，不能获得班主任津贴。激励原则体现在提高艰苦地区教师、一线教师和工作量较大的班主任教师工作的积极性。条件较好的地方不缺教师，边远地区的教师却在一定程度上匮乏，出于这种现实状况的考虑，农村地区特别是艰苦地区的教师应获得一定绩效工资的倾斜，艰苦地区教学的教师也能获得一定程度上的激励。同样地，工作量较大，承担责任较大的班主任也应该获得绩效工资的倾斜，以激励班主任的工作。班主任每学期接受学校的考核，班主任的工作成果也获得检验，这起到了激励班主任的作用。

2. 县教育局单独考核校长绩效，坚持公正性原则

"校长"在绩效工资实施的过程中，扮演了非常特殊的角色，同时也处于非常特殊的位置。绩效工资政策实施的对象是校长，同时校长也是政策实施的一个主体。在制定学校教师的绩效考核方案中，校长既在被考核的范围内，又参与了方案制定。那么在全国范围内，学者及教师们都顾虑到了这个问题：校长根据本校绩效考核的规定来考核全校教职工的绩效，那么谁负责校长的绩效考核呢？校长对自己进行考核的行为明显有失偏颇，那么应该由谁来负责校长的绩效考核呢？这既是教师们关注的焦点，也是校长们所面临的问题。在黔南州，校长的绩效考核是由县教育局负责的，校长津贴从奖励性绩效工资总额中提取6.3%设立。校长津贴基数是按照校长人数乘以1.56的系数再乘以人均额（奖

励性工资总额除以职工人数）后得出的，县教育局在经过考核后分别核定各学校的津贴。按照干部管理权限，教育主管部门具体负责校长的绩效考核工作。根据工作需要，校长每半年接受一次教育主管部门的一次全面考核。只有考核合格的校长才能获得津贴，反之考核不合格的校长不能兑现津贴。与普通教师相比，校长的职能与其大不相同，除了上课之外，引导学校的发展，建设校园，管理教师，推动教学改革等是校长更为关注的一面。因此，与普通教师的绩效考核标准不同，校长的绩效考核不能由校长本人进行。在黔南州，由县教育局专门设立校长津贴且对校长的绩效进行考核。既坚持了绩效考核中的公平公正和科学性原则，也考虑到了校长复杂性的工作。既激励了校长完成任务，又完善了校长的奖励性绩效考核，使其更好地带领学校发展。

（三）黔南州义务教育绩效工资存在的问题

通过对黔南州义务教育绩效工资的实施现状进行调查与实证分析，并以此作为研究的出发点，发现现阶段黔南州义务教育绩效工资实施中存在的一些问题。

1. 地方经济滞后导致教师绩效工资经费不足

在民族地区，教师绩效工资的经费不足，这使学校奖励性绩效工资在部分地区不能按时足量发放。经费不足的情况是导致教师对绩效工资整体评价不满意的一个重要因素。黔南州大多数教师表示，在绩效工资实施后工资并没有增加到预期中的数额。教师们的工资相较于从前只增加了百余元，甚至少部分教师在绩效工资实施后每月只增加了几十元。教师工资仍然很低是很多教师在填写调查问卷时对绩效工资表示不满意的重要原因。基础性绩效工资和奖励性绩效工资是绩效工资的两部分。财政局每个月将固定金额的基础性绩效工资打在教师的工资卡上，那么，作为一种绩效加薪的奖励性绩效工资实际上是对教师所实行的一种奖励。在保证教师基本工资的基础上，地方财政要确保教师的奖励性工资及时到账。30%的黔南州绩效工资经费由国家调控，地方政府承担剩下的经费。这就造成了经济欠发达的民族地区的财政困难，使得由地方财政负责的教师奖励性绩效工资难以实现。

关于经费保障的规定，由财政部、教育部颁发的《关于调整完善农村义务教育经费保障机制改革有关政策的通知》中指出，"按照管理以县为主、经费省级统筹、中央适当支持的原则"与"县级财政要优先保障义务教育学校实施绩效工资所需经费"。这成为许多地方政府将县级财政作为经费保障主体的依据,在制定和落实义务教育阶段教师绩效工资的实施方案时,许多省份(不管是经济发达的东部地区还是经济较为落后的西部地区)直接将"管理以县为主"转化为"经费保障以县为主",县级财政成为保障主体。但是,偏远农村地区特别是少数民族地区经济欠发达,中西部和东部欠发达县财政赤字严重,严重的财政负担使得我国县级财政难以承担起绩效工资保障主体的重任。"以湖南省为例,实施绩效工资年度总资金需求为91.8亿元,其中6.8亿元和15亿元分别为中央与省财政承担数,其余所需数为70亿元,占总额76%,这70亿元只能由市、县两级特别是以县级财政为主承担;同样地,在贵州省六盘水市,中央和省级财政共支持实施绩效工资7077万元,市县两级特别是财力薄弱的县级财政为主负责其余所需两亿多元。"在目前颁布的义务教育绩效工资的政策中,并没有明确地说明中央和地方政府经费投入的比例,这使得承担绩效工资的主体层层下移,造成地方的经费承担比例各不相同。在经济发展比较落后的民族地区,层层下移的重心太低,县域财政收入匮乏,其财政本身就比较困难,在财力薄弱的地方政府,财政经费压力更为沉重。

2. 各校绩效工资考核体系的规范性有待完善

在问卷分析中,我们可以看出,绩效工资的实施激励效果并没有达到政策预期。在抽样调查中,认为绩效工资实施后积极性有很大提高的教师占比6.1%;认为绩效工资实施后积极性有所提高的教师占比47.6%;认为在绩效工资实施后积极性并没有变化的教师占比37.8%;认为绩效工资实施后积极性比以前更低了的教师占比8.5%。调查问卷结合教师座谈分析,在很大程度上绩效考核标准不规范是激励效果不明显的原因,各校考核标准不同且差距较大。教师认为,在不同的学校,一样的教学表现并不能获得一样的考核结果,这就引发了教师不公平的心理。

(1) 各校考核标准的细化程度差距较大。绩效考核不规范,使得教师工作的积极性被影响。通过问卷调查以及进一步的访谈我们可以看出,对于绩效工资的考核标准,许多教师存在一定的看法。绩效评价是绩效考核评价标准的核心部分,同时也是实施教师绩效工资的关键所在。从黔南州的调研情况出发,大多数义务教育学校都可以做到根据自身具体的情况自主独立地制定本校的绩效工资考核的标准。"德、能、勤、绩"四个方面成为大部分学校考核教师的基本评价标准。但是学校不同，评价标准的详略程度、科学性与可操作性之间的差异也很大。从一类大的方面出发，有的学校在制定每个具体的评价指标时所用的评价关键词十分抽象，实际操作评价不方便。例如，前文所提到的黔南某学校在进行"德"考核时，"为人师表"、"工作表现积极"以及"工作尽职尽责"的标准描述过于抽象，没有具体的可操作的量化指标。怎样才能做到为人师表？怎么才是表现积极的工作态度？怎样才是尽职尽责的工作？评价打分在没有具体的量化指标下很难操作。而其他学校在确定教师道德的考核标准方面做到了非常细化，例如，"德"指标中的"爱岗敬业"就分为八个部分：第一，制订具体的教研计划并开展教研活动；第二，不布置超量的作业；第三，在节假日、寒假日做到不组织学生补课、辅导；第四，通信工具不得在课堂上使用；第五，做到不早退、不迟到、不私自停课；第六，不得在学生中传播不健康的思想；第七，有计划、有记录地转化后进生且效果明显；第八，重视德育教育，在课堂教学中渗透德育。这样简单明了、易于操作的评价标准可以量化。不同的学校，考核标准相差也比较大。在总分比例中，有的师德考核占比20%，而有的师德考核仅仅占比5%。教师之间对于相差太大的考核标准会形成困惑。

（2）各校学生成绩占绩效考核的比例相差较大。黔南州义务教育阶段的学校基本都把"绩"作为一项重要的考核标准，由此可以看出，黔南州学校还是十分看重学生的学业成绩。在教师考评中，有的学校把学生成绩的考评占比提高到70%，在大部分学校的教师考核内容中，学生成绩占比可达50%左右。其考评内容包括：第一，由县教育局组织的每学期考试以及由州教育局组织的中考；第二，在县统考中，各级各科的成绩排名；第三，各教师所在班级的平均分、及格率、优分率。此类规定导致在教师工作教学中，分数成为教师的指挥棒，影响学生的素质教育。其中有一所学校这样规定：在实施绩效评价后，学校每一学年度实行一次聘任，未达到标准的教师从初中部调离，进入到小学部任教；从中心校调离，进入到村校任教，此外将村校优秀的教师直接聘任到中心校任教。因此，村校任教的教师基本上是教学质量落后、挑剔而不努力工作或不服从学校安排的教师。调到村校任教的教师为教学质量倒数第一,在期终各种民主测评分最低的教师;若在村校任教的教师成绩突出,则可通过竞聘重新返回到中心校任教;同样地,在竞聘中落聘的原中心校教师将被调到村校任教且不再保留住房安排。此类规定使教师不可能用全部的精力花在"教学"和"育人"上,教师更多的是没有安全感且整日为了考评战战兢兢。教育不像生产,当场或在那个学期就能展现出教师的工作效果。不仅当前的学业成绩体现出教育效果,更多的是在学生的人格和素质培养上体现出教育效果。教育效果大多体现在学生成长后的几十年,通过学生成人后的成就来体现。而且教育工作是集体的劳动成果,所以此类的考核标准是极其不科学的。除了这种情况以外,个别学校走向了另一个极端,即教师的考核内容中不包括学生的学业成绩。师德、基本工作量、超工作量、考勤是绩效考核内容的四个部分。两种极端现象(极端重视学生的学业成绩与完全忽视学生的学业成绩)都是不合理的,引发我们思考。

3. 忽视对教师团队绩效的考核

从黔南州绩效工资的文件、实施的指导方针和各个学校制定的奖励性绩效工资的评价标准中可以看到,教师绩效的评价多集中在教师个体的绩效,教师劳动过程的个体性更多地被关注,不够重视教师劳动的集体性。这个问题不仅存在于贵州黔南,也存在于其他民族地区甚至是全国的其他地区。

教师劳动个体性的重要性通过绩效工资的奖励性工资体现。然而实际上,教师的劳动成果即一个人的成才,不仅是个体教师劳动的体现,在其十几年甚至几十年的教育生涯中,所有的老师对他都存在着影响,可以说是所有教师都付出了劳动并取得了成果。因此对教师进行绩效评价,不仅要考评单个教师也要基于团队的考虑。如上文所述,从教师劳动价值的特殊性及教育的意义出发,学生的成长是多方面的,包括成绩在内的思想、知识、能力、素质、道德等多方面的综合素质的培养塑造均体现了学生的成长。再比如说,所有课程科目成绩的总和决定了一个初中班级的升学率,因此,一个班的升学率或是一个学生的综合成绩与各科教师的教学劳动是紧密相连、不可分割的。教师的绩效考核是以学生的成长和成才为考核的结果,是发展导向的,而某一个教师的功劳并不是学生的成长或者成就的原因,而是全部任课教师团队努力的结果。但是单方面地强调了教师劳动的个体性,相对忽视了教师劳动的集体性是当前绩效工资考核的弊端。

4. 非统考学科教师及教辅人员的绩效考核被边缘化

笔者在黔南州实地调研进行问卷调查和教师访谈中发现，非统考学科的教师（比如音乐、体育、美术、微机和专职实验教师）的绩效考核在实行奖励性绩效工资考核时被边缘化。在十所抽样学校中，大部分学校按照较为详细的考核标准对统考学科的教师进行绩效考核，而一笔带过非统考的学科教师的绩效考核。例如在 B 中学，非统考学科的教师的考评办法是：在县教育局有测试的情况下以测试成绩进行考核；在没有测试的情况下，根据教师的工作情况，由学校组织评议小组进行民主评议、打分。此外，根据管理工作情况与实际情况，由学校组织教师代表与校考核小组对全职管理人员进行评定计分。而并没有规定根据哪些工作情况对"教师工作情况"、"管理工作情况"进行考核，这种考核方式过于笼统。与大篇幅的详细规定统考学科教师的绩效考核形成鲜明对比。在 G 学校，直接取中小学部统考科目教师考核分值的总平均分值作为非统考学科音乐、体育、美术、专职实验教师的考核分值，直接取教师绩效工资的平均值作为发放绩效工资的依据。非统考学科教师与教辅人员按照绩效工资的相关政策也是属于义务教育绩效工资的对象，然而在实际情况中，对这些教师没有实行严格意义上的绩效考核与评估，这与义务教育阶段教师绩效工资改革的指导思想相悖。直接取平均值的非统考及教辅人员的绩效考核标准，也与绩效工资激励教师积极工作的主旨相违背，形成新一轮的"大锅饭"。

5. 过于单一的评价主体使考核结果缺乏科学公正

52.4%的教师在问卷调查中选择了绩效工资的考核标准在全体教职工代表大会上审议通过，这使民主性得到一定的发挥，然而，绩效考核的民主程度不仅体现在制定过程中，也体现在考核过程的民主公正性。绩效工资对教师的考核应充分听取教师本人、其他教师以及学生等各方面的意见，做到客观公正。而教师在绩效工资的实施当中只能被动地接受上级的评价，教师自身、学生、家长、同事的评价往往被忽视。往往是学校的行政体系来进行教师的绩效评价。这种教师绩效评价机制是单一制、从上而下的。例如，在黔南州各义务教育学校，校长、副校长、工会主席、各教研组组长等来执行教师奖励性绩效工资的考核。考核程序一般为以下三步：第一，对自我进行评定；第二，相关部门反馈考核业绩并进行公示；第三，对结果有异议的被考核教师向人事处进行申诉，经由考核委员会裁定。这就造成了信息不对称，也就是认识、评价的片面化，进而造成主观判断误导，对教师的评价存在失真，即单一的评价制度。某个与领导或负责考核的行政人员关系较好的教师会由于这种评价主体的单一化的原因，使该教师在教师考核评分中得分较高。或当出现学生家长对学校的教育教学工作不满意的情况时，学校领导由于没有形成科学的考核评价主体制度，将问题归咎到教师的身上。考核结果会因为这种评价主体单一的缺漏缺乏科学公正性，从而造成教师心理不平衡、工作消极等负面影响。单一的评价制度在教师的工作与教师自身、学生、同事、家长和社会都有着密切的联系的现今已经不适用，需要得到进一步的完善。

第三节 相关对策与建议

民族地区义务教育绩效工资的实施效果直接影响到民族地区义务教育的发展，通过对具有代表性的民族地区进行调查与实证分析发现，目前，民族地区义务教育绩效工资的实施状况呈现出许多亟待解决的问题。对于此，本节结合我国民族地区的实际情况，借鉴国外发达国家对绩效工资的研究与启示，针对民族地区义务教育绩效工资实施过程中所出现的问题提出对策。

一 国外发达国家教师绩效工资研究与启示

他山之石，可以攻玉。经过几十年的发展，西方国家绩效评价体系已经较为完善。虽然在政治制度、经济发展水平、文化传统等方面，我国与西方国家存在较大的差异，但是通过比较研究，我国的义务教育教师绩效工资制度可以吸取国外学校在教师绩效评价方面的成功经验，为我国的教师绩效工资制度建设提供借鉴与启示。

（一）美国教师绩效工资改革与启示

1. 美国教师绩效工资制度改革

通过研究美国教师绩效工资的历史发现，寄膳宿式工资（Room and Board Compensation Model）—等级制工资（Grade - based Compensation Model）—单一工资制（Single Salary Schedule）主导的工资制度—绩效

工资制是美国教师绩效工资经历的改革历程。1950年以来，美国教师工资支付的主导形式是单一制的教师工资制度。然而绩效工资制度的改革浪潮因为单一制无法满足不断发展的中小学教育席卷而来。1983年《国家在危险中》报告（A Nation at Risk Report in 1983）的出台是引发美国中小学教师绩效工资改革的主要原因，这一报告的出台使人们开始关注教育质量。克林顿总统在1996年和1999年分别召开了第二、第三次会议，在会议上要求建立全国教育目标和学术标准的同时要建立绩效责任制并且由教师和学校共同承担。2001年，众议院审核后，美国《提高教学效果措施法》通过。该措施提出，教师考试制度应在全国范围内实施，并且教师绩效工资制度也应在公立学校实施。该措施提出了应资助建立考试和绩效工资计划的中小学，从而推动对教师工资制度有重大影响的绩效工资计划在各州建立。布什政府于2002年颁布了《不让一个孩子掉队》的教育法案，提高学生成绩这一目的，主要是通过以考试成绩来判断学校教学质量这一方法实现，绩效工资制度的实施在这一法案的颁布后掀起新一轮高潮。奥巴马政府在2009年将绩效工资计划重申，指出教师工资的提高不是主观随意的测试，而是基于绩效。并将与美国全国教育协会一起寻找一种新的体系来评价教师的绩效。如今在美国中小学，教师绩效工资制度实现了大约90%的高普及化。

美国公立学校自20世纪20年代以来就致力于绩效工资改革，但在教师和学区的强烈反对中，绩效工资改革曾一度中断。随着教育改革的不断发展，教师绩效工资改革在20世纪80年代又掀起了高潮。现如今，在大部分美国州郡，中小学教师绩效工资制度都已经或开始实施。个人绩效工资制度、学校绩效工资制度及混合制是美国中小学教师的三种绩效工资制。实例比较分析美国几个典型州的绩效工资改革后，发现其中值得我们借鉴和参考的地方（见表8-12）。

2. 美国中小学教师绩效工资改革启示

最早实施义务教育教师绩效工资的国家是美国，其主要是各州根据具体情况进行试点，并没有在全国范围内实施统一的绩效工资运作模式。尽管如此，通过研究以上的美国部分中小学教师绩效工资改革计划的实例，在绩效工资计划方面，我们可以得出以下几点共同特点：

表 8-12　　部分美国中小学教师绩效工资改革计划

项目名称	项目对象	启动时间	支持者	内容	前景	评价
丹佛市公立学校教师专业薪金计划	教师奖励计划	1999年丹佛市课堂教师协会与当地公立学校达成协议计划以学生成绩和专业评估为标准支付教师薪酬；1999年至2004年在全州16个学校试点实施；2005年扩大到整个学区范围	通过征求纳税人同意，从地方税收中拨款100万美元支持项目扩展	（1）知识和技能：给予参加专业发展课的教师1000美元的学分费用；奖励完成课程并展现专业能力的教师给予工资指数2%的奖金（695美元）；给予获得NBPTS证书的教师工资指数9%的奖金（2967美元）（2）专业评估：给予评估结果令人满意的非试用期教师工资指数增长3%的奖励（989美元）（3）市场激励：完成工作任务后奖励奖金系数的3%（989美元）（4）学生取得的进步：学生达到CSAP目标后奖励奖金系数的3%（989美元）；对获得"杰出学校"的教师奖励奖金系数的2%（695美元）；对于完成两个目标中的一个的教师奖励奖金系数的1%（330美元）（5）总体奖金幅度：330—7582美元	2005年11月获得2500万美元支持该项目扩展。美国教育部出资2267万美元支持该项目	至2010年已成为全国最有名的项目

续表

项目名称	项目对象	启动时间	支持者	内容	前景	评价
佛罗里达绩效奖励计划	教师与管理者奖励计划	2007年3月开始实行	在获得政府的许可下,由佛罗里达州教育财政提供资金	发放给教师个人或教学小组的奖励须在学区教师平均工资的5%—10%。依据学生成绩,60%的资金用于奖励给教师;剩余不超过40%的资金用于奖励由校长进行评价的专业实践	2006—2007学年财政预算是1.475亿美元;使用需要学区教师协会全体讨论和批准	全国范围内,具有一定的局限性
明尼苏达教师素质工资计划	对在提高学生成绩方面表现优异的教师给予奖励	2005年7月	州政府提供资金支持	该计划没对学区做出具体要求,学区都有资格申请资金,平均到每名学生可申请260美元	8600万美元资金,到2008学年,22个学区正在实行,134个学区已经提交方案	规模正在不断继续扩大中
密尔肯家庭基金会教师提升计划	教师个人	1999年开始实施	私人家庭博爱基金会	专家教师:5000—11000美元。辅导教师:2000—5000美元。经由教师进修计划建议,平均每位教师的奖金为2500美元	9个州50个学区125个学校已经参与该计划,10个州正计划加入	规模逐步扩大,资金支持不足,有一些其他绩效工资计划做支持

续表

项目名称	项目对象	启动时间	支持者	内容	前景	评价
得克萨斯州长优秀教育者奖励项目	州长优秀教育者基金	学校奖励计划（学校经济条件较差学生占全校总人数比例在州内所有学校排名前1/3）	2006年开始执行试点	联邦政府拨款资助	每所学校每年获得奖金根据学校入学人数决定，额度从60000美元到220000美元不等。学校奖金的75%用于奖励全职课堂教师，剩余25%用于：①直接奖励给促进学生进步的其他学校员工（包括校长）；②专业发展；③教师指导和入职项目；④课外/后项目；⑤奖励在优秀教师缺乏的学校工作的教师；⑥招收和留住优秀教师	2008学年拨款1000万美元，分配给符合条件的100所学校	全美公立教育绩效工资计划资金投资量最大的计划
	州优秀教育者基金	学校奖励计划（学校经济条件学生占全校总人数比例在州内所有学校排名前1/2）	2006—2007学年	州政府拨款资助	每所学校每年获得奖金根据学校入学人数决定，额度从40000美元到290000美元不等。全职课堂教师获得75%的奖金，剩余25%奖励所有学校职工（包括校长）和/或专业发展项目	2006—2007学年，有1163所学校符合条件。2009年拨款1亿美元	
	学区层面基金	学区奖励计划（州内所有学区）	2008学年开始	州政府提供资金支持	依据学生成绩的提高幅度，学校需将至少60%的资金直接奖励给课堂教师，剩余的资金用于：①支付学校职工薪金②和/或执行教师提升计划	至2010年，每学年州政府拨款2亿3千万美元	

资料来源：Michael J. Podgursky, Matthew G. Springer, 2007, "Teacher Performance Pay: A Review", *Journal of Policy Analysis and Management*, Vol. 26, No. 4, Pages 909–949 (2007).

第八章 绩效工资：解决民族地区义务教育财政支出绩效的动力保障机制

（1）充足的资金为绩效工资计划做后盾。从上述各州的教师绩效工资计划中可以看出，强大的资金支持是绩效工资发挥很大一部分作用的基石，教师的教学积极性只有在将充足的资金用于对教师的奖励后才得以激发。得克萨斯州、明尼苏达州、密尔肯州、佛罗里达州、丹佛市的绩效工资计划都得到了州政府或各种基金会的支持。教师绩效工资改革计划通过州政府或各种基金会的支持而获得了更好的推进。同样地，在绩效工资改革的过程中，政府既要起到主要的资金支持作用，也要号召更多的社会力量为改善教师的工资制度提供资金支持，这也是我国的绩效改革中缺乏的重要的资金来源渠道。

（2）各区在州指导下推行适合本地实际的绩效工资制度。从各州的实行情况来看，根据各州的经济发展、社会文化等多方面情况，美国各州制定了适合本区实际情况的义务教育教师绩效工资计划，在美国各州并没有一个国家统一规划的实施计划。在州的广泛指导下，各州试点的方式更灵活，更有利于因地制宜地制订计划，进而开展和设计自己的方案，例如，明尼苏达州和得州在最大限度上发挥了这种灵活性。在我国少数民族地区，尤其需要这种避免"一刀切"的模式，更需要这种"宽容"的改革政策。

（3）教师绩效评价包括学生成绩标准及其他标准。通过上述几个典型的绩效工资计划来看学生成绩是教师绩效评价的基础标准，除了对学生成绩进行评定，也存在校长或教师领导人或者专业小组对教师进行评价的其他评定标准，这种评定标准多是存在一定的辅助作用。在进一步研究各州实施绩效计划后，我们可以得出：提高学生成绩以及在提高学生成绩时与部门和人员的合作是德州优秀教育者资助方案奖励教师的两个主要标准。根据当地或州标准测试学生成绩及校长或教师领导人对教师的评价来评定绩效工资则属于明尼苏达州的绩效改革计划。通过这种多方面的评定标准，教师在教学准备、过程、结果等全方位的绩效经过更加广泛的考察后，使其在注重学生发展的同时，教师的自身发展同样得到重视。

（4）奖励个人与奖励团体相结合。通过研究这几个典型的改革计划，美国教师绩效工资计划在奖励教师个人的同时也不忽视对教育团体的奖励。明尼苏达州的教师绩效工资方案，除了教师的评价、学生成绩的测量外，教师的绩效工资还与全校获得的绩效相关联。在佛罗里达州的绩效工资方案中,明确规定等同于工资5%—10%奖金需发放给获得奖励的教师小组。其中,依据学生成绩发放其60%的奖金,依据专业实践的评估衡量发放其40%的奖金,学校和团体允许获得奖励。得克萨斯州绩效工资计划规定,教师的合作需纳入到奖励教师的评定标准范围内。这种注重团体合作的绩效工资体系,有利于教师战略目标与团体的战略目标相一致,也有利于发展绩效工资制度的长效机制,避免了因为绩效工资带来的恶性竞争。

（5）奖励教师的同时也奖励团体中的其他员工。从得克萨斯州长优秀教育者奖励基金规定"资金中的60%奖励任课老师,包括校长和教务人员在内的其他教职员工获得40%的奖励"中可以得出,美国在给予教师绩效奖励的同时,团体中其他人员,如校长和校务人员也得到了良好的重视。提高教师教学质量的基础是良好的工作环境,从公平理论角度出发,仅仅奖励教师的举措,不公平感会在非教师员工群体中产生从而衍生负面情绪。带动其他工作人员的积极性,降低因仅奖励教师而带来的不良情绪,确保提高教师教学质量的基础等都是对教师之外的其他人员进行奖励的优势所在。

（6）教师的职业发展纳入教师绩效奖励范畴。用一部分奖励资金支持教师发展都是在上述各州改革计划中所提出的。例如,"给予参加专业发展课的教师1000美元的学费报销;奖励完成课程及展现能力的教师2%的年薪;9%的年薪奖励给予获得NBPTS的教师"的奖励方法是丹佛市公立学校所提出的教师专业薪金计划。在密尔肯家庭教基金会教师进修计划中提出,"教师进修计划建议平均每位教师奖金为2500美元。"得克萨斯州长优秀教育者奖励基金也用一部分资金用于教师专业发展和教师进步计划。作为一种长远的教师发展战略,在绩效奖励中考虑教师的发展势在必行。这种方式既提供了一定奖励机制给优秀的教师,也长期支持了教师自身的专业发展。

（7）注重奖励贫困地区的教育团体。得克萨斯州长优秀教育者奖励基金中州长优秀教育者基金和得克萨斯优秀教育者基金都提出奖励对象是受奖励学校必须满足经济条件较差的学生要占到学生一定比例的贫困地区学校。大部分资金用于奖励全职带班教师,包括校长或校务人员在内的学校员工则获得另一部分的资金奖励。帮助贫困地区的学校留住教师资源,加强对优秀教师的吸引力都是注重对贫困地区教师的奖励的优势所在。这提供了我国民族地区义务教育教师绩效工资改革的实践依据，也指明了民族地区的义务教育发展的道路。

总而言之，虽然美国的教师绩效工资制度并不是一个完整的制度体系，但是经过不断的探索发展，较为科学合理的教师绩效工资制度方案开始形成，绩效工资的优越性得以充分显示，为我国的义务教育教师绩效工资的改革和发展提供了可资借鉴的经验。

（二）英国教师绩效工资改革与启示

1. 英国教师绩效工资制度改革

英国政府在20世纪80年代以前实行奖惩性教师评价制度，大多数教师强烈反对这一无视教师申诉权力的奖惩性教师评价制度。英国政府在20世纪80年代中期对这一制度进行改革。通过前期的调查研究，英国在1987—1989年进行了三年的试点工作，发展性教师评价开始实施。教师的教学质量在这种标准模糊、过于温和的教师评价制度下并没有得到很大的提高。为了挽救几近崩溃的发展型教师评价制度，安抚当时的教师与学校的情绪，1998年12月刚上台执政的工党出版了名为《英国教师职业现代化》的绿皮书，明确提出教师和校长（或称主任教导员）的薪金与表现（绩效）紧密相连，教师评价国家体系提出。校长（主任教导员）体系，两种有区别的教师体系和学校奖励体系是该体系的两个方面。实际上，这种解决办法是工党企图在奖惩性教师评价制度与发展性教师评价制度中所作出的一种折中。教师接受PRP体系的年度绩效评价，其评价结果与个人的就职、升迁相联系。教师教学的绩效和教师工作的整体质量对学生的影响是该体系的主要评价点。基于"有效教学"理论，评价标准使教师薪金等级与绩效指标等价相适应。通过绩效指标指数，教师可证明其教学是"有效教学"从而获得更高的薪金。这一政策的目的是调和奖惩性教师评价体系与发展性教师评价体系之间的矛盾，然而融合性的理论并不能说明其为科学性的实践。这一政策由于实践中的种种问题并没有得到广大教师的支持，还衍生了众多的反对意见。为了解决种种矛盾，英国政府继续不断地改革探索教师的评价制度。针对1999年的条例，政府在2001年又颁布了新的条例，提出了绩效管理系统制度这一新的教师评价制度。这一制度将奖惩性评价制度和发展性评价制度的弊端克服，并有机地结合了这两种矛盾的基本制度，进一步完善了PRP制度。从英国教师评价制度演变的角度出发，外在的奖励措施作为教学行为的调控手段是奖惩性教师评价制度的特色所在。而发展性教师评价制度则是一种旨在促进未来发展的形成性评价制度，其本质是通过促进教师的专业发展达到实现学校发展的目的。从英国教师评价制度的改革中我们可以看出，科学的教师评价体系是教师工作绩效与教师专业发展的一种平衡，二者缺一不可。

表 8 – 13　　　　　　　　　英国教师绩效工资管理细则

绩效管理评估时间	前一年9月制定目标，第二年9月进行正式的评估，评估一般在秋季进行，可能会同时进行评估以及制定新一轮的目标。每年2月进行中期评估
绩效管理负责人	校长实施由学校董事会负责，教师会接受校长所指派的校内小组领导的评估，6个人为每个小组所领导的上限人数。定期与教职工协商目标及给予一定的反馈来指导工作是小组领导定期需要完成的事。同时，通过评估来确定教职工的发展机会。教职工是否达到工资晋级标准是小组领导需要时刻关注的
管理重点	将全体教职工的薪酬增长部分与年度考核情况关联，由校长根据考核情况决定每位教师工资增幅。管理重点是教学、监控和评估的有效性，目的是提高教学质量，使学生、教师、其他员工及学校社区都能够从中受益
绩效评估方法	以事先制定的目标为中心进行每年度绩效评估，评估教师的上一年度的成绩以及未来的发展需要。评估者要在评估会议结束后的10天内交出一份对被评估教师的书面评估报告，报告中必须包括评估要点、评估结果以及被评估教师需要加强的地方，附件中写明下一步行动措施。评估人将书面报告交给被评估教师后，被评估教师可以在收到报告的10天之内提出自己的意见和想法。根据评估者的书面报告和教师的个人意见，学校对教师薪酬予以调整
教师绩效薪酬调整方案	1. 学校可以给予业绩令人满意的教师加一级工资。2. 学校可以给予有突出业绩的教师加两级工资。3. 有意愿进入上层收入水平的教师可以依据个人年度评估报告提出申请。4. 根据评估报告，学校可以对高级教师以及担任领导职务的教师给予一定的奖励

资料来源：Department for Education and Employment. Education (School Teacher APPraisal) (England) Regulations 2001. London：DfES. Http：// teacher net. gov. Uk. 2001.

2. 英国教师绩效工资改革启示

众所周知，相对于基本工资，教师的绩效工资在清算上是存在一定难度的，奖惩性绩效工资制度—发展性绩效工资制度—PRP 工资体系—对 PRP 体系晚上的绩效管理系统制度是英国对教师的绩效工资改革所经历的过程，英国政府在这一过程中不断解决改革中出现的问题，不断完善了教师的绩效工资制度，为我国的义务教育教师绩效工资制度更好地发展指明了道路。

（1）绩效工资制度注重教师的专业发展。从英国政府执行的各种教师绩效工资制度中，我们可以看出，绩效评价中将成型评价和发展性评价的统一性逐渐突出。教师绩效评价的内容包括教师的工作业绩与专业发展两方面。在英国，教师加薪不会因为你是普通教师或是领导阶层而改变，其重要因素是绩效表现。根据其专业的不同，不同专业发展的同等级教师的工资进行了不同的分类。英国政府将教师的专业发展纳入国家的规划中，并全方位实施管理，教师绩效考核和增加薪酬的依据是教师的专业标准。在原有 PRP 制度的基础上，衡量教师技能与知识来评定其所教学生而达到的学业水平从而决定教师的工资水平，这是新的教师绩效管理制度不断完善的体现。其结果及薪酬与专业发展紧密相连，更高的待遇适合于那些达到目标的教授。教师在薪酬达到一定水平时可以申请业绩关口评定，该评定主要是为了证明该教师有更高的专业水准，符合该条件的教师薪酬可增加 10% 或者获得更高的报酬。总而言之，教师专业水准的基础是英国教师的绩效工资评定，只有教师完成甚至更好地完成了该专业水平的业绩时，才可以获得更高的报酬。在达到一定的薪酬报酬后，教师专业水平也可以申请提高，不同级别的专业水平，其工资水平也就不同，等级越高，工资越高。

（2）强调教师自我评价。教师的自我评价在英国早期的奖惩性绩效评价制度中几乎没有，教师评价几乎是被动地等待他人评价。然而，通过他人的评价来获得报酬并不是一种公平的评价体系。通过研究新的教师绩效工资制度的实施细则，我们可以发现"被评估者有权得到一份报告，在这份报告的有效期限内（10 天），被评估者可以提出自己的意见和想法"。"教师可以申请进入上层收入水平"等相关细则使得教师的"话语权"得以强调。在业绩评定过程中，教师可以提出自己的自我评价而不是被动地接受评估，这些评价是影响教师增加薪酬的因素之一。此外，认为自身的专业水平可以进入一个更高的收入水平的教师可以提出自己的意见，这种方式使教师不是一味地被动等着管理者来发现，教师的工资积极性可以得到极大的提高。

（3）绩效评价指标体系科学合理。通过分析英国的教师绩效评价制度可以看出英国政府对绩效评级标准科学性的重视。从评价标准的角度出发，有些评价标准是具体的、可操作性较强的，如教师的教学行为都必须规范；有些绩效评价指标是概括性、笼统性的，且具有较大的弹性，如教师的教学行为需要发挥其探索和创新能力。总而言之，统一性与灵活性相结合的绩效指标使得教师绩效评价更具合理性。此外，英国政府并不将学生的学业成绩作为评价教师业绩的唯一标准，教师的专业水平也在其考虑之中，这种注重发展教师专业化的绩效评价使得教师不仅注重发挥其专业知识，也注重提高自己的专业水平。对于教师的绩效评定，教师同行的信息也受到英国的重视，英国政府认为，同行更能了解教师行业的现状，进而能获得更多有价值的真实信息。

二 相关对策和建议

绩效工资的核心思想在于激励教师致力于教育教学工作，激发教师劳动积极性，从而公平与效率得以体现。笔者认为，通过实行绩效工资来激发教师积极性主要体现在三点：第一，保证绩效工资的经费，保证教师能及时足额地收到绩效工资。第二，建立民主、科学、可行的绩效考评标准。第三，在绩效考评的过程中，坚持公平公正的原则。通过结合在上一节中所得出的绩效工资实施过程中存在的主要问题，得出完善少数民族地区义务教育绩效工资制度的建议如下：

（一）建立合理的经费分担机制和绩效工资专项基金

在民族地区，教师的工作热情会受到教育经费不足的严重影响，教师绩效工资在民族地区的实施效果无法达到预期。因此，民族地区义务教育绩效工资经费需要得到保障，绩效工资经费的分担机制和建立绩效工资专项基金的举措也要进一步完善。

1. 建立适合地方教育发展实际的经费分担机制

义务教育保障新机制在我国实行以来，国家提供义务教育的经费，中央和地方根据比例分担。每个地方的义务教育投入结构不同。以贵州黔南、湖北恩施州、湖南湘西州三个具有代表性的民族地区为例：在贵州黔南，国家承担80%的义务教育经费，地方承担剩余的20%。这

20%的义务教育经费又分为三部分,贵州省承担40%、黔南州承担40%、县承担20%;在鄂西恩施州,国家拨款80%,湖北省承担剩余的20%,因此自治州与县级没有过重的财政负担;在湖南湘西州,国家拨款80%的义务教育经费,湖南省承担10%,自治州承担剩余的10%。适合民族地区自身经济发展的经费分担机制也可用于参考建立更有效的教师绩效工资,控制经费保障主体下移。因为在经济落后的少数民族地区县级财政的财政收入有限,所以存在赤字问题的地方县级财政难以承担起绩效工资保障主体的重任。为了实现有效提高教师收入,教师工资增长,教师生活水平改善这些目标,中央和地方政府的经费投入比例应明确分配,中央和省级政府的经费收入比例也应该依据税收收入实现相应的协调,加大教师绩效工资经费的投入力度。绩效工资的经费分担机制要根据地区经济建立并且要适应民族地区。经费承担主体在落后的民族地区要上移,国家和省级财政来承担绩效工资的经费,尽量做到州级财政和县级财政少承担或者不承担。

2. 建立民族地区义务教育绩效工资专项基金

为了保障民族地区教师绩效工资顺利有效地实行,在少数民族地区偏远落后地区执教的教师可以得到真正的激励,笔者认为,可以建立一个专门奖励民族地区优秀教师的义务教育绩效工资的专项基金,这个专项基金由国家财政支持,旨在鼓励少数民族地区教师的教育教学。与此同时,为了保障绩效工资经费落到实处,应该建立一个有效的经费监督机制。地方相关的少数民族管理机构发放管理这个专项基金,地方教育局开展监督工作。专项基金的设立使民族地区义务教育教师除了奖励性绩效工资之外,又多了一层奖励性的收入保障,发挥了激励民族地区义务教育教师的作用。一个好的政策落到实处离不开一双监督的"眼睛"。民族地区义务教育绩效工资专项基金的实施离不开有效的监督。定期检查专项经费的预算、决算以及经费的管理使用情况。要将政策落实到位,就要做到加大监督力度,及时处理监督结果,唯有如此激励作用才能真正地实现。

(二)绩效考核评价指标应规范、多元、科学

从黔南州的情况来看,不同的义务教育学校绩效工资评价的标准各不相同,评价标准之间的详略程度、科学性、规范性与可操作性也都有所不同。有的学校绩效工资的考核标准描述得很抽象且不易操作,只有

一页。有的学校在期终各种民主测评分中,将评分最低的教师调离原有岗位,调到下一级中心学校任教,成绩突出的调离教师可以通过竞聘重返学校。这些都是不科学的甚至是违背了教育规律的规定。有的学校考核标准是占了很大比例的学生分数;有的学校考核标准中根本就没有学生的学习成绩。教师们的绩效真的可以通过这些千奇百怪、各自为政的绩效考核标准得到考评进而激励教学吗?答案是不确定的,甚至教师的教学积极性受到影响,下降的教学积极性影响到他们正常的教学工作。因此,绩效考核评价指标应坚持规范、多元、科学的原则,这点尤其重要。

1. 集思广益,建立较为规范的绩效考核评价指标体系

在不同的学校之间,义务教育绩效工资的绩效考核评价体系各有不同,在制定好学校的教师绩效考评细则且在教职工全会上通过之后,还要接受教育局审批后方能生效。笔者认为,所有学校上交过来的考核细则在经过教育局审核后,应该通过各个学校考评标准的优与劣对比并根据全县或全州的具体情况,建立一个标准化的规范的绩效工资考核评价体系的框架。这主要是由于各地都还在摸索绩效工资的阶段,全国并没有一个统一的奖励性绩效工资考核方案标准。相关文件只是规定了义务教育绩效工资的改革,出于各个地方情况不同的考虑,学校自己制定奖励性的绩效工资的分配方案并报教育局审核通过。学校没有制定奖励性绩效工资分配考核方案的经验,因此奖励性绩效工资的分配考核标准各不相同,五花八门。有的学校是科学性的考核标准;有的学校是详细的考核标准;有的学校是可操作性强的考核标准;有的学校教师在奖励性绩效工资分配方案实施后反映良好。每个学校的考核方案都不相同,各有优势,通过研究、分析对比各种奖励性绩效工资分配方案的优劣,教育局可定出一套比较科学、规范的奖励性绩效工资分配考核的标准方案。教师绩效考评中应涉及的内容,量化的详细的指标都应该在规定中指出且易于操作。在这一套标准的分配考核方案的基础上,不同的义务教育学校根据自身的情况修改及具体地执行绩效工资考核评价体系,而不是像无头苍蝇一样慢慢摸索。有了这一套比较成熟的规范方案的指导,绩效工资实施的效率及政策的效果就能得到有效的提高和增强。

2. 科学核定学生考试成绩在考核评分中所占比例

在中国很多地区(包括少数民族地区),衡量教师绩效的主要标准

大多是学生的学业成绩。由于学校及社会在短期内评价教师的工作是否有效，是否为培养人才做出贡献的难度较大，而学生的学习成绩是短期内可以衡量并进行比较的指标，因此，大多数学校评定教师教学效果的指标只能与学生的考试分数、升学率等挂钩，尽管这与素质教育的方向相违背，教育部也明令禁止该行为。考核教师绩效的主要标准是学生的考试成绩时，容易造成教师的短视行为，同时也容易造成教师为了片面追求分数而采用短期的、速成的教育教学方式。这种分数的压力又会通过教师转化到学生的身上，出现"考考考，老师的法宝；分分分，学生的命根"的俗语。观念指导行为，这种行为也使得义务教育中的应试教育被强化。由于学生的升学、入学考试、高考等都主要是以学生的考试成绩为依据的原因，完全忽视学生考试成绩也是行不通的，缺乏现实意义。因此，科学核定学生考试成绩在考核评分中所占比例是制定教师绩效的考核标准时不可或缺的一部分。

学生单科学业成绩、学生其他各科成绩、学生其他方面素质和能力在教师的教育指导下的提高都是评价标准的一部分，因此科学的教育评价体系中，学生的学业成绩不是考核教师绩效的唯一标准。学生在各种素质比赛中的成绩或好人好事、良好习惯评比等情况也可以作为评价标准的一部分。根据黔南州各县市学校标准及其他地区绩效工资实行的情况，在制定义务教育教师奖励性绩效工资的考核标准时可以将教学成绩的考核比分占绩效考核的比例调整到30%—35%。学生参考统考各级各科的排名名次以及教师辅导学生参加竞赛（知识竞赛、征文、文艺、体育、美术、科普等）的获奖情况都可以在考评时作为参考。也可以扩大范围，例如学生违纪次数的增减情况，班级上的好人好事情况，学生学业成绩的进步等情况都可以列入考核中。

3. 考评标准应注重考核教学的团体效果

团体性因素在教师教学活动中也不容忽视，绩效工资对教师教学工作进行奖励性强化激励的同时，要做到个体性与集体性相结合，增强教师劳动考虑的团体性因素。只有教职工互相之间团结合作，学校这个有机的整体才能发挥更大的效能。一个学生的培育成才或对一个班级教育的成功或教学项目成功的原因，不仅在于个人付出的劳动，教育教学的成功也是集体劳动智慧的结晶。因此，为了使整个团体更加团结一致地进行教育教学活动，绩效工资不仅仅要奖励优秀的个人，也要奖励优秀的教学团体，使个人和团体都能获得激励，提高一个班，一个年级甚至是一个学校的教学质量，达到通过绩效工资的提高来提高教学质量的初衷。将教师分为年级组，促进教师之间更好地交流与沟通，有利于团队合作，共同促进学生各科成绩及素质教育的进步。学习成绩在内的思想、文化、道德、能力等多方面的综合素质的培养和发展是学生的成长，这种成长的目的是学生以后的成长和成才，是全部任教老师团队努力的结果。学生在教师所教科目的学业成绩以及学生其他学科的成绩和各方面的素质和能力都是考核教师绩效的指标。因此在绩效考核时，可以以学科、教研室、年级等为单位来进行考评，这是基于教师的绩效是团队、单位和每一个教师的集体绩效的考虑。

（三）建立科学、完整的绩效评价过程体系

1. 加强非统考学科及教辅人员的绩效考核

非统考学科的教师在实行奖励性绩效工资的考核时多处于边缘化。在义务教育学校实行绩效工资时，属于绩效工资考核对象的这些教师也应该分配发放奖励性绩效工资，奖励性绩效工资根据他们的绩效考核结果来分配。教职工的绩效在进行实际考评时，要根据其学科特点及工作职责特点来进行。明确规定考核计分时的考核依据，使其简单易操作。追求简单一味取平均分的考核标准并不公平。教育局有成绩测试时，以测试成绩来计算考核。同时教师的教学情况，学生反映及获奖情况作为辅助。学生有无掌握教学大纲中应掌握的内容，有无基本的鉴赏能力，学生艺术情操陶冶的情况，指导学生获得学科相关的奖项情况等是音乐、体育、美术、微机教师的绩效考核标准。根据具体职责分类并按照实际的管理工作成绩来评定计分教辅人员的绩效考核。例如，根据宿舍的安全状况，宿舍楼道卫生管理及学生对管理员的评价等情况来综合考核宿舍管理员的绩效。实现多劳多得、优劳优酬在广大教职工中的普及。所有教职工按照分类列入绩效考评中，教师考核的边缘化情况不应出现。以教师绩效考核为依据来发放工资，将"干与不干不一样、干多干少不一样、干好干坏不一样"落到实处，使非统考科目教师和教辅人员在内的广大教职工得到激励。通过他们积极主动地完成教育工作任务，实现教育事业的快速发展。

2. 采取分层分组的方式对教师进行绩效考核

采取分层分组的方式对教师的绩效表现进行实际考核。由于每个学科有其不同的特点,对教师的教学过程及教学成果的考评需要专门人士即通常意义上的"内行"来进行,这样才能获得公平公正的考评结果。笔者建议:第一,在实行绩效工资的学校,需要建立一个负责教师绩效考核的领导小组,包括校长在内的学校领导都应在这个领导小组内。第二,不同的考评小组负责考核不同的考核部分,教师的教学课时、是否迟到早退等考勤状况由工作量考核组负责;教师爱岗敬业、尊重家长、廉洁从教等师德情况由师德考核组负责;教师的学科计划总结、教案、课堂管理等由教学过程考核组负责;学生的学习情况,期中期末联考等考试成绩由成绩考核组负责,主要考核教师的教学效果;教师的论文,教学研究,学生辅导竞赛等状况由教研考核组负责;教辅人员和后勤人员的绩效考评由教辅、后勤考核组负责。第三,成立申诉小组,对公示的考核结果有异议时可向申诉小组提出申诉,申诉小组负责调查并处理申诉情况。三到四人的小组负责考核一部分内容,小组成员可由学科教师组成。为了保证考评结果的准确公正,小组应成员各司其职,从实际出发进行绩效考核。

(四) 评价主体多元化,确保评价结果客观公正

我国教师绩效评估的主体是学校管理人员和专业评价小组,这可以通过实地调查研究及收集的其他地区资料中得出。教师的自我评价在教师绩效评估中所占比例不高,作为教师教学的直接对象,学生的评价以及家长、社会对教师的评价也容易被忽视。人力资源管理学提出,对人的评价应涉及这个人的各个方面,通过各个角度进行考评,这样才会得出较为客观、公正的考核结果。我们也可以参照全面的绩效考评,对义务教育学校的教师进行绩效考核。为了让评价的结果更具有客观性和公平性,需要构建一个多样化的教师绩效评价主体的体系。

1. 教师的自我评价

教师的自我评价是评价教师绩效的第一步,绩效评价的主要评价方式就是教师的自评,这既是对教师的尊重,也是教师工作状况步骤的科学反映。与其他评价主体比较,作为评价主体的教师对自己更加了解,可以提供更为全面的信息,同时发现自己与其他教师在教学方面的差距进而对自己进行反省思考。这种自我监督会提高教师自我改善的能力,使教师教学管理能力和专业素质得到提高。根据教师平时不同的任务和目标要求,学校可以制定出相应的评价标准以及相对应的教师自我评价

表格，评价结果在教师依据表格对自己进行打分后纳入到最后的评价体系中。出于教师自我保护的原因，教师对自己的缺点不会和盘托出，也不会将自己的分数打得过低，因此评价结果中，教师的自我评价不能占比太高。这样其他评价主体对教师的绩效评价起到一个补充参考的作用。

2. 学生对教师的评价

在教师的绩效考核中，学生对教师的评价非常重要，学生对教师的评价最有发言权，这是因为学生是教师直接的教学对象、管理对象以及交流沟通对象，对教师的工作表现有着最直观的感受和判断。有的教师有着相当扎实的专业知识，但是并不注重教育规律，不尊重学生的感受，这种教学会让学生非常反感。学生对所学科目的兴趣会受到学生对教师的主观感受、对教师的感情等的影响。在义务教育阶段，班主任的影响非常重要。中小学时期是学生的成长期以及叛逆期，不懂得科学处理与学生关系的教师可能会因为一些不恰当的言语或行为让学生产生长久的阴影甚至引起学生的反叛行为，进而造成无法挽回的错误。因此学生对教师的评价在教师的绩效评价中有着很大的作用，注重学生对教师的评价有利于督促教师加强学生管理，适时调整管理行为。当然，学生中也存在一些个体知识有限、心智不成熟的现象，这使评价过程中存在一定的失真。因此，学生对教师的评价在教师的绩效考评中不应占比太高，学生的评价结果要经过相关的管理人员和评价小组的科学处理。

3. 教师之间的评价

教师的工作性质相同，相互间比较了解，在平时的教学和相处中会得到更多的真实信息。在专业层面上，教师的知识水平、教学能力、职业道德方面的专业水平也可以在教师相互间得到更好的反映。教师之间的交流会因为教师之间的互相评价获得更好的效果，促进相互学习，共同发展。教师之间的合作是教师教学中不可或缺的一部分。比如，各科教师共同努力才能使某个班的学习成绩或者是素质能力得到提高；某个教研室共同努力才能使学校的某个学科有名气。采取让教师相互评价或者单独填写评价表格的方式，统一上交学校；或者通过开展集体评价的方式促进教师的教育教学。当然，教师间的相互评价也存在一定的局限性，教师间的人际关系会影响到绩效评价的公正性，存在一定的主观性，教师之间的相互评价由相关的专业评价小组进行时，教师间的人际关系这一主观因素要考虑在内，保证结果的科学公正。

4. 学校管理人员及专业小组的评价

学校的管理人员是教师的直接上级，学校的名誉与发展会受到教师的教学情况以及教师的个人形象影响。学校的教学任务由教师承担，因此教师绩效评价中，学校管理人员是必不可少的评价主体，并且在教师的绩效评价结果中，学校管理人员在教师绩效评价中所占比例不小。专业小组的评价也不可或缺，专业小组（由具有一定资历的老教师组成或者是具有人事管理相关经验的教师组成）从专业的角度出发，站在教师和管理者的立场上考核教师的工作，教师绩效评价中其他评价主体的不足被弥补。从教学和管理的角度出发，学校管理人员和学校专业评价小组既要肯定教师的优点，也要发现教师在其专业和教学上的不足，提出建设性意见。

5. 社会的评价

家长对教师表现或能力的评价以及其他人士（媒体、社区等）对教师的表现以及能力的评价都是社会评价的一部分。作为教师教学和学校管理的密切关注者和学生教育的投资者，家长也有权利评价教师的绩效。根据学生的学习成绩、学生日常生活中的表现优异，家长依此来评价在学生的成长过程中教师所起的作用。家长也可在教师处反馈学生在日常生活中表现出的好与坏，使教师更好地了解学生的状况，从而调整自身教学。教师可以通过向家长发放问卷及进行访谈的方式增加对学生生活和家庭情况的了解，既考察了教师的家访情况，也让家长评价了教师的表现及教学效果。教师的绩效评价也可以通过辅助社会评价来填补教学中的漏洞，做到改进教师教学和管理工作，提高教育教学的效率。

第九章　布局调整：保障民族地区义务教育财政支出绩效的动态协同机制

随着经济的快速发展和物质生活水平的逐步提高，人们对教育质量表现出越来越高的要求，特别是教育公平与教育均衡发展成为我国义务教育发展战略部署的首要任务。我国民族地区往往是较为偏远或者交通不便的地区，自然条件较为恶劣，这在很大程度上制约了民族地区的教育发展，造成学校布局难以合理配置资源。例如沙漠、草原、雪原、高山、戈壁等艰苦的环境影响了当地的交通设施建设，而交通不便必然影响到当地的经济发展，最终影响到国家对地方教育资源的配置和供给。此外，文化的特殊性是民族地区相较于其他地区的特色所在，这种特殊性孕育出了民族地区的风俗习惯、宗教信仰、价值观、心理特征、文学艺术、体育运动、游戏项目等，在民族地区独特的文化背景下，当地居民形成了他们特有的教育认识观。另外，农村地区的青壮年大量地外出务工，导致了普遍的留守儿童现象，让孩子们能在家门口享受优质的义务教育资源，是实现教育公平与均衡发展的关键问题之一。正因为如此，我们才需要对民族地区义务教育学校布局调整进行专门研究。

从法律上讲，义务教育阶段的学生还是未成年人，对自我的保护意识还没有完全形成，需要来自外部的保护和正确引导。民族地区的中小学整体教学条件和教学质量都难以符合要求，当地学校分布零散、班级规模较小、校舍条件较差、师资力量薄弱、课程设置不够合理和规范，这样的学校难以满足民族地区公民对优质教育的渴求。生源流动和留守儿童导致了教育资源的供需失衡，一些学校和教学点的撤并又造成了其他的新问题等。为此，本章在对贵州省和广西壮族自治区样本地区布局调整的现状和问题分析的基础上，提出改善意见。

第一节 民族地区义务教育布局调整概述

为了提高民族地区中小学办学质量和规模效益，考虑到经济社会发展的需要以及各民族地区的自然条件状况，将区域内的教学点和中小学校适当地集中，从而进行合理的重新规划和布局，这就是民族地区中小学布局调整工作。

一 学校布局调整

"布局"一词最初是出现在唐朝诗人王建所写的《夜看美人宫棋》中："宫棋布局不依经，黑白分明子数停。"该词在《现代汉语·辞海》中是指棋局中的某一阶段，在该阶段双方布置阵势，抢占要点，准备进入中盘的战斗。后引申为对事物的规划安排。

"调整"是指重新调配和整顿来应对新的环境和要求。而布局调整侧重于从全局的角度着手，在分析事物及其所处环境变化情况的基础上，进行相应的调配和整顿，它是一个动态的过程。《汉语大词典》中，"布局调整"一词最早是出自毛泽东的《论十大关系》中对工农业的布局调整进行的论述。从词源的解释里，我们不难发现布局调整实质上是一个动态过程，它对事物的安排、规划、调配和整顿都是在纵观全局的角度下，针对事物发展的变化来进行的。

对学校布局的理解可以分为两个层次：一是以单个学校为系统进行校内的建筑、设施等的布局（school layout），这种布局强调的是各学校自身的校园生态环境；二是把学校作为基本单位来进行地理空间上的布局（distribution of schools），这种布局将与当地的政治环境、经济水平、自然条件、交通状况和人口因素等密切相关，这种类型的布局是地区内对一定数量的学校的布局。用英文对这两种学校的布局来进行区分是很容易的，但这两者译文是相同的，因此是经常混淆的概念。在本书中，布局调整指的是第二层次的调整，是为了教育的有效发展，更好地适应当地在教育方面的生态环境，对学校的一个宏观调控。

学校布局（geographical location of schools）是依据教育规划确定的教育事业发展的目标和任务，对各级各类教育机构进行调整、分布，以及对其发展规模进行设置。对学校的合理布局要考虑到各种因素，包括当地的经济、人口、地理条件等：一是经济的发展水平、人才需求、就业机会、工业和农业生产结构的状况；二是学龄人口的地理分布，学校交通条件；三是人口数量、人口发展趋势、年龄结构以及受教育程度；四是原有学校的教育基础，校舍扩建和师资力量等条件。在考虑以上多种因素的基础上，学校合理布局的关键在于妥善处理好当前需求和长远发展、学校的办学规模和效益、学校的数量和质量等关系。其合理性是相对的。学校布局应随着当地经济和人口发展的变化进行适当的调整，使之更加合理。

二 少数民族地区义务教育布局调整

对我国民族地区义务教育阶段学校进行布局调整，首先考虑的是当地少数民族地区的自然条件和经济基础状况，以提高农村中小学的办学质量和效益为目标，将分散的中小学和教学点进行重新布局和分配。自2000年以来，中央财政将支持重点放在农村地区、办学条件差以及布局调整效益较为明显的设备购置和校舍改造，每年投入10亿元资金。2001年，《国务院关于基础教育改革与发展的决定》首次提出设立寄宿制学校，2004—2007年，新建7651所寄宿制学校，惠及约200万学生，共投入资金100亿元。长期以来，农村义务教育资源布局分散、教学质量难以提高、师资水平参差不齐，有数据显示，2004年以前，西部地区有一师一校的教学点占全国80%以上，约9万个，而一些老、少、边、穷山区和牧区还有大量需要寄宿的中小学生。

在少数民族地区设立寄宿制学校，是党和国家根据民族地区、偏远山区和经济欠发达地区交通不便、居住分散和教育落后的特点，为了优化其教育资源，提高各族文化素养，促进教育城乡均衡发展而设立的专门性学校，是国家发展民族教育事业所采取的一种重要形式。"寄宿制工程"有利于集中力量改善办学条件，有助于提高适龄儿童入学率和巩固率，能够强化教学、集中师资力量，有利于改善山区人民的经济条件和科学文化水平，加大力度培养各类少数民族人才，有利于少数民族地区的经济繁荣和文化事业的发展，加强民族团结。总之，它是对义务教育规模和"两基"攻坚领域的扩大，对于降低辍学率、提高义务教育质量，确保贫困地区农民子女完成义务教育尤为重要。目前，我国义务教育寄宿制学校在民族地区还存在学校布局不科学、学校建设资金不足、设施建设不规范、居住条件差、安全隐患未根除、师资力量薄弱、住宿学生生理心理问题严重等问题。

三 影响民族地区中小学校布局调整的生态因素

从教育生态学的角度来研究学校布局，首先要把学校所在地区看作一个整体的教育生态系统，其次要考虑教育生态系统的主要组成部分，最后要考虑哪些特定的生态因素会对学校布局产生影响，以及这些生态因素影响学校布局的方式。自然环境、人口状况、交通条件、财务状况和文化传统都会对学校和地区的发展产生深远的影响。

（一）自然环境因素

自然环境是围绕在人们周围的一系列自然因素的集合，每一个自然因素都是这个集合中的一个元素，他们是人们赖以生存的物质基础，主要包括地形、地质构造、气候、水文、阳光和动植物等因素。学校的地理位置和自然环境的地理环节密切相关。黄济指出，地理环境和人类的发展相互影响，人类不仅能像动物那样本能地去适应环境，还可以根据自己的主观能动性去改变环境。与此同时，自然环境也对人类的生存和发展产生巨大的影响。例如，一个地区的地形会影响当地的交通设施，而寒冷或炎热的气候会影响孩子的发育早晚，早期的学校通常需要建立在一个良好的地理环境基础上，人们往往选择将学校设在地理环境较好的江河附近，这也是一般人所选择的居住地点。然而，对于少数民族地区，他们大多居住在环境较为恶劣的戈壁、山地、沙漠、高原等区域，这些地区的可利用空间和资源是相当有限的，再加上大部分地区地处偏远、自然灾害频繁，更进一步减少了少数民族人民的生存空间。就气候条件而言，由于我国是在东北半球，我国北方冬季寒冷、南方夏季炎热。在这样的气候环境下，如果学生花较长时间在上下学的路途上，很容易冻伤或中暑。此外，义务教育阶段的学生本身年龄较小，身体还未发育完全，对外界的抵抗力很弱，受到意外伤害的可能性更大。就水利条件而言，居住在河流和湖泊附近的民族地区，容易受到季节性降雨所带来的洪水灾害，给学校和学生的人身安全和个人财产造成了极大的安全隐患。

科学地按照当地自然环境来规划学校的布局位置和数量，因地制宜，才能真正让在恶劣环境中成长起来的孩子在家就享受到自己应有的权利，在学校受到教育，为人生发展打好基础。

（二）交通因素

人类社会生产力的不断发展使交通变得发达，而社会的快速发展，主要是基于发达的交通，所以交通是一个必要条件；反过来，交通的便捷程度也推动了社会生产力的迅速发展。交通条件往往是衡量一个国家、一个地区的发展水平的重要指标。

由于地理环境的影响，民族地区的交通条件并不完善。交通对教育发展的影响是很大的，交通在很大程度上阻碍了一个地区的经济发展，经济欠发达必然导致当地学校教育资源的供应困难，最直接的就是导致学校基础设施的建设难以得到保障，学校建筑破旧得不到翻新，形成危房，进而对学生和教师的人身安全造成极大威胁。与此同时，由于缺乏教育资源，当地学校很难提供必要的学校课程教学，导致不同区域的学生教学质量不均，教育公平失衡。另外，交通条件差使学校无法及时供应教材，从而影响到地区考试的顺利进行以及教学检查工作的顺利开展，这些加大了区域教育行政管理的难度。近年来，频繁发生校车问题，使人们倍加关注学生的安全问题。交通的便利程度，决定了学生在上下学的交通方式、时间以及安全程度。上下学所花的时间越长、道路状况越差都无疑增加了学生上下学的潜在危险，削弱了学生的交通安全系数。特别是义务教育阶段的学生大多数年龄偏小，往往交通安全意识较为薄弱。与此同时，在交通状况的影响下催生出了一些特殊的办学形式。例如，在一些交通不便的地区，出现了"一人一校"、"一人一班"之类的"麻雀学校"，此类学校的存在不仅在很大程度上浪费了教学资源，而且脱离了有效的办学形式，教学质量低下。又如在游牧地区特有的"马背学校"和"帐篷学校"，此类学校也是受到交通条件的影响，由于马匹是游牧地区的主要交通工具，当地学生只能跟随牧民，游牧到哪里就搬迁到哪里上游牧小学。

交通影响学校布局调整的方式有直接和间接的，因此，学校布局调整应根据当地交通发展的实际状况来进行合理布局，同时采取适当的措施，以弥补交通不便地区学生上学和学校布局困难等问题。

（三）人口因素

少数民族地区的人口分布状况与当地的自然条件、经济发展状况和民族传统都有着密切联系，是当地人民长久依赖迁徙和生存的结果。人口的分布状况会对民族教育的形式和规模造成影响，并最终影响儿童和青少年的身心发展以及相关的教学活动开展。

学校和受教育人口的分布状况之间有一定的对应关系，例如，人口数量的增加、人口居住分散以及人口年轻化等因素都会导致对教育服务需求的扩大，学校布点也会有所增加，相反，如果学校教育服务需求减少，学校的布点也随之减少。正由于民族人口和民族教育已经有如此紧密的联系，因此，实行科学的人口政策，提高人口素质，控制人口数量，将有利于少数民族地区教育事业的发展，在一些无法改变受教育人口的情况下，要及时对教育人口进行预测分析，从而减少教育资源因人口结构变化所引起的不必要浪费。因此，科学设置学校的地区分布和数量，要将人口数量和人口区域分布情况作为考虑因素之一。

1. 民族地区人口数量

在教育资源有限的情况下，由于人口的快速增长，使人均教育资源大大减少。因此，为了满足人口增长的需求，学校布局调整的主要目标就是合理地利用和配置有限的教育资源。教育人口容量是有限的，也就是说，一定的教育资源所能容纳的人口数量是有限的，适度的教育人口容量，是促进教育事业健康发展，保持整个教育生态平衡的必要条件。

教育的人口容量，是指在保持自身相对平衡并维持正常运行的前提条件下，教育生态系统所能容纳受教育人口的最大数量，受教育人口的数量如果超过教育的人口容量，就会造成整个教育生态系统的失衡。具体而言，对人口容量变化造成最直接影响的因素是教育生态系统本身所含的各种资源，如教学设施、教育经费、师资力量等，这些本身就是相对有限的教育资源，他们只能供有限的人口所使用，人口数量的增加必然导致人均资源的削减。总之，少数民族人口数量的急剧增长极大地阻碍了民族地区教育的发展。

我国虽然幅员辽阔，但地域广阔的民族地区大多环境恶劣，要么是干旱地区，要么就是高寒地区，生态系统十分脆弱。人口的迅速增长，对生存空间本身就狭小、经济能力有限的少数民族地区来说，极易造成生态系统的失衡，这严重阻碍了民族地区社会经济和教育事业的发展。

2. 民族地区人口区域分布

长期以来，世界人口的区域分布很不均衡，原因来自自然环境、社会、政治和历史等各方面因素。少数民族亦是如此，由于朝代更替、民族迁徙、移民戍边、屯田等原因，各民族人口的分布发生着变化，大多以边疆为中心形成不同规模的聚居区，或者由不同少数民族杂居，共同形成了各民族交错居住分布格局的少数民族聚居区，当然，在少数民族地区，有一些汉族人口分布其中，并不是所有的都是少数民族人口。我国少数民族人口所占的地区面积占全国总面积的64%，具有人口少、地域辽阔的特点。这种特点决定了少数民族地区必须采取特有的、较为灵活的教学活动形式。如在民族地区设立民族学校，针对当地特有的民族文化传统，采取双语教学模式，不仅可以使民族教育和国家教育同步，而且也能满足当地的民俗习惯，有效地进行民族文化的传承。

3. 民族地区人口年龄结构、性别结构

人口的年龄结构，根据反映人口年龄结构的一定指标，可分为三种不同的类型，即年轻型、成年型和老年型。每种类型的年龄结构变化都直接影响教育生态系统，影响各级各类学校在教育生态系统结构中的比重。要想合理规划学校的布局，应当通过分析民族地区人口变化的趋势，科学地预测受教育人口数量的变化情况。当前，中国大部分地区处于年轻型人口结构状态，因此，教学活动的重点在义务教育阶段。义务教育年龄段对教育资源的需求取决于人口的年龄结构，义务教育学校的数量和规模都必须与之相对应，要想有效地利用教育资源，就必须对学校的数量和规模进行合理规划。除此之外，人口的年龄结构也对教育产生十分明显的影响作用。人口的性别年龄结构是指在一定时间和地区范围内，人口总数中男性和女性总人口数的比例。就一所学校而言，男生和女生人口比例的失衡将直接影响学生的校园活动和交流，从而影响学生的身心发展，并带来许多教学活动和学校管理上的问题。

（四）文化传统因素

自然环境和人口结构不仅影响了少数民族地区的生活方式，此外，更是不断催生了独特文化传统的形成。每个民族除了有自己独特的语言文字之外，还长期积累形成了各民族不同的宗教信仰、风俗习惯、民族性格和价值观念等，这些至今仍发挥着不可替代的作用。随着信息时代信息传播速度的不断加快，不同民族和地区间的交流也日益频繁，各种民族文化之间互相影响，各民族和区域间的共性也显著增加。

现代教育和文化传统间的交流往往会产生一些现象：一方面是缺乏对正规教育的认同。在许多少数民族地区，民歌、神话传说、寓言等口头或宗教经文是民族文化遗产流传下来的主要方式，这些地区长期缺乏正规教育，对正规教育的认同感较低。因此，需要花费更多的时间和精力，才能在这些地区引进新的、正规的教育体制。另一方面是外来文化与本土文化间的互斥。当学校的外来文化和当地内部文化存在差异时，人们往往会本能地从自己文化的角度出发，排斥外来的文化影响。因为对于弱小的民族而言，这是保持自己独特文化最直接、最经济的方式。

长久以来，由于历史的原因，村与村之间往往不互相接触，各自已经形成了一个独立的群体，因此，很难使本村学校的学生到邻近的村庄上学，当地的人们接受学校撤点或合并，让学生到别的地方去上学。民族文化之间差异的影响有很强的渗透性和持久性，而这种影响也是深远的，只有将学校的布局调整建立在科学考量民族间文化差异的基础上，防止民族文化利益由于学校撤并造成的侵害，减少学生学业成就因为民族文化原因受到的影响，才能促进少数民族教育事业突飞猛进的发展，提高人口和少数民族地区的整体素质，实现民族地区社会经济的飞跃。

（五）财政因素

民族地区大部分位于西部地区，由于经济较为落后、民族语言繁杂、学校布局分散等原因，使教育经费尤为紧张。在偏远贫困的农牧地区，存在许多在校生规模小、学校布点分散、教职工的正常开支都很难维持的现象。因此，民族地区的财政拨款就成为学校撤并的经济基础。国家针对这些地区出台了相关的政策要求，例如，对偏远贫困农牧区的政府中小学实行教材费用减免，在少数民族地区开办寄宿制中小学校，以保证农牧家庭子女能正常上学，此外，还对在校学生及教师进行相应的生活和地区性补贴，这些无疑都加剧了少数民族地区的经费开支困难。然而，即使是在这样中央和地方财政不充裕的艰难条件下，还存在经费挪用、挤占、滞留等现象，使资金到位困难，有的地方在教育经费上的支出结构不合理，经费使用不得当，效率低下，造成了极大的资源浪费。总之，这些资金使用上的问题究其原因就是由于经费长期投入不足，经费使用效率不高，常常采用的是挤占或挪用公用经费等其他义务教育专项资金的方式来弥补巨大的经费缺口。

第二节 民族地区义务教育学校布局调整的现状

实施农村义务教育学校布局调整已有几年，基于前文对贵州黔南布依族、苗族自治州地理、文化、经济的了解，本节以贵州省黔南州和广西壮族自治区H市、S县布局调整现状的调查访谈，了解样本地区具体情况和仍然存在的问题。

一 中小学"寄宿制工程"——以黔南州为例

（一）寄宿制工程

自2007年起，黔南州开始启动"农村中小学薄弱学校改造工程"和"农村中小学寄宿制工程"的建设任务。根据前一年省下发的有关所在县市乡村学校的具体工作安排和"寄宿制工程"的数量任务，基本改善了过去住宿紧张的困难，把各乡镇的中心学校作为住宿制学校，其余所有工作也都全部竣工交付使用。其中，F市共获得寄宿生生活补助526.3万元，在资金到达后及时按标准下发给了各个中小学，对1248名小学寄宿生和13200名初中寄宿生进行了补助。此外，我们还对在D县的Y中心小学进行了走访，发现该校基本能够满足中小学生的住宿需求，其中，小学生住宿人数占全校小学生总数的60%左右，共239人，初中生住宿人数占全校初中生总人数的70%左右，共550人。S县补助金额由2008年到2010年增加了83.65万元。

通过对当地学校的走访，我们发现，虽然我们所到的中心学校都配有住宿房，但住宿条件并不好，装修简陋、门窗不严、墙壁发霉、床位不够等问题较为普遍，而且有的学校上铺床位没有护栏、床铺狭窄，这些对学生的人身安全都造成了威胁。此外，全黔南州的学校几乎没有配备专职生活老师和保安人员，基本上生活老师是由本校老师兼职，轮流值班。S县Y中心小学校长告诉我们，老师们的工作十分辛苦，不仅要担任备课讲课的教学任务，还要照顾学生们的日常起居，从早晨6点一直工作到晚上10点。此外，由于学生的年纪较小，老师们还要负责疏导学生由于住校不适应产生的心理问题。总之，实行住校制大大增加了学校和教师的管理责任，虽然有的学校考虑聘请外聘人员专门负责学的安保和住宿管理，但这无形中又加大了经费的支出，在没有财政编制的情况下，这些额外支出只有从生均公用经费中扣除。

（二）校舍维修改造

贵州省现已实施校舍的建设改造工程，并制定颁布了相应的实施办法，涉及对农村义务教育阶段学校的加固，包括改造校门、操场、食堂、围墙、生活设施、卫生厕所等。校舍维修资金的测算标准如下：按照生均校舍标准面积来计算标准校舍面积，其中，小学校舍生均标准面积4.5平方米，初中校舍生均标准面积6平方米，再扣除二期已经危房改造的面积，结合单位校舍改造成本（400元/平方米）和折旧率的因素，来决定各县市区维修改造的总金额，最后由县统筹安排。我们调研的两个县级小学基本上都是用破旧的教室改建成食堂，甚至没有供学生吃饭的餐桌，因此学生们到了饭点要么在教室里吃饭，要么找校园内其他的地方吃饭。黔南州现已完成了全州中小学校舍的安全工程排查、鉴定、信息系统录入、三年投资计划的编制和制订改造方案的工作，需要规划改造1670所学校，总投资35.7888亿元，改造6563栋校舍单位建筑物，规划改造（加固或重建）校舍总建筑面积3695400平方米。

F市包括初中和高中教育，学校基础设施等方面达到基本标准，但该校校长反映学校实验室设备改进的资金仍旧不足，因为总预算的需求总数不能太大，学校也在尽量调整。在处理"两基"验收时，因为当地政府无力支付部分的缺口，学校借款对操场进行改善，导致学校现阶段负债140万元左右。

二 广西H市、S县寄宿制学校建设的探索

广西壮族自治区（以下简称"广西"）积极参与落实国家"两基工程"，大力提倡和发展寄宿制学校。实践证明，广西寄宿制学校对当地教育事业的确起到了积极的作用，自成立寄宿制学校以来，适龄儿童的入学率和年巩固率都得到了提高，促进了民族贫困地区的义务教育发展。随着国家对寄宿制学校的不断支持和办学条件的不断提升，再加上学校合理的布局调整，寄宿制学校的教育设施和师资力量得到了有效的补充，教育质量也得到了显著的提高。寄宿制学校经过近10年的发展，促进了当地公民的文化素养提高，培养了一大批文化型人才。

H市和S县的教育部门和财政部门积极筹措资金，按照中央和自治区的要求不断加大投入，确保农村义务教育经费的落实，全面推行

"两免一补"政策。

在对 H 市教育局 W 主任的访谈中,他提到:在 H 市,国家对寄宿制学校的建设非常重视,每年都投入大量的人力、物力和财力,H 市的寄宿制学校因此也得到了快速的发展,此时,对于寄宿制学校的发展,相关领导和群众饱受困扰的不再是经费问题,而是如何能有效地合理利用现有的资源。从 H 市教育局提供的有关资料显示:2010 年,H 市寄宿生的生活补助经费共 15448.93 万元,其中,中央投入 8137.81 万元,公用经费投入共 27342.84 万元,其中,中央投入 21875.43 万元,自治区投入 5111.39 万元,市区投入 356.02 万元,其中,教科书中央投入为 4692.86 万元。我们从图 9-1 的相关数据可知,国家为了支持民族地区教育事业的发展,每年都投入了大量的教育经费,尤其是针对生活条件较差的地区,中央、自治区和县市都积极地投入大量财政经费来改善寄宿生的生活条件。

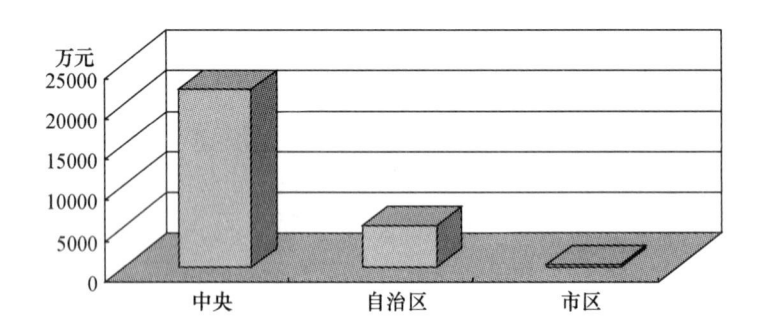

图 9-1 公用经费投入

H 市每年都会为寄宿制学校和寄宿制学生投入大量的经费,W 主任指出,随着国家和省级政府对教育财政投入的不断重视,如何将现有的财政资源合理布局和分配,对其更好地加以利用已成为困扰民族地区寄宿制学校提高教育质量的首要问题。自治区的 L 主任接受采访时指出,在寄宿制学校现行的管理机制下,很难保障寄宿制学校的教师的基本待遇,尤其是广西壮族自治区地理原因较为特殊,其"八山一水一分田"的分布状况,和以山地和丘陵为主的地形,使得偏远地区优秀教师大量流失,学校的正常运转难以维系。

三 H市、S县对民族地区寄宿制学校研究的适切性

本书的研究对象主要是我国政治概念上实行少数民族自治的地区，按照行政体制划分为少数民族自治区5个、民族自治州30个、自治县（旗）119个以及民族乡1165个。虽然这些地区的地方管理体制、经济发展水平和文明开化程度都有所差异，但总体来看，他们在经济环境、人口环境和文化环境方面都有共同之处，这些地区的地理位置大都处于偏远地区，经济发展状况较为落后，且都是民族地方自治。

（一）具有共同的民族特征和客观条件

广西共设立了14个地级市以及110个县、市、区。2008年底，少数民族人口共1944万人，占全自治区总人口5049万人的38.5%，与全国其他少数民族相比，是总人口数最多、少数民族种类和数量较多的省区，因此它具有少数民族地区的共性特征。此外，经过我们的调查和实地走访发现，广西S县是我国唯一的毛南族自治县，具有明显的民族特征，且仍然保留着原始的生活风俗和民族信仰。本节将S县作为个案来研究民族地区的教育状况具有代表意义。

从地域上看，少数民族地区主要分布在自然环境较为恶劣的山区、牧区和林区。H市地处广西西北边陲，少数民族人口321万人，占总人口数的83.67%，主要有9个少数民族族裔，分别为汉族、壮族、土家族、苗族、瑶族、侗族、仫佬族、毛南族和水族，是广西壮族自治区内少数民族聚居最多的地区，因此，具有十分明显的代表性，对其他民族地区的研究有一定的参考作用。

（二）具有相同的民族自治行政体制的制度保障

根据中国《宪法》和《民族区域自治法》的有关规定，民族自治区政府享有对当地经济、文化等事务进行自治和立法的权利。中国民族区域自治制度的特色就在于此，其实质是自治权，标志是本身独有的民族特征，而目的就在于提高落后生产力水平和在特色鲜明的政治环境内财政自主权的实行。自治政府对财政资源有很高的调配能力，为了促进当地教育事业的长足发展，每个政府都需要考虑到诸多问题，例如，如何对现有资源进行有效配置、如何针对有限的资源进行合理布局，如何建设和改善寄宿制学校等。此次我们对广西H市和S县的调研结果和研究发现，将对少数民族地区自治政府相关政策的制定具有一定的参考价值。

(三) 教育发展较为落后的地区

我国少数民族地区经济条件较为落后，科教文卫等公共事业发展较差，且多处在偏、远、穷的地区。在 H 市，义务教育的发展虽然已经取得了很大的进步，但是受制于自然环境和历史条件等因素，仍然存在教育经费短缺、资金使用效率低下、寄宿制发展迟缓等各方面问题。当然，H 市和 S 县凸显的问题只是所有民族地区教育发展问题的缩影，这类共性的问题研究对于民族地区义务教育的发展具有普遍性意义，研究成果在其他少数民族地区也同样适用。

综上所述，H 市和 S 县与其他少数民族自治地方具有以下共同点：一是在地理位置上都是老、少、边、穷地区，自然条件较为恶劣；二是在自治行政体制划分下是少数民族种类和数量聚集的地区；三是都来自国家级贫困县、乡，是经济欠发达地区，教育水平普遍较低；四是都保留了较多的少数民族最原始的宗教信仰、民族文化和风俗习惯。本书选取具有民族地区代表性的 H 市和 S 县作为研究对象，以期通过对 H 市和 S 县寄宿制学校建设现状的调查，从政治环境、经济基础以及学校外部条件等方面，来发现我国少数民族地区寄宿制学校存在的共性问题。我们相信，以 H 市和 S 县的寄宿制学校办学模式作为个案来分析对于了解我国少数民族地区寄宿制学校办学现状，解决寄宿制学校的问题具有重要的意义。

第三节　民族地区中小学布局调整中的问题及其原因

一　民族地区中小学布局调整中的问题

随着布局调整工作的进行，一些乡镇中心学校的办学条件得到了切实有效的改善，教育结构得到了优化，教育质量也得到了很大的提高，实现了一定的规模效应。然而，布局调整工作在一些地方农村学校仍没有实现预期目标，还存在一些困难和问题亟待解决。总结来说，主要体现在以下几个方面。

(一) 地方财政用于义务教育支出比重偏少

以黔南州为例，州级财政在 2004 年至 2006 年欠拨各种经费

254.68万元,其中,转移支付543.17万元,公用经费203.50万元,地方教育费附加172.00万元,城市教育附加1407.19万元,城市建设维护税218.52万元,针对上述所欠经费,市财政进行了相应的补拨,2007年补拨2341.18万元,2008年8月补拨2004—2006年公用经费203.50万元。县、市级财政投入由于整体财政能力有限,拨付总金额较少。例如,F市以现有的财政能力,还只停留在保"吃饭"财政阶段。义务教育体制实行"以市为主",市级财政明显感到财政拨付困难,因为市级政府不仅要管理事务还需要承担经费责任,而预算内经费常常无法足额及时拨付到位,有时还只能通过其他预算外经费进行调补。

自2009年起,一些省市逐步落实农村寄宿制学校的费用减免政策,给家庭经济困难的学生带来了实惠,但与此同时给寄宿制学校的建设和运行也带来了巨大的压力。国家对于西部"寄宿制学校建设工程"项目建设给予了一定数额的专项资金支持,对寄宿制学校和学生实行"两免一补"的政策进行财政援助,但这些优惠政策和补助还不能满足学校日常运行的需求,尤其是学校建设面临巨大的资金缺口时,资金还不能及时足额拨付到位,给学校的正常运行带来了极大的影响。此外,寄宿生家庭也不得不面临巨大的经济压力,学校改为寄宿制后,国家虽然给予了相应的补助,但补贴的金额和范围是有限的,寄宿生家庭还需要增加入学成本,为孩子提供额外的伙食费和住宿费。因此,面临负担的加重,寄宿制学校在推广过程中面临着重重阻力,促使辍学现象不减反增。

(二)教育生态与自然生态冲突

由于没有对地理环境、人口分布和学生密度的因素充分考虑在内,教育对自然生态的不适应,导致教育生态失衡。不加考量地撤减乡村小学和教学点,加大了部分当地中小学生上学的困难,这些学生不得不走上几十公里的路程,花费大量的时间在上下学途中。而一些合并后的学校也不尽如人意,不仅没有改善学校基础设施建设,新建校舍、宿舍和实验室等,反而由于学生人数的增多,导致班额过大,教学资源紧缺,严重影响了教学质量的提高。由于学校生活设施的不健全,学生的日常生活也面临着诸多困难,例如就餐、洗澡用水、宿舍环境等问题,这些都无疑影响着中小学生的身心健康发展。

除了班额过大现象之外，还存在许多教学点学生数过少的现象。我们在调研 S 县的一个乡镇教学点时，正好有一个班级在上体育课，体育课的教师是一位 50 多岁的老人，学生只有 6 名，由于没有相应的辅助性教学工具，上课也就没有具体的内容，只是学生们在草坪上互相追赶玩闹。这种情况并不少见，一些经济情况稍微好点的学校，也不过是将多年前的沙石地作为运动场，再备有简易的石质乒乓球桌，学生们没有基础条件来接受正规的体育课教学。

（三）寄宿制学校安全问题严重

从访谈的情况来看，寄宿生在寄宿制学校内和往返学校途中的安全问题是家长和教师们最为关心的问题，同时也是当前寄宿制学校存在的最大安全隐患。很多寄宿生都是在危房内学习和生活，这些寄宿制学校大多是在原校舍的基础上改建而成的，教室、宿舍和食堂等基础设施都较为陈旧，而由于资金不足，也无法对这些基础设施进行维修和翻新。2005 年 11 月，四川省通江县广纳镇中心学校就发生了寄宿制学校的踩踏事故，造成 27 名学生受伤，8 名学生死亡；2006 年 12 月，山西省蒲县城镇南耀村小学 6 名寄宿小学生因一氧化碳中毒死亡；2008 年 12 月，陕西榆林市定边县堆子梁学校女生宿舍 12 名学生煤气中毒，11 名学生遇难。这些血的教训都在提醒着我们要注重寄宿制学校的安全建设，只有保障了学生的人身安全，才能进一步体现寄宿制学校存在的意义。

除此之外，寄宿制学校普遍覆盖了更大的教育面积，而处于偏远山区的寄宿制学校招收的学生都来自路途较远的山村，学校没有能力提供专车接送学生，交通十分不便，大多数学生只能自己花上较多的时间徒步上学或者让家人接送，这无形中也加大了往返学校途中的危险，加重了家长的负担。再加上学校管理不善，许多寄宿制学校安保工作不到位，社会闲杂人员都能自由出入，对学生造成了极大的安全隐患。

（四）低龄儿童住校，学生心理健康问题突出

学校在布局调整时常常忽略了低龄学生的特殊性，针对学生上学远的问题，最初的解决方案是采用寄宿制学校，但此时的寄宿制学校卫生、安全、人员编制等问题都还没有及时解决和落实，低年级学生由于年龄较小，适应能力较差，还不能适应住校的生活，而且低龄学生过早地脱离家庭教育，本身就不利于其健康成长。

由于过早地离开家庭生活，与家人间的情感沟通和联系较少，难以得到父母的关爱和照顾，低龄学生很容易产生情绪和心理上的问题。一些生活教师通过对学生日常生活的观察发现，很多学生从小就是在家人的宠溺下长大的，与他人相处的经验十分缺乏，第一次来到寄宿制学校这样的大集体生活，学生间时常发生矛盾，再加上学习压力的不断增加，学生极易产生孤僻、焦虑、敏感等心理障碍。一旦缺乏教师和家长的及时疏导，这些心理问题还会不断升级，影响学生各方面的发展。

在寄宿制学校中，不仅中小学生广泛存在心理问题，教师们也承受着生活和工作上的双重压力。因为寄宿制学校自身条件有限，很多教师的工资不能按时发放，有些学校的专职教师不仅要承担教学任务，还要负责学生的生活起居，再加上长时间不在家人和伴侣身边，一些情绪更是难以排解。在这样的情况下，很多寄宿制学校教师迫于压力不得不离开自己热爱的工作岗位。

（五）生活条件欠佳，寄宿生得不到充足的营养

许多寄宿制学校的寄宿生面临着两个方面的问题：一是住宿问题，二是营养问题。

农村寄宿制学校大部分基础条件都很差，宿舍拥挤，没有独立卫生间，缺乏安全的取暖和降温设施。冬季，有的地区用煤炉进行取暖，这样不仅无法达到良好的暖气效果，而且存在巨大的安全隐患；夏季，由于室内闷热，一些规模较小的学校安排学生们搬到教室外上课，这严重影响了课堂教学的有序开展，学生的安全也得不到保障。通过实地走访和调查我们发现，很多农村寄宿制学校缺乏专职生活老师，学生们的日常起居由班主任或其他老师负责，因此，教师们不仅要忙于教学工作，而且要承担起照顾学生生活的责任，在这样的工作压力之下，学生们的教学质量很难得到保证。

此外，寄宿制学校由于缺乏规范的食堂及其配套设施，学生们的营养问题十分严重。根据我们的调研收集到的信息发现，由于长时间得不到充足的营养供应，寄宿学生和非寄宿学生的身体素质较差，身高差距也由一年级的1.3厘米增长到了四年级的3.5厘米。有的学生一年级就开始上寄宿制学校，还不会脱衣服和洗衣服，只能穿着衣服睡觉，衣服也长时间不换洗，卫生状况很差；由于缺乏生活指导，学生们有的不洗脸、不刷牙、喝生水；由于有的寄宿制学校没有食堂，学生们还需要自

己准备柴火和干粮,租用小灶自己做饭;宿舍没暖炉、尿床没人管、厕所没灯、没有热水洗澡……这些现象在农村寄宿制学校十分普遍,严重影响了寄宿制学校学生的正常发育,是寄宿制学校在建设和运行过程中亟待解决的问题。

(六)教师流失问题严重,学校办学人员结构严重不合理

寄宿制学校本身的办学条件十分有限,而国家又缺乏配套的专项资金对寄宿制学校教师进行支持,这使很多寄宿制学校教师的基本生活难以得到保证,工作条件十分艰苦,因此,优秀教师大量流失的现象时有发生。由于在农村寄宿制学校难以维持自己的基本生计,愿意去民族偏远寄宿制学校工作的大专院校学生少之又少,严重影响了师资的输入。与此同时,原本坚持工作的教师们由于工资拖欠、生活长期得不到保障等原因,也不得已离开。师资力量的匮乏使得学生们的利益根本得不到保证。

此外,由于学校的布局调整,大量学校撤点或合并,教师们在竞争上岗中很多失去了教学资格,不得不转到寄宿制学校进行安置,造成人员的严重超编。即使是被安置好的教师,由于对新岗位缺乏认识和了解,还不能完全适应寄宿制学校的教学,使得办学结构失调,很大程度上影响了寄宿制学校的正常运行。

(七)学校建设布局不科学,生活设施建设不规范

寄宿制学校如何合理地布局,是寄宿制学校建设需要解决的最根本性问题。寄宿制学校在进行选择时,地理位置、交通、学校规模、生源分布、服务半径等诸多问题都要全面考虑在内,尤其在民族地区,还要考虑到民族间在宗教信仰、生活习性、风俗习惯等方面的差异。在我们的调查中发现,一些正在兴建或已经投入使用的寄宿制学校,仍存在布局不合理的问题,由于选址不得当,教育覆盖面积过大或者过小,学生招收太多或者生源不足,这些都影响了教育资源的有效利用,有悖于提高教育质量的初衷。

尽管新建的寄宿制学校都增添了不少的基础生活设施,但由于布局不合理,建设标准不统一的问题十分普遍。例如,许多学校还存在几十人住一间房的"大通铺"的现象,而与学生宿舍相配套的食堂、餐厅、厕所、浴室等建设都十分不规范,甚至部分学校缺乏这些基本的配套设施。

二 存在问题的原因分析

（一）自然环境恶劣

民族地区以农村为主，大都处于自然环境恶劣、地理位置偏远的山区，特殊的地形条件导致当地交通不便，人口疏密不均，给学校的布局带来极大的难度。在民族地区，一些少数民族很少与外界交流，以传承祖辈的基业为生，一片地区只有几户人家，他们获取其他生活用品需要走上几十里的山路，而学生们上学也极为艰难，常常需要翻山越岭，在往返途中耗费大量精力和时间。许多乡村小学办学经费紧张，生源稀少，较差的教学环境也制约了师资队伍的建设，许多优秀的老师迫于生计离开，合格的教师又难以招进，最终导致教学质量堪忧，办学效益低下。

（二）地方政府财力有限

样本地区都是贫困的民族地区，这些地区的建设和发展需要各级政府的财政支持，教育支出还仅仅是其财政支出的一部分，可见，省级政府在当地的社会经济发展过程中面临的财政压力是巨大的。省政府对于义务教育资金投入虽然只需承担20%的责任，但从总量来看，考虑到当地的经济社会发展状况，在义务教育板块投入20%其实是一笔数目庞大的资金，在财政资金本来就较为紧张的情况下，对于广西壮族自治区和贵州省来说实在是一个沉重的负担。省级政府迫于压力无法及时足额地拨付资金，到了地方县市级的层面又进一步加大了困难，教育财政资金挤占、挪用的现象屡见不鲜，严重影响了寄宿制学校的发展，阻碍了教育质量的提高。

（三）寄宿制学校布局不规范

20世纪90年代中后期开始，随着计划生育政策的落实，农村学龄人口不断减少和城镇化水平不断提高，我国农村地区，特别是中西部农村地区不少中小学生源不足，学校布局分散、规模小、质量低的矛盾日益突出。根据这种情况，我国农村地区特别是中西部农村地区开始了新一轮中小学布局的大调整。而布局调整所采用的具体模式大多是撤点并校，在交通不便的地方建立寄宿制学校。[1] 寄宿制学校的建设必须是和

---

[1] 范先佐：《布局调整后的寄宿制学校建设问题》，《新课程研究》（教育管理）2007年第6期。

国家布局调整相配合的，建设寄宿制学校需要将当地经济状况、人口分布、人口基数、学龄人口数以及当地的风俗习惯等因素都考虑在内，很多县市盲目扩大学校规模，不加考量地将学校撤并，增加了很多偏远地区学生上学的困难，增加了往返学校途中的安全隐患，同时也加重了家长的负担。因此，寄宿制学校的布局应当严格按照要求，将各方面因素都纳入考虑，规范其建设和发展。

（四）寄宿制学校管理制度不完善

寄宿制学校管理制度是学校依法民主、自主管理，能够促进学生、教职工、学校、学校所在社区的协调和可持续发展的一套完整的制度体系。由于国家大力推进寄宿制学校的建设，随着寄宿制学校数量的直线上升，寄宿制学校的管理成了一个非常严重的问题，不规范的校园管理，严重威胁了寄宿制学校学生的安全；不合格的教育人员，阻碍了学校教育质量的提高；不规范的食堂制度，影响了学生的营养；不严格的生活管理，制约了寄宿生的身心健康发展。本书针对这些现存的问题，提出了寄宿制学校标准化建设的相关意见，通过规范的建设和管理标准来保证寄宿制学校的建设和运行，以保障学生的身心安全，进一步提高民族地区的教育质量。

第四节　相关对策与建议

布局调整在整个义务教育事业发展中既是在宏观上调控教育资源，又涉及每个微观个体的切身利益。因此，结合布局调整工作中出现的自然的、体制上或者操作中产生的问题，提出改善民族地区义务教育布局调整的相关建议，科学规划学校布局，确立布局标准、寄宿制学校建设标准，提高义务教育教师队伍素养，提倡以人为本的权利保障。

一　科学规划民族地区学校布局

对学校进行合理的布局调整之所以异常重要，原因在于希望通过整合学校资源，扩大学校规模的方式，使教育资源得到高效的利用，减少政府不必要的开支，杜绝资金浪费，切实地改善和提高学校教育质量。20世纪90年代，在美国西弗吉尼亚州的一项研究发现，政府主张学校合并的举措不仅没有为纳税人节约数百万美元，反而在合并的过程中花费了超过 10 亿美元。这看似简单的追求高规模效益的背后，存在不少的问题，因此，如何科学地规划学校布局，提高规模效益值得深思。

对中小学进行布局调整，要分清层次，不能"一刀切"。在交通便利、经济发达的城镇和农村，我们要加大布局调整力度，将教育资源全面整合，做强做大教育，形成规模优势；在中等发达地区，则要开展小规模的适度调整，办中等规模教育，以保证学生能够就近入学为目标，把地理位置相对集中的学校进行合并和调整；在交通不便、偏远落后的民族地区，要保证当地每个孩子都能入学，以把学校作为文化传承基地为标准。总而言之，不论在哪个地区，布局调整的目的都是为了使孩子接受良好的义务教育，绝不能因为整体的布局调整而耽误学生的教育。

黔南州的多数县（市、区）凭借自身的财政能力是很难完成中小学布局调整任务的，都需要接受上级的支持和帮助。贵州省目前的整体教育状况还只是解决了"人人有学上"的问题，但面对义务教育深层次"人人上好学"的问题还未得到有效解决。所以，为了更好地解决义务教育深层次问题，中小学布局调整要因地制宜，考虑到各个地区、各个学校的实际情况。对具备调整条件的学校整合教育资源、合理地撤点或合并，对于不具备调整条件的，则要予以保留，适时地、有差别地推进计划，绝不能盲目操作，本末倒置。

二 确立民族地区中小学布局标准

1. 保障服务半径

由于民族地区学校布局调整造成学校减少，使民族地区义务教育的辍学率越来越高，违反了义务教育法。法律明确规定，父母必须履行自己的义务，送子女上学接受义务教育，义务教育阶段的学生要"就近入学"，以保障他们顺利完成学业。针对"就近入学"，有关部门作出的解释是：服务半径不超过 2.5 公里，最远不应超过 3 公里。尽管如此，一些民族地区在对学校进行布局调整时，还是忽视了对服务半径的保障，随意减少学校数量。为此，有关部门应当认真学习和贯彻 2010 年 1 月教育部颁布的《关于贯彻落实科学发展观进一步推进义务教育均衡发展的意见》相关规定，严肃对待学校布局调整，对尚不满足条件的地区，放慢布局调整的步伐，对于自然环境不利的地区，原则上小学低年级暂不撤并，撤并学校要积极听取群众意见。

2. 以"民族地区义务教育学校质量标准"为学校建设依据

民族地区义务教育的建设和发展，地方教育行政部门应当充分考虑相关数据，落实科学教育发展规划，制定科学的学校建立标准和教育发展规划。尽早建立农村学校的质量标准，从而为学校的长远发展和提高调整质量提供依据。而标准的制定要把民族地区人口密度、人口变化、地理位置、学校规模、教育覆盖面积等因素作为考量对象。

"民族地区义务教育学校质量标准"应至少要关注以下四个方面的内容：一是民族地区义务教育学校周边环境标准，针对社会环境和自然环境两个方面提出明确要求，把交通条件、地质灾害、治安环境等因素纳入考量范围，并进行强制性评估，申请拨款或扩建的学校必须各项达到评估指标的标准；二是学校校舍的建设标准，例如宿舍面积、浴室面积、生均教室面积、生均食堂等；三是针对学校软环境的建设制定标准，包括校园文化环境、校园规章制度等；四是对学校教师及其他工作人员作出明确规定，明确师资配置的标准，规定非教师岗职工的工作内容和范围。总而言之，为奠定民族地区良好的物质基础，提高民族地区义务教育质量，要将地区资源进行合理的充分利用。

三　明确寄宿制学校建设的标准体系

寄宿制学校标准化建设的基本标准的制定，对于规范寄宿制学校，提高农村教育质量，保障寄宿制学生的利益具有重要意义。本书仅对寄宿制学校的标准化建设做了简单探索，涉及的内容还较为浅显，具体量化标准的引入仍需要广大专家和学者进一步地深入研究。

1. 资金投入标准

建设寄宿制学校，首先需要充足的资金。完善寄宿制学校标准化建设的最大难题就在于各地政府在教育经费不足的情况下，如何能在保证正常教育支出之余，还有资金来投入其标准化建设。因此，寄宿制学校标准化建设的过程中，明确各级政府承担的责任，合理规划经费投入比例是非常重要的。

虽然国家在涵盖"两基"工程的地区每年都投入大量的资金，以支持寄宿制学校的建设，但各地区由于经费使用不当、分配不合理、挤占、挪用等原因，仍普遍存在资金匮乏的现象。为了让寄宿制学校能够顺利开展标准化建设，国家和各级政府都必须明确责任，合理分配资金的投入比例和数量，确保各类经费的落实。针对贫困地区，国家可以加大投入力度，承担更多的费用。对于教育经费使用的规定，在《国家西部地区农村寄宿制学校建设工程项目学校理暂行办法》中已经做出了详细的说明，教育经费的使用必须根据实际情况灵活处理，因地制宜，为了更有效地利用有限的资金，甚至可以不断完善现行政策，为政府承担的比例、资金投入来源、使用流程等制定严格的标准进行衡量。

2. 学校布局标准

寄宿制学校的建设必须是和国家布局调整相配合的，寄宿制学校的建设应该建立在明确的标准化体系基础之上，将经济基础、人口分布、人口基数、学龄人口数、民族风俗习惯等相关因素作为考核指标，并确定各项指标的比重。在设置好不同参数的基础上，运用系统的分析方法和工具来量化分析，用分析结果来确立寄宿制学校的建设地点。例如，不能把一个学校的服务半径固化为某一特定值，而是应该把学生上学的路程、是否有交通工具、地理环境等参数都作为考虑因素。要想真正地找到最适合的位置来建立标准化寄宿学校，设定有效的办学规模，提高教育质量和效益，就要通过一定的标准来量化分析。

3. 学校建设标准

在学校的建设中，学生的生活设施建设和学习设施建设是我们要考虑的两个主要方面。生活设施的建设，首先要考虑学生的宿舍和食堂建设，宿舍的建设要考虑当地的生活习惯和经济条件，按照统一标准来制定宿舍费用、宿舍面积、床位大小、热水的供应、厕所及其他设施的数量等；食堂的建设则可以参考国家颁布的《餐饮业和学生集体用餐配送单位卫生规范》、《学校食堂与学生集体用餐卫生管理制度》等相关文件，再根据当地的经济基础、学生数量、学生饮食习惯等来确定食堂的规模、费用标准和菜的种类。而学习设施的建设，最基本的是要保证学校教学及日常活动的顺利运行，在此基础上考虑学生身心健康发展的需求，尽力丰富其课余生活，按照统一的标准来合理分配学生的活动面积和辅助器材。

4. 人员配备标准

针对不同性质的学校工作人员，也应当分别制定标准，以保证寄宿制学校各岗位的规范化和师资队伍的专业化。具体而言，学校工作人员分为教学管理人员和后勤服务人员两类。教学管理人员的工作标准可以统一按照国家标准和相关的政策要求来进行安排。而对于后勤服务人员，要制定严格的职业资格标准，只有达标的应聘者才可竞争上岗，进行统一聘用和统一培训，绝不允许教学人员兼职或者由非专业人员代理，这些后勤人员主要有以下四类：宿舍管理员、生活教师、食堂管理员和卫生员。虽然学校的主要任务是教学，但是良好的后勤人员管理工作也是维护校园安全、保证教学任务顺利开展的必要条件，是寄宿制学校标准化建设中尤为重要的一个部分。

5. 学校管理标准

寄宿制学校管理标准的制定主要包括学校往返交通管理、寝室休息管理、食堂就餐管理和课余时间管理等方面。在管理标准的制定方面，要考虑学校的实际情况，从学生的切身需求出发，充分考虑学生的生活需求和教师的管理能力，以保障学校和寄宿生的共同利益为目标，来制定相应的校园规章制度和学生行为准则。在实行班级纪律管理制度时，就要依托这些准则，依靠班集体将这些日常管理规范落到实处。

四 提高民族地区义务教育教师队伍素养

提高义务教育阶段教育质量的根本在于加强教师队伍建设，提高教师素质。虽然通过学校的布局调整以及资源配置的优化，从整体上提高了义务教育水平，但从教师素质上来看，仍存在不均衡的现象。因此，为了保证学校教学质量的提高，必须不断强化义务教育学校的教师素质。

少数民族地区义务教育学校教师素质具体要从以下四个方面来改善和提升：一是由于民族地区义务教育的特殊性，最低要保证民族地区义务教育学校基本的日常教学任务；二是要提高民族地区义务教育学校教师的工资和福利，以此吸引更多的优秀教师加入，保留原有的良好师资，避免人才流失；三是建立教师考核机制，实行优胜劣汰，针对优秀的教师实行岗位编制、岗位晋升、提高薪酬和福利等激励机制，针对考核不合格的教师则实行有效的退出机制，只有这样才能有效地提高师资队伍素质；四是不断加强对民族地区义务教育学校教师的培训力度，争取培训覆盖面广、培训内容丰富、培训频次高。

总而言之，在民族地区义务教育学校的布局调整过程中，要重视师资队伍的建设，发挥教师的智慧，充分利用教师资源。努力提高教师的工资和福利待遇，实现教育经费来源渠道的多元化，做到分配合理、调拨及时，使教育资金的运行状况接受广大人民群众和教师的监督，真正实现资金使用透明化。

五 以人为本的权利保障

当前，我国教育事业的改革和发展，除了要解决适应国家经济和社会转型阶段的问题，还面临着教育自身的改革与创新问题。无论是从经济社会发展还是从教育本身发展的角度来看，当前的教育改革和创新必须坚持以人为本的理念，树立以人为本的教育观。在教育活动中，人无疑是处于中心地位的，教育的目的是塑造人，教育的主体和教育的对象也都是人。教育不仅肩负着传播"人是根本"这一理念的使命，使人们学会尊重人，理解人，关心人和相信人，还能够调动和发挥人的主观能动性，帮助人们发挥自身的才能。此外，与教育有关的教育管理、教学活动、教育内容等也都体现着对人的关注和尊重。在我国，义务教育法的立法就秉承了"以人为本"的理念，明确提出首先要保护儿童和青少年接受义务教育的权利。在具体的实施过程中，民族地区义务教育学校的布局调整应兼顾学生入学的便利性和群众对优质义务教育的要求。一方面，在综合考虑地理环境、交通条件、区域人口等因素的迁移下，结合学生的教育需求，尽力减少学生上学的难度。另一方面，则应从提高学校教育质量着手，因地制宜，确保学校布局的优化，最大限度地保障学生基本权利，促进民族地区义务教育的均衡发展。

第十章　依法治理：恪守民族地区义务教育财政支出绩效的规范机制

法治是一种治国手段，即依照法律制度治理国家。一个国家要实现法治，就必须满足以下两个条件：一是制定良好的法律，二是保证人们普遍服从制定的良好法律。2006年修订实施的《义务教育法》第2条规定："义务教育是国家统一实施的所有适龄儿童、少年必须接受的教育，是国家必须予以保障的公益性事业。实施义务教育，不收学费、杂费。国家建立义务教育经费保障机制，保证义务教育制度实施。"但是，民族地区还未专门颁布有关义务教育财政投入与使用等方面的法规，义务教育法制建设尚未完善，义务教育事业的法治化未能体现。

本章主要通过对黔南州三个县市义务教育财政支出及法治化情况的调查，分析其中存在的问题及问题存在的原因，探索民族地区义务教育财政支出法治化的有效路径。

第一节　民族地区义务教育财政支出的法治化概述

国务院于2004年颁布的《全面推进依法行政实施纲要》中指出："全面推进依法行政，经过十年左右坚持不懈的努力，基本实现建设法治政府的目标。"这个导向就是要使我国社会发展的重要目标定位成国家法治化的状态或者法治化的国家。国家各项事业的法治化，是建设法治国家的必要条件。

一　法治化的基本内涵

"法治"是依照法律治理国家的简称，"化"是性质或形态的改变，因此，"法治化"是改造和完善法律制度，为人的解放和其全面发展提供良好秩序，依法治国的一个过程。法治建设的过程中离不开人的因素，因为法律的制定和执行都需要人的参与。

本章主要以宏观的地方政府财政投入行为和微观的学校使用经费行为为研究对象，以宏观政策财政投入法治化和微观学校使用经费法治化这两个部分为落脚点。在实现义务教育财政支出法治化建设的过程中，应该清楚认识到以下三点：其一，要明确评判是非曲直的最权威的最普遍的价值标准是"法"，即法律，任何政党、组织及个人都应该遵守，并且法律的地位和权威是不允许被超越的，当权者也要依法治国；其二，要实现法治，离不开法律的形式化制度和运行机制；其三，教育事业法治化必须遵循"以法治教"、"依法办事"的原则与方式。

二 民族地区义务教育财政支出法治的基本特征

民族地区义务教育财政支出法治具有法律至上、法制完备、权力约束、权利保障、地区自治等基本特征。

法律至上，即任何政党、组织及个人都不能僭越法律，必须做到守法，按法律做事；政府权力必须规范，受法律约束。

法治完备，是法治建设的首要目标，也是法治国家的重要标志。可以从两个层面来阐述它的含义：从形式上来看，法律制度不仅要类别齐全、内容规范，还要使各个法律之间统一协调；从实质上来看，法律制度要与社会经济发展相适应，与社会发展的需求相一致。法律制度要易于人们掌握与运用，可在义务教育财政支出的各个环节依法进行，并在一定范围内防止法治目标建设中的偏差，有利于法治化的顺利进行。

法律制度是权力约束的最有效途径。原因有二：一是任何权力的行使一般都以法制为根据；二是在制约权力的规范中唯有法律具有国家强制力做保证。能否用法制科学而有效地制约义务教育经费支出过程中的违法行为，义务教育事业能否在全国范围内均衡发展，需要法制予以保障。

权利实现受权利和义务两个方面的制约，即履行义务和权利，并得到一定的保障。全体公民接受良好的义务教育的实现需要国家提供并保证质量，可见法治是保障公民受教育权的保证。

社会要处于良性的运行状态下，就必须将国家与社会适度分离。在行政区划分上也存在民族自治地区的划分，因此，国家不得超越法定的界限，保证民族自治地区的自治管理权力。

第二节 民族地区义务教育财政支出现状与法治化问题

国务院于 2005 年底下发的《关于深化农村义务教育经费保障机制改革的通知》中明确指出:"按照'明确各级责任、中央地方共担、加大财政投入、提高保障水平、分步组织实施'的基本原则,逐步将农村义务教育全面纳入公共财政保障范围,建立中央和地方分项目、按比例分担的农村义务教育经费保障机制。中央重点支持中西部地区,适当兼顾东部部分困难地区。"本章通过调查、访谈贵州省黔南布依族苗族自治州(黔南州)的三个县市,了解这三个县市在"新机制"实施以后有关义务教育财政支出各方面的具体情况,发现由于法治化的管理路径的缺失,相关政策落实的情况并不理想。

一 民族地区义务教育财政支出现状

补助寄宿生生活费、卫生新校园、公用经费、教师工资保障、寄宿制工程、校舍维修改造,是民族地区义务教育专项经费支出所包括的具体项目。第九章中已经阐述了寄宿制工程、校舍维修改造的相关情况,此处不再赘述。

(一)补助寄宿生生活费

农村贫困家庭中小学生"两免一补"政策实行后,贫困家庭孩子上学难、生活难的问题得到缓解。2008 年,我国城乡实现了学杂费全免,教科书经费得到减免,贫困学生寄宿生活补助有所增加。寄宿生生活补助的标准是依据家庭经济困难寄宿制学生人数核定的,以人性化补助为原则,按照每生每年在校 250 天来计算,为小学生 3 元/人/天,初中生 4 元/人/天。不仅让学生有学上,还为学生提供生活上的帮助,减轻学生家庭经济负担。从我们调查的三个县市的寄宿生生活补助情况来看,其补助标准是在逐年增长的。从图 10 - 1 中我们可以看出,S 县小学寄宿制学生的生活补助拨付数额明显增加。

S 县义务教育阶段学校在申请寄宿制学生生活补助资金时,既要列明受助学生的名单,还要提交预算,上报镇教育站,镇教育站根据上报的数目下发到学校的专门账户中,学校分期向学生发放。此种管理方式

第十章　依法治理：恪守民族地区义务教育财政支出绩效的规范机制 | 215

为报账制管理。

黔南州贫困寄宿生生活补助发放过程中存在补助金发放滞后的问题，学生补助的申请、批准是在每学年的上半学期，但是补助金的发放是在下半学期快要结束时。因此，学生享受生活补助的时间推迟，部分学生在本应享有的生活补助发放时因已经毕业而无法享受。

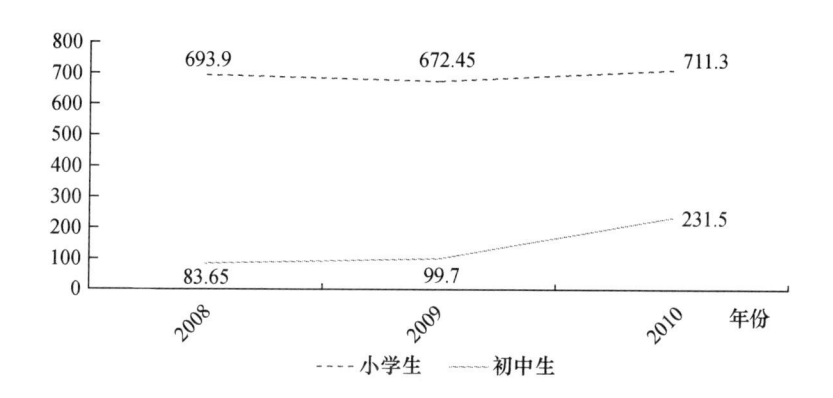

图 10-1　S 县寄宿制学生生活补助

资料来源：根据 S 县教育局提供资料整理而得。

（二）卫生新校园工程

学校是公共场所，校园的建设离不开良好的公共卫生环境。学校不仅要满足教学需求，还要为学生提供良好的卫生环境，因为卫生环境情况直接影响着学生的生活习惯与生理健康。以 S 县为例，其学校的住宿环境因经济发展相对滞后而比较简陋。但学校注意学生住宿的环境卫生，学生轮流值日，整齐有序地摆放各类生活用品，如饭盒、衣物、被褥等。通过对黔南州一市两县中小学的考察，发现学校基本上使用的都是旱厕，如厕卫生条件差。从黔南州教育局相关工作人员处得知，厕所卫生条件未能得到改善的主要原因是缺少改造资金。

（三）公用经费

1. 财政投入情况

公用经费在学校取消学杂费收费后成为学校唯一的可支配资金。以 S 县公用经费收入情况为例，从图 10-2 中我们可以看出，"新机制"刚实施的一两年，各级财政公用经费的补助收入都很少，主要由中央和县级财政进行分担，金额较少。2008 年开始，州级财政投入公用经费，2008 年州级政府的投入经费为 4 万元，2009 年州级政府的投入经费为 5 万元，2010 年州级政府的投入经费为 111 万元，2009 年至 2010 年增幅巨大。县级公用经费财政投入数额较低，但是呈持续上升的趋势。从整体上来看，2008 年开始，中央财政公用经费投入力度增大，省级财政公用经费投入呈稳定增长趋势，州级财政公用经费投入金额在县级财政投入中的占比为 45.54%，所占比例较低。

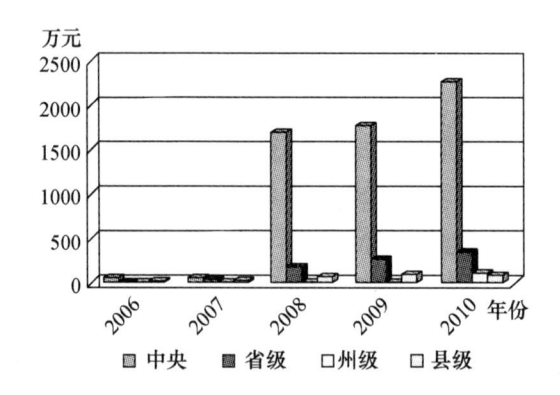

图 10 - 2　S 县各级财政公用经费补助收入

资料来源：根据 S 县教育局提供资料整理而得。

由于缺乏专项资金和其他资金来源，S 县部分教育辅导站于 2006 年至 2008 年 1 月挪用公用经费约 43 万元，用于其办公经费。这一做法违反了《贵州省农村中小学公用经费支出管理实施细则（试行）》第 6 条，将公用经费用于发放教职工工资、津补贴、学校基本建设、学校和偿还债务等方面，并未专项用于农村中小学公用经费支出。

表 10 - 1　　　　　D 县义务教育公用经费收入情况　　　　　单位：万元

	2006 年	2007 年	2008 年	2009 年	2010 年
中央和省级	1722.01			5176.47	6232.43
州级	0	-41.53	-53.90	-122.7	
县级	66.4	107.36	120.97	131.92	138.70

注：表内空格为数据不详，"-"表示欠款。

2007年，公用经费是由中央与省按8∶2下达的杂费支出，2009年起，中央和省级政府加大公用经费的财政投入；州级政府财政公用经费的拨付未能到位，存在欠款；县级政府承担着较大的公用经费投入责任，一直呈持续增加的趋势。

2009年，F市四级政府公用经费投入情况分别为：中央公用经费投入1366万元，省级公用经费投入201.62万元，州级没有公用经费投入，县级公用经费投入83.6万元。

2. 使用情况

教育局、教育站、学校和学生在年度义务教育经费申报、投入、指标分配和使用、管理的过程中存在信息不对称。义务教育阶段学校和学生对应得的义务教育经费指标、资金到位情况、使用情况等方面的了解少之又少，而教育部门完全掌握着这些信息，容易产生经费滞留、挤占、挪用等问题。

部分学校因教师队伍薄弱，向班主任、超课时上课、代课教师等提供奖励和补助，如节日慰问金、节假日加班费等，以增加教师积极性，提高教学水平。但是，这些费用都是从公用经费中进行开支。

（四）教师工资保障机制

教师工资由基本工资、绩效工资两个部分组成。在"新机制"实施后，黔南州逐步改善教师工资的问题，教师工资被拖欠、截留的现象已全部消除。为保证教师工资不被挪用、截留，足额到位，黔南州将教师工资列支为专项专款，基本工资可以足额发放，但"教师的津补贴"及"三险一金"由于缺少足额预算而存在未落实情况，教师的绩效工资因经济条件、政策文本规定、发放标准的不同而有所不同，与公务员工资水平有所差距。F市的完全中学由义务教育阶段和非义务教育阶段两个部分组成，非义务教育阶段教师的工资缺少政策保障与资金来源，不少学校会将义务教育经费中的部分资金用于非义务教育阶段教师的工资支付。我们走访的中小学中，不少校长反映教师绩效工资的激励作用十分不明显。

二 民族地区义务教育财政支出法治化问题

（一）相关法制建设滞后

1986年《中华人民共和国义务教育法》在第六届全国人民代表大会第四次会议上通过后，1995年通过的《中华人民共和国教育法》、

1994年通过的《中华人民共和国预算法》和1994年通过的《中华人民共和国审计法》等相关法律相继出台。但是，针对义务教育财政支出的专门法律并未出台，各地的政府、财政部门以及教育部门通常以发出通知的方式来规定义务教育财政资金的使用办法，相关部门在执行工作时存在较大的随意性，易出现违规行为，由于具体工作的展开缺乏法律依据，往往对违规行为也无从追究。

1. 预算管理不规范

中小学预算是国家各级政府拨付经费的重要依据，学校的改造、维护及长远发展都是由预算编制的质量来决定的。民族地区义务教育预算工作因主客观因素的限制而存在较为突出的问题。

（1）无专业预算编制人员。我们从黔南州一市两县的走访中发现，中小学预算编制工作通常是由校长和财务人员进行商讨，若都无异议即为通过，没有专业预算编制人员。虽然这些地区每年会为校长和财务人员提供相关的培训，但由于他们从未接受过有关会计业务的正规课程学习，培训效果不佳。同时，教育部门与财政部门之间不协调，中小学的预算编制工作缺少财政部门的指导与支持。在对S县两所学校的调查中发现，学校校长仍在挪用公用经费中的资金来进行危房改造，对国家危房改造专项补助毫不知情。在义务教育财政预算整个过程中，各县市政府相关部门对预算编制、审批、执行的具体要求不一致，各学校校长和相关人员的素质层次不一致。

（2）基本支出与项目支出缺乏具体界定标准。黔南州各县的财政部门对义务教育经费预算的审核、批准几乎不按程序来，甚至未通过县人大审议，基本支出和项目支出的界定模糊，没有具体的明确的标准。以维修费用项目为例，维修费用即修理、维护固定资产所需的费用，固定资产囊括较多，如各种建筑、教学设备、办公设备等，但是相关部门并没有明确界定固定资产中哪些属基本支出，哪些属项目支出，预算中也不包含意外情况，导致预算部门在实际工作中只能以资金的供求状况来定预算数额。

（3）编制预算过程不规范。义务教育阶段学校的党组织、老师以及学生家长几乎没有人对义务教育财政经费预算草案的起草、修改、定型、上报、批准提出质询和否决。通过对黔南州两县一市的调查，发现它们仅由学校进行义务教育经费预算的编制，只用来报告经费收支、使用情况。乱收乱用的现象因预算编制过程未遵循法定程序而时常发生，人的主观因素严重影响着预算执行的追加追减、审计决算等活动，相关部门运用预算程序来有效地规范、约束和监督义务教育财政预算十分艰难。

2. 学校财务管理体制不规范

"校财局管"财务管理体制，即对中小学学校教育财政资金收入和支出采取"集中管理、分校核算"的办法，以不改变学校经费使用权为前提，在县域内成立中心财务机构来对县域内各中小学学校的财务活动实行统一管理。在我们对黔南州的调查中发现，F市没有实行"校财局管"财务管理体制，导致其教育局及教育局下设的财务信息管理站点无法通过远程网络来实现核算职能、监督职能，中小学易出现教育经费挪用、挤占、截留，学校收支与财务制度不符等问题。

各中小学为了偿还"普九"、校园附属设施建设时的债务，会挪用义务教育公用经费。之所以各县行政部门和各中小学很难维持正常运转，是因为县级财政的实力有限，仅仅只能满足与国家农村义务教育经费保障机制相配套的经费，教育局及其相关部门和学校无法得到更多的县财政资金来填充办公经费。

S县不仅是我国唯一一个水族自治县，还是国家级贫困县，仅有不到10%的财政支出能自给，其余部分主要依靠上级转移支付补助资金。该县没有遵循农村义务教育"以县为主"管理体制的要求，未实行"校财局管"财务管理体制。部分县实施了"校财局管"财务管理体制，但依旧问题多多。其一，财政部门相关负责人抵触情绪明显，将该体制看成一种牵制，从而故意放松管理，甚至出现放弃管理的情形。其二，报账人员会计专业素质被忽略，不少单位认为报账会计只需要打杂跑腿，无须相关资格、能力。其三，部分单位领导对预算认识错误，预算编制随意、形式。领导们认为明年事今日无法预料，预算编制并不重要，仅交给财务部门来编制，其他部门并不参与，仅辅助性地提供相关数据，易导致编制出来的预算缺乏科学性、真实性。

3. 公示制度不完善

通过对黔南州两县一市的调查发现，绝大多数农村中小学在校舍维修改造过程中忽略了《农村中小学校舍维修改造专项资金管理暂行办法》的规定，没有实行项目预算、支出的公示制度。

（二）部分专项资金结构不合理

近年来，公用经费投入着重解决教师工资拖欠的问题，但中小学生活配套设施、教学配套设施的置办经费缺乏的问题并未得到解决。例如，绿化校园的资金、改善厕所条件的资金、教学设备资金、图书更新资金、新修教室宿舍的资金、增添学生床位的资金、提供教师住宿的资金等，都极为缺乏。在"地方负责、分级管理"的体制下，我国义务教育财政责任基层化，主要由地方政府来负担义务教育经费。这种体制引起了义务教育资源地区间分配不均的现象，主要有以下三点原因：其一，区域间经济发展水平不同；其二，县级政府财力差异明显；其三，中央及省级政府的财政转移支付力度小。

中央财政预算内经费对义务教育与高等教育的投入比例不平衡，义务教育缺少中央财政的资金支持。中央财政占财政预算内教育经费支出的比例极小，而这极小部分中的95%以上用到了高等教育，极少部分用到了中等教育，几乎没有中央财政预算内教育经费用到义务教育；98%以上的中央财政预算内教育基建支出用到了高等教育，义务教育却没有中央相关资金投入。义务教育不仅可以获得较高的社会收益，还可以减轻贫困、促进社会公平，但中央政府更倾向于将财政基建资金等公共财政投向非义务教育，而忽略了义务教育。

第三节　存在问题的原因分析

义务教育事业的发展受多种因素的影响，民族整体经济发展水平制约、宏观上保障义务教育财政支出的相关制度不完善、微观上经费使用的管理体制不健全是导致现有问题的主要原因。

一　民族地区义务教育财政支出法治化问题与思考

（一）经济发展水平滞后，地方政府配套不到位

教育对国民素质和国家的整体发展水平有着重大影响。国家和政府是公共利益的代表，政府通过公共财政实行财政职能，为公民提供公共产品，满足公共需要。因此，向义务教育事业提供财政支持也是国家的任务所在。政府在实行财政职能时要以相关法律为依据，按法律程序来执行。

以黔南州为例，黔南州有6个国家级贫困县，137个国家级贫困乡镇，是"欠发达、欠开发"的少数民族地区。没有财政支持，各项公共事业都很难展开。该州财政收入水平低、财政能力弱，仅仅只能保运转，义务教育能获得的财政经费少之又少。"新机制"实施后，地方政府承担的义务教育财政经费在逐年增加，但是事实上，地方政府财力有限，政府实际投入于义务教育的经费增长率要比本级财政经常性收入增长率低。经济水平低、政府财力差的地区，通常资金拨付不到位，出现很多问题，如厕所卫生条件差、学生住宿条件不达标、教师绩效工资无法产生激励作用等。政治文明的发展要求权力政治逐渐服从于权利，权力的最终目的是权利，它对权利起保障作用，权利的保障要以法治为依托。所以，对我国义务教育财政而言，要做到法治，就是重视法制层面的规则约束。

（二）法治观念淡薄

民族地区中小学学校的部分领导、财务人员财务知识薄弱、法治观念淡薄，通常注重教育经费的申报、教育项目资金的获得，以个人名义存取教育经费，不规范使用和管理经费，不能有效地对财务进行监管，不利于义务教育事业的法治化，不利于法治政府的建设。执行人员的观念、意识对政府部门的执法能力和水平有着重要影响，一方面不同的执行人员对相关法律法规有着不同的认识和理解，法律意识的水平就有所差异；另一方面相关人员的守法意识缺乏，制度需要法律的保障，若相关主体不能自觉地守法，想要维持制度是十分困难的。

（三）投入主体权责的制度安排缺失

国务院于2005年年底颁布的《关于深化农村义务教育经费保障机制改革的通知》中指出："按照'明确各级责任、中央地方共担、加大财政投入、提高保障水平、分步组织实施'的基本原则，逐步将农村义务教育全面纳入公共财政保障范围，建立中央和地方分项目、按比例分担的农村义务教育经费保障机制。"财政部、教育部于2007年下发的《关于调整完善农村义务教育经费保障机制改革有关政策的通知》中规定："各地要按照农村义务教育'经费省级统筹、管理以县为主'的要求，合理确定省级以下各级政府的经费分担责任。"2010年出台的《国家中长期教育改革和发展规划纲要（2010—2020年）》中提出："义务教育全面纳入财政保障范围，实行国务院和地方各级人民政府根据职责共同负担,省、自治区、直辖市人民政府负责统筹落实的投入体制。进一步完善中央财政和地方财政分项目、按比例分担的农村义务教育经费保障机制,提高保障水平。"这些关于经费保障机制改革的政策中都提到了要明确各级政府的责任。但事实上,各地都没有出台相应的政策来明确说明各级政府应负的具体责任及相关事项,如中央和地方共担的比例、违反规定的处理方法、资金到位时间等。各级政府间责任不明确,投入不及时,不仅会影响义务教育财政经费的使用效果,还会影响义务教育工作的开展。

(四) 支出行为缺乏法治制约

"新机制"实施后,只制定了与专项工作有关的规定,如专项资金核算办法、专项工作安排等,缺少与政府义务教育经费支出行为、学校使用与管理义务教育经费行为相关的行政法规。不少地区因此而未建立"校财局管"的财务管理体制。

财政部、教育部 2007 年下发的《关于调整完善农村义务教育经费保障机制改革有关政策的通知》中在说明要落实农村义务教育阶段寄宿生的生活费补助政策时提出:"中西部地区可在中央确定的基本标准的基础上,根据实际情况调高标准。"相关政策的执行者在实施中随意性较大,制定标准的科学性得不到保证。

再者,从微观上看,绝大多数中小学学校的财务人员缺乏会计专业知识,由教师担任,无法保证学校经费使用的规范性和完整性,如白条支出、最终结余情况单用现金流水来反映、财务会计不规范等。

(五) 监督机制不健全

要保障经费及时落实到位、按规定进行使用和管理,就必须要加强监督。只有通过建立地方政府教育经费财政投入监督检查机制,将教育经费投入纳入地方政府的业绩考核指标体系,让地方政府官员必须对教育经费投入不足、不到位、被挤占、被挪用等违法行为承担相应的法律责任,才能确保地方政府教育财政投入足额及时到位与高效发挥作用。[1]在实地调查中发现,不少中小学学校依旧存在配套资金不到位,挤占、挪用资金的现象,主要原因就在于未建立起有效的监督机制,无

---

[1] 吴彩虹、全承相:《地方政府教育财政投入监督机制及其完善》,《湖南师范大学教育科学学报》2012 年第 3 期。

法明确监督的具体内容，包括：监督者和实施者各负何责？实施监督的方案是什么？如何处理问题？监督者和实施者之间是怎样的关系？

二 民族地区义务教育财政支出法治化建设的思考

我国各地区有着不同的地方管理体制、经济发展水平和文明开化程度等，但民族聚居地区却有着相似之处，存在共性。如民族聚居地区大都处于边远的牧区、库区、山区，人口数量都较少，民族群落相交叉，经济发展状况相似等。因此，本章虽是对黔南州的义务教育财政支出现状进行个案调查，却依旧可以为其他民族地区提供经验，为进一步完善民族地区义务教育财政投入与使用法治化提供指导。

(一) 民族地区自治制度是民族地区特有的制度保障

我国民族区域自治制度的特色就在于民族自治地方的自治机关有民族化和自治权。我国现行《中华人民共和国宪法》第2章第4条中规定："各少数民族聚居的地方实行区域自治，设立自治机关，行使自治权。各民族自治地方都是中华人民共和国不可分离的部分。各民族都有使用和发展自己的语言文字的自由，都有保持或者改革自己的风俗习惯的自由。"《中华人民共和国民族区域自治法》第2条规定："各少数民族聚居的地方实行区域自治。"第4条规定："依照宪法和本法以及其他法律规定的权限行使自治权，根据本地方的实际情况贯彻执行国家的法律、政策。"民族区域自治的核心就在于自治权，表现在民族化，即实行财政自治以建设特色鲜明的政治环境、改善落后的经济发展水平。州政府必须有效地分配有限的财政资源，在统筹分配全州财政资源时，要适当地向民族县倾斜，以保证民族自治地方各民族成员之间公平分配教育财政资源，促进社会公平。

(二) 加大经费投入力度是实现义务教育均衡发展的保证

教育经费是国家用于发展各级教育事业的费用，是以货币的形式支付的教育费用，是办学必不可少的财力条件。"新机制"实施后，从整体上看，义务教育财政经费，如上级所拨各类专款、公用经费实际支出、生均教育事业费、预算内普通教育费、地级公用经费配套资金等，呈逐年递增趋势，但稳定的增长机制还未形成。我国农村义务教育财政管理体制强调"以县为主"，州政府经费投入、管理体制方面的责任架空，由县政府肩负。县政府的财力十分有限，仅能保全县运转，很难做到按时足额发放财政补助、加大对义务教育财政的投入。

(三) 省、州级政府应是地方义务教育投入的主体

由于转移支付力度的加大，西部地区受到财政投入政策照顾。县级政府在义务教育"分级管理，以县为主"的管理体制下相应地承担财政投入责任。在调查的地区中，仅有 F 市自然条件相对较好、财政来源相对稳定，其他县域财政来源不稳定，财力薄弱。县级地区不仅经济基础薄弱，相关的财政管理体制也不健全，如未按要求制定经费管理实施细则。因此，不少民族地区义务教育配套资金因财力有限、管理混乱而无法足额按时发放，不利于民族地区义务教育的健康发展。

(四) 预算法治是义务教育财政支出的法治依据

预算对于立法机关而言，不仅明确规定着财政支出的范围、目的等，还为财政支出的整个过程提供监督依据。依照法律，义务教育阶段各中小学都应上交预算报告，预算报告应该包括有关义务教育财政投入的各个事项。同时，义务教育财政预算的内容要向公众公开，让民众及其代表实行质询、监督等相关权利。

预算对于决策者而言，是落实财政政策的工具。政府通过预算来分配各项支出的财政资金数额，并以支出重要性程度来决定分配顺序。要提高财政支出的绩效，就必须注重预算项目支出测算的科学性。

(五) 审计法治是资金有效使用的保障

《中华人民共和国审计法》第 2 章第 9 条规定："地方各级审计机关对本级人民政府和上一级审计机关负责并报告工作，审计业务以上级审计机关领导为主。"民族自治地方政府享有管理经济、文化、教育等事务的自治权，民族自治地方审计机关不仅要受上级审计机关的领导，还要受本级地方人民政府的领导。因而，多层行政体制相互叠加的关系形成。《中华人民共和国审计法》总则第 2 条指出："审计机关要对相关的财政收支或者财务收支的真实、合法和效益，依法进行审计监督。"但却未提及具体的实施方案，法律授权还不够明确，无法为具体开展审计工作提供明确的法律依据。

第四节 相关对策与建议

义务教育财政的落脚点就在于将有限的义务教育资源进行最有效的

配置，最大限度地满足公民接受义务教育的需求。高效配置资源要做到以下几点：首先，拨款主体与用款主体要提高法治化意识；其次，实现义务教育财政预算法治化；再次，建立完备的义务教育财政管理机制；最后，实施校长负责制，规范中小学经费使用。

一 增强义务教育财政支出法治化意识

（一）确立法治终极目标

我国的传统思想中缺少主体意识和自觉意识，公民在社会生活中往往很少关注到自身的合法权利。我国学者姚建宗认为："法治是全体社会公众共同参与的一项正义的事业，它反映的是社会公众强烈的主人翁独立意识与自觉意识，表达的是社会公众的积极性与主动性。"① 因此，要实现义务教育财政的法治化，当务之急就是要培养公民的主体意识和权利意识，明确义务教育法制建设的终极目标——保障每个孩子平等地享有优质的义务教育资源。要培育和巩固公民的法治意识，真正实现义务教育财政法治，要树立以下观念：第一，每个受教育者都要正确认识法律，明白法律能有效维护自身权利，而不是外在强加于自身的力量，从而遵守法律；第二，公民要了解国家是为人民服务的组织体；第三，参与义务教育工作的相关人员不仅要依照法律办事，还要向每一个受教育者给予关爱和尊重。

（二）保障贫困边远地区公民的权利

从法理的角度来说，公共产品和福利是每一个公民都有权利享有的。大部分民族地区处于偏远的牧区、林区、山区，经济相对滞后，十分贫穷，其公民的生活水平、收入水平与其他地区的公民有着较大差异。处于经济发展不平衡的发展中国家都会出现这一现象。因此，要实现义务教育财政预算法治化就必须要以法制机制来调整义务教育资源的分配，为贫困边远地区公民权利的实现提供制度化保障，减少贫富差距，减少地区间的不平衡。

因而，在完善义务教育经费保障机制时，一方面，民族地区、经济发展落后地区的公民应被纳入到法制保障的范围。另一方面，民族地区、经济发展落后地区的公民应该公平地得到最基本的义务教育资源，并且应该规范政府的财政供给行为，使其有法可依。

---

① 姚建宗：《信仰：法治的精神意蕴》，《吉林大学社会科学学报》1997年第2期。

二 使用主体权责界定的法治化

校长的治校能力在一定程度上决定着一个学校发展的好坏。1980年,校长负责制由萧宗六教授提出,30多年来,改革和推进校长负责制是一个系统工程,包括思想观念的转变、相关体制的改革、教职工和学生的切身利益的实现,既复杂又艰巨。

(一) 重构校长负责制内涵

校长负责制是学校领导制度,行政领导主体是校长,在国家和社会的委托下行使行政领导管理职能,全权代表学校,全面负责学校的各项工作,包括:贯彻执行党和国家的教育方针,管理学校日常教学活动与行政活动,依法协调学校内部、学校与外部的关系,促进学校工作目标的实现等。2005年年底国务院下发的《关于深化农村义务教育经费保障机制改革的通知》指出:"全部免除农村义务教育阶段学生学杂费,对贫困家庭学生免费提供教科书并补助寄宿生生活费。"这是我国校长负责制的重要转折点。随着免费义务教育政策的推行,校长负责制有了较大的转变,校长的管理权限有所改变,职能也随之发生了改变。不再是以党代政或着眼于经费筹措的校长负责制,而是着重于学校教学质量、教师人事管理、校本研修、学校经费预决算的校长负责制。

从法源角度来看,我国校长负责制始于1985年颁布的《中共中央关于教育体制改革的决定》,该决定规定:"学校逐步实行校长负责制。"中共中央于1993年初印发了《中国教育改革和发展纲要》,其中第17条对校长负责制有了进一步的规定:"中等及中等以下各类学校实行校长负责制。校长要全面贯彻国家的教育方针和政策,依靠教职员工办好学校。"随后,我国为了进一步发展教育事业,《中华人民共和国教育法》于1995年9月开始施行,其中第30条规定:"学校的教学及其他行政管理,由校长负责。"2006年,校长负责制正式以法规形式得以确立,《中华人民共和国义务教育法》第26条规定:"学校实行校长负责制。校长应当符合国家规定的任职条件。校长由县级人民政府教育行政部门依法聘任。"

(二) 明确校长职责与权限

在义务教育财政支出法治化的过程中,必须明确校长的职责与权限。校长每年必须要在校内外公布义务教育公用经费的使用情况,至少两次；校长还要结合相关义务教育政策、学校实际情况来组织制定内部财务管理办法，并上报到县财政局、教育局，进行备案；在编制学校的年度决算前，校长要了解预算的执行情况，对该年度的预算数、拨款数进行核对，同时，还要以年度预算批复为依据，清理学校的各项收支款项。收支款项清理的过程包括：其一，如实入账本年的各项收入，及时足额缴存财政专户资金；其二，以规定的支出项目和核算科目为依据，如实列支本年的各项支出；其三，及时清理各往来款项，如借出款、借入款、暂付款、暂存款等；其四，全面清查盘点各项财产物资，及时入账本年通过政府采购的资产，如图书、设备等。

我国义务教育资源的承载者和文化的传播者之一，就是中小学校长。一名优秀的中小学校长，既要把办好学校作为追求，还要明确自身的职责和权力，使用有自身特色、与学校发展相适应的领导风格和管理模式。由于学校各管理层间在信息量和管理经验上存在一定的差距，中层管理者与教师未能准确地领会和执行相关政策，为保证学校健康发展，校长需要协调各层级间的关系，与学校教师共享现有的管理知识。

三 明确义务教育支出管理体制

（一）确立政府责任机制

以往提到的政府责任都是抽象意义的，即在进行社会管理时，政府就自己的行为主动向人民负责。实际意义上的政府责任缺乏。实际意义上的政府责任指的是各级政府要向义务教育阶段的学生提供义务教育财政经费，在义务教育投入过程中若存在损害公民及其他相关主体权利的行为，应公正地、及时地得到有效的法律制裁。在义务教育财政支出法治化的过程中，各级政府的投入行为要凸显义务教育免费性的特点，应受法律制度的控制，建立完善的财政投入公开制度、财政审计制度，让国家权力得到约束和监督，防止越权、滥用职权的现象。在义务教育财政投入法治化的探究中，建立政府责任机制是处理好政府与公民关系的基础。

（二）理顺财政部门、教育职能部门和学校三者关系

要建立完善的义务教育支出管理体制，就必须在明确政府责任的基础上理顺财政部门、教育职能部门和学校之间的关系。政府掌握较多的有关义务教育资源配置的信息，服务于公民，满足公民接受义务教育的

需求。财政部门主管财政，依照相关法律对义务教育财政相关内容进行指导、管理和监督。为确保安全有效的学校财政收支，财政部门要对义务教育阶段各学校财政收支的执行过程进行监督，以推进义务教育事业的健康发展。教育职能部门主管教育，必须了解义务教育的特点以及义务教育发展中的困难与重点。因此，政府、财政部门应与教育职能部门进行合作，相互交换有效信息，以减少工作重复与相互推诿的问题。

相关部门应对义务教育阶段各学校实施有效的管理与监督。第一，应建立完善的学校财务会计制度、经费使用内部控制制度，为学校管理教育公用经费提供制度保障。第二，为防范学校的财务风险，应推进学校经费管理的信息化，建立教育经费基础信息库。第三，完善经费使用绩效评价制度，对各义务教育项目进行考评，及时发现教育经费使用过程中存在的问题。第四，建立起完备的国有资产配置、使用、处置管理制度，提高学校国有资产的使用效益。第五，加强对义务教育经费使用状况的监督，保障教育经费监督管理机构职能的发挥，以保证义务教育经费能安全、规范、有效地被使用。

四 加强预算管理，制定相关政策配套措施

公共部门义务教育资源配置的机制不同于私人部门，私人部门是通过市场价格机制来实现资源配置的，而公共部门是通过义务教育财政预算法治来实现义务教育资源的有效配置，以实现公共财政的目的。2010年颁布的《国家中长期教育改革和发展规划纲要（2010—2020年）》第58条指出："坚持依法理财，严格执行国家财政资金管理法律制度和财经纪律。建立科学化精细化预算管理机制，科学编制预算，提高预算执行效率。"各相关部门要按以上要求来加强经费管理。

（一）编制《农村中小学义务教育预算编制实施细则》原则

预算编制实质上是公共利益的享有者的选择，是真正实现免费义务教育的前提，是义务教育经费落实并得到有效使用的保障。我国现行《中华人民共和国民族区域自治法》第19条指出："民族自治地方的人民代表大会有权依照当地民族的政治、经济和文化的特点，制定自治条例和单行条例。自治州、自治县的自治条例和单行条例报省、自治区、直辖市的人民代表大会常务委员会批准后生效，并报全国人民代表大会常务委员会和国务院备案。"因此，黔南州可以根据本地区经济、教育、文化的实际情况制定《农村中小学义务教育预算编制实施细则》单行条例，黔南州的各个县可以此为编制依据，结合自身实际，完善农村中小学校预算编制制度，为义务教育专项资金的落实和使用提供保障。

(二)《农村中小学义务教育预算编制实施细则》内容

1. 明确各相关人员职责

审计部门应对义务教育经费进行一年一审，并积极完善义务教育财政经费的投入公示制度与审计制度，来保障及时落实、依法使用义务教育经费。为规范分配和管理教育经费，财政部门与教育部门应共同下文来合理配置中央、省拨付的公杂费和县级拨付的配套经费。

专门财务信息管理中心、县属学校财务信息管理站点工作人员的工作职责应明确列出，他们主要是负责本财务信息管理中心（站点）的各项工作，敦促相关工作人员依照《中华人民共和国会计法》及相关会计制度、财务规则来执行工作。

一方面，乡镇各学校要加强农村中小学校长与财务人员相关专业知识的培训，提高财务专业素质，遵守财经纪律，依照义务教育财政经费预算来严格执行各项支出。另一方面，乡镇各学校的报账员为学校事业的健康发展提供后勤服务，须具备专业素质，熟悉计算机操作，热爱本职工作，依照相关的方针政策、法律法规办事。报账员的人选要通过县教育局的审批，不得随意变更。学校若因特殊情况需要更换报账员，必须上报县教育局，在获得县教育局的批准后即可进行交接。

2. 预算内容合法性

从上文对义务教育财政预算工作现状的阐述来看，民族地区中小学预算公开内容粗略，预算工作进展失衡。要实现义务教育财政预算法治化还需一定努力，各中小学应该以本县加强农村义务教育财政预算管理的实施办法为依据来编制预算。民族地区农村中小学教育经费预算包括两个方面，即收入预算与支出预算。具体来说，收入预算主要有事业收入、财政补助收入、勤工俭学收入和其他收入；支出预算主要有两部分，即基本支出和项目支出，基本支出涉及面广，包括公用支出、人员支出以及对个人和家庭的补助支出。各中小学在编制预算时应遵循真实性、科学性、完整性、重点性、绩效性、透明性的原则，做到如下几点：其一，为预算的编制做好准备工作，统计学校的基本情况，收集、整理和审核相关资料和数据，并填写《学校基本情况表》。其二，根据预算编制的相关要求，在了解学校基本情况的基础上填制《学校收入/支出预算表》。其三，为满足学校经费需求，各学校在每个月月初应填写《学校用款计划申请表》；为了解学校预算的执行情况，各学校在每个季度末都应填写《农村中小学预算执行情况表》。其四，各学校若有当地政府采购目录的支出项目，都要及时填制《政府采购预算表》。其五，编制的预算应收支平衡，不允许赤字预算。

3. 预算程序合法性

民族地区义务教育阶段学校是教育局的二级预算单位，各中小学在编制预算时，可以以现行部门预算编制程序为依据，以黔南州 D 县关于农村中小学预算编制规程为借鉴，结合各县实际，采用"二上二下"的预算编制流程。

4. 预算执行合法性

农村中小学应向县教育局提交预算执行计划，以预算资金用途为依据来填写《学校用款计划申请表》。县教育局应按程序对中小学的各类支出进行汇总和审核，再报送财政局审核后办理资金拨付手续。

农村中小学在执行预算时，应严格依照批复的年度预算方案。原则上，不允许做出调整。但是，若出现对学校正常教育教学活动有直接影响的不可预见因素时，如自然灾害、国家政策变化等，中小学可以提出调整预算的请求。

5. 规范农村中小学决算

农村中小学的年度决算是反映学校一定时期预算执行结果、财务状况和事业发展成果的总结性书面文件。从原则上来看，核算预算执行状况的学校或单位应依照财政局、教育局的相关要求，统一编制年度决算。

6. 实行学校预算公开制度

社会公众约束和监督教育行政行为的基本条件是公开学校预算。我国政府预算公开性低、透明度低，极大地影响着我国民族地区义务教育财政预算的公开程度。地方政府、部门及相关单位在经历财政体制的改革后，财力和财权都有所增加。它们通常会通过某些方式来刻意隐瞒其财政收支状况以维护自身利益。这种做法使得学校预算更加模糊，数据出现造假，仅有极少数的领导了解真实数据。义务教育财政预算因缺乏公开性而直接导致滞留、挤占、挪用预算经费的现象。因而，必须要完善义务教育财政预算公开机制，细化预算公开的内容，扩大预算公开的范围，让依法理财、依法行政的水平不断提升。

7. *严格实行预算编制的审计制度*

（1）强化民主监督。我国现行《中华人民共和国预算法》第21条规定："县级以上地方各级人民代表大会常务委员会监督本级总预算的执行；审查和批准本级预算的调整方案；审查和批准本级决算；撤销本级政府和下一级人民代表大会及其常务委员会关于预算、决算的不适当的决定、命令和决议。"因此，县级以上地方各级人民代表大会常务委员应审查并监督该县中小学预算的编制、批复、执行情况，以及义务教育财政支出情况；审查和批准本级义务教育财政经费预算的调整方案；审查和批准本级义务教育财政经费决算；撤销本级政府和下一级人民代表大会及其常务委员会关于义务教育财政经费预算和决算的不适当的决定、命令和决议。

（2）完善内审工作。为加强民族地区义务教育阶段各个学校的内审工作，中小学应该以《农村中小学预算编制实施细则》为依据，成立公用经费使用监督小组，落实财务公开制度。公用经费使用监督小组应及时发现学校在教育经费管理和使用过程中存在的问题，并及时提出解决建议，敦促学校在规定期限内完成整改。教育局应对超出限期未能整改、屡次犯错、所犯错误性质严重、影响面广的相关工作人员给予行政处分。

我国地方教育财政特有的财政现象是民族地区义务教育财政，即国家拨付中小学所需的日常经费和专项经费。它的产生和存在是具有现实基础、政治基础和法律基础的。民族地区落后的生产力发展水平是其现实基础，民族区域自治制度是其政治基础，《中华人民共和国宪法》、《中华人民共和国民族区域自治法》是其法律基础。实现公平的重要手段之一是保障义务教育财政支出的规范化，基于这样的考虑，以贵州省黔南布依族苗族自治州义务教育财政支出的个案认识到义务教育财政法治化的必要性和紧迫性。到目前为止，我国并没有专门的义务教育支出法规来对义务教育财政转移支付行为进行规范，易出现诸多问题，如各级义务教育财政拨款在逐年增多，但相关经费并未及时落实到位。因此，应采用法治手段来规范义务教育财政经费的使用。要逐步走向义务教育财政支出法治化进程，就应树立起法治的思维模式，即指引主体理智、科学和均衡地进行行为选择。要保障公民平等地享有受教育权，要实现人全面发展的目标，就要走民族地区义务教育财政支出法治化路径。

第十一章 国情聚焦：我国义务教育财政支出的特别扶持制度

第一节 处境不利地区与处境不利人群

一 处境不利地区

亚太地区的绝大多数国家是发展中国家和不发达国家，即使在发达国家（如澳大利亚）和发展中国家（如泰国、中国等）也有一部分不发达地区。关注处境不利地区，无疑是这些国家发展战略中不可缺少的部分，实际上，处境不利地区各项事业的落后，已严重影响了各国人口素质的提高和经济社会的发展。因此，处境不利地区理所当然地引起了各国政府及国际组织的高度关注。[1]

有学者探讨特困线、贫困线问题，提出以收入多少元来划线。这些研究比较侧重从生活消费的角度来定义贫困，把由于经济收入低，不能满足衣、食、住等基本需求的生活状况称为贫困。那么我们在界定社会处境不利地区时，是否就仅以此为标准呢？恐怕未必尽然。贫困、贫穷属于社会处境不利，但社会处境不利并不只是经济上的贫穷。人们的生活差距在相当的程度上还表现在文化消费上。也就是说，社会处境不利不仅是一种经济现象，而且是一种文化现象，即它不仅表现为低收入、低生活水平、物质消费以及简陋的居住条件等，从更深层的意义上讲，它也表现为贫穷的思想、贫穷的价值观等文化现象。所以我们说，所谓社会处境不利地区是经济、社会、文化等诸方面落后的集合，是由低收入造成的缺乏生活（物质、精神两方面）所需的基本条件以及缺乏发

---

[1] 马培芳：《处境不利地区发展初等教育的有效方法》，《兰州学刊》1991年第2期。

展动机、能力和手段这样一种生存状况，即经济条件和文化生活状况等方面均在社会上处于劣势地位的地域。①

二 处境不利人群

（一）处境不利人群的界定

第二次世界大战后的20世纪50—60年代，在各国经济、社会发展过程中，必然触及教育的发展。人民希望得到尽可能多的受教育机会，不分性别、社会阶级和种族都应具有受教育的权利，已经成为各国谋求教育民主化的一个重要方面。1945年10月生效的《联合国宪章》前言强调，男人和女人在大国和小国均享有平等的权利，1946年建立的联合国教科文组织，是联合国在教育方面的一个最重要的特设机构。教科文组织关注由于战争失去教育机会的人群，旨在促进国家之间科学与文化的发展和交流，帮助不发达国家教育的改革。

第二次世界大战后，发达国家的教育在战前教育发展的基础上得到更迅速的发展。大多数发达国家战前已普遍普及了初等义务教育，有的国家已在普及中等教育。而在发展中国家，由于战后获得独立和解放时，经济基础薄弱，教育不发达，传统观念和宗教束缚等多种原因，造成居民中受教育的人口比例相当低，特别在妇女、儿童等不利人群中普及义务教育的任务更显得十分严峻。1948年联合国大会通过的《人权宣言》第26条明确规定"教育，至少初等教育和基础教育是免费的"，"初等教育是义务的"。尽管国际组织宣言中的这些规定郑重提出了教育权是一项基本人权，但其实施过程仍然存在许多困难。

20世纪50年代中期，随着独立国家数量的日益增加，教科文组织开始将工作重点转向不发达国家。以各种形式提供援助，为不发达国家教育的各个重要方面建立实验和培训站。1951年在墨西哥建立了热带国家基础教育教师培训机构。1960年东南亚的卡拉奇会议，1961年非洲的亚的斯亚贝巴会议，都是为了帮助各国制订教育发展计划，实施普及文化教育的方案，实验普通教育和技术教育方面的课程和方法。对于刚刚独立和解放的发展中国家来说，虽然殖民经历不同，文化基础不同，文化传统各异，但是在发展国家经济时，人力资源的教育水平亟待

---

① 叶存洪：《社会处境不利地区及人群教育问题的思考》，《江西教育科研》1995年第2期。

提高却是各国面临的共同问题,必须把普及初等及中等义务教育提到日程上来,只有普及教育才是实现发展经济、继承和保留文化特性等目的的基本工具。

发展中国家由于经济基础薄弱,教育落后,加之亚非拉美一些国家传统观念和宗教束缚,在实施义务教育过程中,出现了不利人群问题;发达国家由于本国经济的发展不平衡,成因地理状况、固有的习俗和传统以及人为的种族歧视等因素,也会在义务教育过程中出现处境不利人群。所谓处境不利人群系指因受性别歧视使受教育机会不被重视的女童,偏远经济落后地区、农村地区的儿童,由宗教和种族歧视使儿童处境不利不能接受教育,战争和自然灾害等重大灾难中难民儿童难以接受教育,残疾儿童的学习机会未得以满足,以及在发达国家同样存在的有色人种受教育问题,发达国家内部地区间教育不平衡状况使一些儿童的义务教育遭到忽视。

(二) 国际社会改善处境不利人群的努力

1. 国际社会有关儿童权利的政策

国际社会从 20 世纪 50 年代就开始重视对不利人群的教育扶持制度,以促进义务教育的普及与提高。1959 年 11 月 20 日,联合国教科文组织公布了《儿童权利宣言》,在前言中开宗明义地指出:每个人不论其肤色、人种、语言、宗教、政治信念、民族和社会出身、现有状况如何,都应该具有充分的人的基本权利,充分的人的尊严和价值,最大限度地促进社会进步,改善生活条件。要关注儿童,他们的智力和身体处于不成熟阶段,需要特别的保护和关心。宣言倡议逐渐实行对儿童权利的特别保障和爱护,其中一条原则即是儿童应具有接受教育的权利,这种受教育权利,至少在初等教育阶段应该是义务强制的和免费的。应该保证儿童受教育,以促进其综合文化发展,使其在机会平等的基础上,发挥自己的才能和个人的见解,意识到自己的才能和社会责任,成为对社会有益的人。

1959 年联合国教科文组织公布的《儿童权利宣言》作为儿童权利的一个法律,对各国提出了有关儿童保护和发展的法律职责,是具有高度国际规范性的法律文件,有充分的教育意义。1960 年 12 月,联合国教科文组织在巴黎召开第 11 次大会。大会的主要议题是:同教育方面的不平等作斗争。关于"不平等"这里包括了种族、人种、肤色、宗教、民族、政治或某种信念、社会出身、经济状况以及出身等方面造成的在教育方面的事实上的不平等和歧视状态。联合国教科文组织希望依照不同的国家所实施的教育的不同体系，不仅要消除所有教育方面的不平等，同时鼓励各国在教育上所作的努力，例如为人民创造教育机会，制定相应的法律条文，关闭单独为某个集团或阶层服务的各级各类教育机构，建立或保留为不同群体开设的学校或教育的不同体系以保障居民都有平等的受教育机会，包括具有同样相当水平的教学人员、相同质量的设备。

同时还指出，各国应实施符合本国条件和情况的教育方面的机会平等，包括做到初等教育实行免费和义务教育，以公共财产的形式以不同的方式实施中等教育。

各国特别是发展中国家，在国际社会和组织一系列有关在义务教育中解决不利人群的有关法规、条文和政策敦促下，加之发展中国家本国政府的努力和大力扶持，非洲和亚太地区国家在实施义务教育过程中特别是扩大对女童、贫困地区儿童的学习机会方面，取得了长足的进步。许多国家在20世纪50—60年代实施国家发展计划，不断改进和扩大初等义务教育并适时地将义务教育年限逐渐延长，偏远地区兴建小学使小学入学率不断提高。

2. 国际社会在女童教育方面所作的努力

第二次世界大战以后，出现了一大批新独立的国家。这些新兴的发展中国家在谋求国家经济发展过程中，必须先发展教育。在努力扩大各级各类教育中，特别是在基础教育中的女童教育受到更多重视。但由于发展中国家女子教育基础薄弱，一些阿拉伯国家由于传统观念和习俗等各方面影响，女子教育的基础近于零，加之经济基础的制约使得女子教育发展缓慢。发展中国家女童教育的任务仍然十分严峻。1975年是联合国的国际妇女年，当年在墨西哥召开的第一次世界妇女大会通过了《世界行动计划》和有关男女平等的《墨西哥宣言》。同年12月，第30届联合国大会通过决议，宣布1976—1985年为联合国妇女十年。总目标为平等、发展与和平。20世纪70—80年代，在世界范围内，各级教育的女生人数都有明显的增长。到80年代中期，北美洲、拉丁美洲及加勒比地区、欧洲与苏联以及大洋洲，在初等教育及中等教育阶段，随着义务教育的普及年限逐渐提高，女童接受平等的教育已成为事实。亚洲和非洲，女童入学人数呈明显增长的趋势，但是女童旷课及由于多种原因造成的高辍学率，仍然是国际社会不容忽视的一个焦点，到1990年在泰国的宗滴恩举行的世界全民教育大会，150个国家和地区1500名代表通过的《世界全民教育宣言——满足基本学习需要》的报告，大会所作的总结中指出，在亚洲和非洲，小学女生的注册率仍然低于男生。非洲6—11岁的学生中，男生为69%，女生为56.3%。在一些战乱国家如阿富汗等国，这方面的差距更大。因此，作为处境不利人群的一部分，女童教育还不容乐观。

第二节 我国义务教育财政支出的特别扶持制度

我国是世界上最大的发展中国家，20世纪90年代，我国虽然摆脱了普遍贫困的局面，但是由于社会、经济、历史、地理等多种因素所致，仍有部分地区发展迟滞，部分人口处在贫困状态。这些贫困地区和贫困人口，从区域分布看，大都集中在深山区、革命老区、少数民族地区和边远农村地区。那里自然条件恶劣、生产方式原始、产业结构单一、基础设施薄弱、文化教育落后，并且交通不便、信息不灵、资金不足。这些因素，成为导致贫穷落后的主要原因。另外，近年来随着经济体制的转型，城市的贫困也开始凸显，部分停产、半停产和亏损企业的职工、下岗失业者、退休人员以及流入城市的农民"打工仔"，加入到城市贫困人口的行列。

义务教育的宗旨，在于在全国范围内实现基础教育基本均衡的发展，在于保障全体适龄儿童少年能够享受最基本的公共服务——基础教育。为了实现上述宗旨，为了完成2000年全国基本普及九年义务教育的重任，中国政府清醒地认识到普及义务教育的重点和难点所在，并从90年代中期起，加强了中央政府的政策指导和中央财政的正当干预，以便对处境不利的贫困地区和贫困人口实行特别扶持的制度。这一制度的主要政策和措施有：实施国家贫困地区义务教育工程，对部分贫困学生设立政府助学金，重视城市薄弱学校建设，加强流动人口子女教育以及重视贫困与少数民族地区女童教育等。对处境不利地区和处境不利群体实行特别扶持,是中国义务教育全面推进的关键所在。不过,从总体上看,现行的特别扶持制度只是刚刚起步,缺少健全的法律,经费支持力度不够,还远未能有效地改变处境不利地区和处境不利群体义务教育的落后面貌。当前各项特别扶持措施包括如下内容。

一 对处境不利地区的特别扶持

(一)实施"国家贫困地区义务教育工程",对老、少、边、穷地区给予特别支持

国家贫困地区义务教育工程,是中央政府对全国贫困地区的义务教育在经费投入上给予特别支持的一项国家工程。工程规定,从1995年到2000年,中央财政在6年内增拨39亿元贫困地区义务教育专款,同时要求地方各级政府与中央专款配套。配套的比例在一片地区应不低于2∶1,三片地区不低于1.5∶1。整个工程资金投入总量超过100亿元。

国家贫困地区义务教育工程是中国有史以来中央专款资金投入最多、规模最大的全国性教育扶贫工程。这笔巨额资金重点投向《国家"八七"扶贫坚攻计划》中确立的"592"个贫困县,部分投向经济确有困难、基础教育发展薄弱的省级贫困县,优先投向革命老区和少数民族地区。中央专款使用的原则是:集中投入,重点突破,连片开发,分片推进,保证效益,不留缺口;在首先确保普及小学阶段义务教育的基础上,实施初中阶段义务教育。工程资金主要用于消除贫困地区小学、初中的危房,配备教学仪器、图书资料和课桌凳,培训教师和校长,以便为贫困地区实施义务教育打下坚实的基础。

工程实施的6年中,资金的整体安排是集中财力打攻坚战。1995—1997年,中央专款安排15亿元,扶持的重点放在二片地区12个省的383个贫困县,资金投入总量为56.5亿元。1998—2000年,中央专款投资重点转向三片地区九省区的469个贫困县,资金总量约60亿元,其中中央专款24亿元,工程项目县覆盖人口9664万人,占三片地区总人口数的48%。

总之,工程的实施将为少数民族地区和边远贫困地区实施义务教育打下较为坚实的办学基础,加快这些地区普及义务教育的进程。到2000年工程完成时,项目县小学和初中现有危房全部消除,布局基本合理,校舍、教学仪器设备、图书资料及教师学历合格率将达到国家规定的标准。它将使普及义务教育在全国范围内实现突破性进展。当然,

要想从根本上解决贫困地区义务教育经费短缺问题,当前的投资水平和投资办法是远远不够的。国家不仅应当继续加大中央专款的投资力度,而且应当以法律形式规范贫困地区义务教育投入的分担机制,逐步建立起一种得到中央财政鼎力支持的、稳定的、规范化的贫困地区义务教育公共投资体制。

(二) 对大中城市薄弱学校进行特别扶持

我国义务教育在大中城市得到了较快发展,基本上普及了九年义务教育。但是义务教育发展中也出现了一些值得重视的问题,其中,占有相当比例的薄弱学校的存在是一个突出问题。

大中城市薄弱学校是历史形成的,原因复杂。其中,各级政府和教育管理部门对义务教育平等性、全民性的性质认识不足是主要原因。70年代末的重点学校建设政策,使"文革"后原本起点基本相同的同一地区中小学同类学校之间在办学经费、校舍设施、师资队伍、学生来源等方面拉大了差距,逐渐形成了办学条件、学校管理、教育教学、学校风气及社会声誉等方面均差的薄弱学校。它们主要集中在城乡交界处或老城区狭小地段内。

义务教育是提高国民素质的奠基工程,义务教育应当面向全体学生,应当能为所有适龄儿童少年提供条件基本相同的教育。而义务教育阶段薄弱学校的存在,给义务教育带来了严重的危害,不仅影响了教育方针的全面贯彻和教育质量的全面提高,而且背离了义务教育全民性、平等性的基本原则,干扰了义务教育顺利实施。与此同时,义务教育阶段薄弱学校的存在,反映出同一地区学校之间两极分化的程度,折射出教育质量与水平的不平等。而义务教育的性质,意味着国家只有办好义务教育阶段的每一所学校,才能满足群众平等受教育的需要,才能提高义务教育整体办学水平。为此,从20世纪90年代中期起,许多大中城市在实现普及九年义务教育的基础上,把基础教育的工作重点转向薄弱学校建设,努力使本地区同一经济背景下的义务教育能够朝标准化、均衡化的方向发展,并实行目标责任制。各地为此而采取的主要措施有:筹拨薄弱学校建设专项基金,增加对薄弱学校的投入,帮助其改善办学条件;改进薄弱学校内部管理,为其选配德才兼备的校长;优先保证薄弱学校的教师编制,加强教师在职培训;对创收水平低的学校,区县调整结构工资的补助投向,优先保证学校公用经费、教师工资和政策性补贴；全面实行学校就近入学制度，改善薄弱学校生源质量，改变学校的社会声誉。

最近几年，全国大中城市改造薄弱学校的工作声势浩大，有的地区已经取得一定成就。但是与此同时，有些根本问题还未得到解决。例如，面对重点学校和民办学校的双重压力，薄弱学校的生源流失问题，仍然影响薄弱学校的改造成效。另外，大中城市现行的以学校为单位的经济创收体制，拉大了学校之间教师工资收入和福利待遇方面的差距。薄弱学校教师队伍建设与非薄弱学校相比，仍然处于劣势。因此，从根本上改变薄弱学校面貌，缩小义务教育阶段学校差距，实现义务教育均衡发展，任务仍然艰巨。

二　对处境不利群体的特别扶持

（一）设立政府助学金，对贫困学生给予特别支持

我国是世界上第一人口大国，又是个发展极不平衡的国家。据国家统计局报告，1995年底全国仍有尚未解决温饱问题的贫困人口6500万人，2000年底为3000万人，主要分布在老、少、边、穷地区。在这些地区，家庭经济困难的中小学生因交不起杂费、课本费而失学或辍学的问题依然严重存在，并且成为影响贫困地区普及义务教育的一个重要因素。为了帮助家境贫寒的学生上得起学，也为了进一步体现国家对贫困地区义务教育承担的责任，中央政府决定在"九五"期间，从中央财政安排的义务教育补助专款和民族教育补助专款中划出1.3亿元，设立"国家贫困地区义务教育助学金"。这项助学金的实施范围是纳入国家贫困地区义务教育工程的部分国家级贫困县，资助对象是义务教育阶段的贫困学生，特别是小学生。这项助学金计划的实施，每年将使60万贫困学生得到资助。

在省一级，为了切实帮助家境贫寒学生接受义务教育，有的省恢复或重建了助学金制度。例如，福建省设立了助学金和建立了贫困学生扶助基金，要求县乡基层地方政府根据分级管理分级负担的原则，由各级财政安排的教育事业费统筹解决，并从教育基金、学校勤工俭学收入中划出一定比例，提高助学金标准。又如，河南省建立了扶持贫困儿童少年义务教育基金，1995年省教委采取对每个县（市）补助2万—3万元的办法帮助105个县（市）建立了该基金，到1997年资金总额达2100万元，资助了36万多名贫困家庭的儿童接受义务教育。有的省

的某些县，如湖南省安仁县提出设立县助学基金，而且要求县、乡、村三级都要设立，分级负责，保证处境不利的适龄儿童少年均能入学。

通过设立政府助学金对贫困学生进行资助，是新中国成立之后政府扶持贫困学生的普遍做法。但是近些年来，许多地方用奖学金代替了助学金。有些地方虽然设有助学金，但数额十分少，起不到助学的作用。在更多的地方，由于政府财政能力不足等各种原因，还未能设立助学金，只有"希望工程"、"春蕾计划"等民间形式的救助贫困学生的活动。因此总的来讲，当前各级政府对义务教育阶段贫困学生的特别支持力度不够，健全有效的政府助学金制度还未在全国范围内普遍建立起来。

（二）为城镇流动人口儿童少年就学制定特别政策

流动人口中适龄儿童少年的义务教育问题，是伴随着近十年来中国的工业化、城镇化进程中引发的大规模人口跨地区流动而产生的新问题。据有关方面估算，1995年全国流动人口总数约8000万人，其中义务教育适龄儿童少年据有关城市抽样调查，按2%—3%推算，估计全国约有200万人。这部分儿童少年总体上属于城镇处境不利群体。他们如何上学，成为普及义务教育的一个难点问题。

流动人口适龄儿童少年享有接受义务教育的平等权益，这是宪法和义务教育法赋予的基本权利。但在现实中，流动人口子女却面临着入学难的问题。流动人口子女入学难的原因是多方面的，涉及政府、学校、家长等各种因素。其中，主要原因在于国家现行户籍制度与人口流动现实不够协调，造成流出地政府与流入地政府在解决这一特殊群体就学问题上定位不明，责任不清。从理论上讲，义务教育实行地方负责、分级管理的体制，向适龄儿童少年提供义务教育，一般由户籍所在地政府负责。这意味着解决流动人口子女就学问题应是户籍所在地政府的义务。但是实际上由于这一特殊群体已随其父母流入城镇，流出地政府已经难以真正负起适龄人口就学管理的责任。

而对于流入地政府来说，流动人口子女入学对于教育经费本已紧张的教育系统是一种压力，特别是在某些流动人口集中的社区，流动人口子女无疑使流入地政府义务教育经费和设施的短缺程度更为严重，给流入地政府带来沉重负担。在上述背景下一度出现的政策上的空白，造成一些大中城市流动人口子女就学难的问题。

但是，流动人口子女接受义务教育是公民的基本权利。为了切实解决这一问题，中央教育行政部门于1996年制定了《城镇流动人口适龄儿童少年就学办法（试行）》，并选择流动人口集中的六个市（区）进行试点，继而于1998年3月由教育部、公安部联合颁布了《流动人口儿童少年就学暂行办法》。暂行办法从实际出发，明确了解决流动人口适龄儿童少年就学是流入地政府的责任，流入地政府要为这一特殊群体创造就学条件，提供接受义务教育的机会。就学学校应以在流入地全日制公办中小学校借读为主，同时鼓励民办学校和各种形式的非正规教育发挥作用。暂行办法的实施明确了流入地政府的责任，从政策上保障了流动人口子女接受义务教育的权益，为地方政府解决流动人口子女就学问题提供了政策依据。

当前流动人口子女教育问题从面上讲得到了初步解决，但仍有以下一些深层问题有待进一步研究解决。

（1）流动人口子女入学率仍然低于全国适龄人口入学率的平均水平，特别是未办理暂住证、就业证、计生证的非合理流动人口子女的流失、辍学问题仍较严重。

（2）一些流动人口子女就学的民办学校或民工自办的简易学校（棚户学校），缺少必备的办学条件，教师与教学等均不规范。

（3）流动人口子女还未享受到完全平等的义务教育。《义务教育法》规定，义务教育阶段学生免交学费。因此，流动人口子女不论在何处接受义务教育，均应与当地市民子女享受同等待遇，特别是合理流动人口为流入地政府纳税，其子女理应享受免交学费的义务教育。但是现实情况是流动人口子女就近入学仍然受到一定程度的排斥和歧视，而且需要交纳所谓的教育补偿金或借读费。虽然这种办法是为补充教育经费的不足不得已而为之，但从严格意义上讲是不公平的。解决流动人口子女接受义务教育的未来目标，应是使这一特殊群体完全融入当地社会，使他们享有与当地居民子女平等的受教育权益。为此，流入地政府应将他们的义务教育纳入当地规划，并从地方税额中划出一定比例给予支持，最终使国家当前以户籍为基础的义务教育管理体制逐步让位于以纳税人为基础的义务教育制度。

（三）重视少数民族贫困地区女童教育

我国是世界上第一人口大国，也是女性人口最多的国家。旧中国80%以上的人口是文盲，小学适龄儿童入学率1949年仅为20%左右，其中女学生占学生总数的比例最高时仅为25%左右。新中国成立以后，随着国家教育事业的发展和妇女地位的提高，女童入学率有了大幅度提高，男女儿童入学率的差距在逐步缩小。但是，由于女童教育问题不是单纯的教育问题，而是人口问题、妇女问题、民族问题、宗教问题、贫困问题等在教育上的综合反映，因此，中国女童教育总的状况仍然比较落后，女童就学问题在边远、贫困、少数民族聚居地区表现得尤为突出。落后的经济、贫困的生活、不便的交通、传统的习俗以及教育内部教学内容呆板、办学形式单一、女教师不足等各种因素，严重地制约着少数民族贫困地区女童受教育的机会和受教育的程度。

女童教育不仅是中国也是世界上发展中国家普及义务教育的主要困难。20世纪70年代以后，女童教育问题已经成为国际社会关注的一个热点。早在1975年联合国教科文组织召开的第35届会议就提出："几乎所有存在这一问题的地方都应采取行动或者计划，给予女孩子和男孩子同等受教育的机会。"1990年由联合国开发计划署、联合国教科文组织、联合国儿童基金会、世界银行共同发起，在泰国宗滴恩召开的世界全民教育大会提出，"到2000年在全球范围内实现普及初等教育、基本扫除文盲、消除男女在受教育机会上的不平等现象"的三大战略目标。为实现上述目标，大会认为"首要任务是扩大女童和妇女的入学机会，改善其教育质量，并消除一切阻碍她们参与教育的因素，对教育中任何有关性别的陈规陋习都必须加以铲除"。

作为拥有13亿人口的世界最大发展中国家，我国政府已在《世界全民教育宣言》上庄严签字，并于1993年颁布了《中国教育改革和发展纲要》，提出了到20世纪末在全国基本普及九年义务教育，基本扫除青壮年文盲的宏伟目标。为了实现上述目标，贫困地区普及义务教育最薄弱的环节——女童教育已经引起国家教育部门的教育理论工作者的关注，并且开始得到国际组织的资助。其中，有原国家教委和联合国儿童基金会合作的"促进贫困地区女童教育项目"，以及由宁夏、甘肃、青海、贵州四省区协作进行的"八五"哲学社会科学国家重点课题"中国西部女童教育行动研究"。各地区通过宣传《义务教育法》，提高全社会对女童教育的认识,保护女童受教育的权利。与此同时,许多地区从实际出发,因地制宜,探索研究民族贫困地区女童教育的现状、问题与对策,以求改善女童教育的条件和环境。具体措施包括以下几个方面。(1)改革课程内容,体现地方、民族女童特色。在按教学计划上好文化课的同时,补充实用教材,开设与当地群众的生产、生活、脱贫致富紧密结合的课程,如手工、纺织、缝纫、烹饪、果树栽培、民族乐器歌舞等以及各种劳动技能课,增强教育对女童的吸引力,不仅使女童学到文化知识和一技之长,而且接受民族传统文化的熏陶。(2)开展非正规教育,通过灵活多样的办学形式,方便女童就学,各地采取的办学形式有早晚班、半日班、隔日班、巡回教学班、复试教学点等。它们方便了因路远、年龄偏大、家务劳动重、须照顾弟妹等原因不能进正规学校受教育的女童入学。(3)注重培养和招聘女教师。(4)建立贫困女童助学金。

当前,随着各级教育主管部门的重视、教育理论工作者的深入研究以及基层教育工作者的不断探索,女童教育在许多贫困、少数民族地区取得了一定进展。但是,女童教育涉及贫困问题、民族问题、习俗问题,要使更多的女童走进学堂,更多的女性享有与男子一样接受教育的平等权利,还须政府和全社会共同努力。

第十二章　经验借鉴：发达国家义务教育财政支出的特别扶持制度

第一节　美国义务教育财政支出的特别扶持制度

美国是一个移民国家，移民中大部分是贫困阶层。据有关资料统计，美国自1963—1980年的近20年中，中学生的知识水平出现严重的下滑趋势，在17岁年龄段中，约有1/10的学生处于"半文盲"状态，而其中少数民族人口的子女所占比例约为40%。另外，大约25%—40%的大学新生需要补习规定范围内的中学课程。这一切是用教授特殊课程和补习教育的方式进行的，其服务对象主要是低收入者和少数民族的子女，符合了一般市民的经济状况和基本的教育需求。

根据1988年前美国联邦教育部长威廉·J.贝内特《关于美国教育改革的报告》，当时美国有1/5的学龄青少年生活在国家统计局公布的贫困线以下，约78%的黑人儿童靠单身母亲抚养，每年约有100万以上的儿童饱尝父母离异之苦，生活贫困。为了解决这些问题，联邦及各州均制定了规划并采取了多方面的相应的措施，看重从资金补助、改善教学条件、提高教育质量等方面入手，为处境不利地区和处境不利群体提供特别帮扶。

一　对处境不利地区的特别扶持

到了20世纪，对于越来越多的美国人来说，最主要的问题莫过于扩大教育机会。从某种程度说，美国的教育，特别是义务教育是由各州政府和地方社会负责的，因此，教育的质量和范围也都取决于各地区支付经费的能力和地方政府对义务教育的重视程度。由于各地经济、文化、科技等发展的不平衡,所以在美国各州之间,在教育机会均等和义务教育的发展水平等方面也都存在着不小的差距。贫困地区比起富裕地区,只能向其公民提供较少的教育机会,教育的质量也无法赶上其他地区。根据统计,在1963—1964学年度,亚拉巴马州在每个公立学校平均花费了197美元,在密西西比州则为217美元,在南卡罗来纳州达到239美元,在纽约州则高达791美元,全美各州平均为432美元,其间的差距是很明显的。对此,尽管美国政府和各州公民认可这种不平衡的发展状态,但试图改变这一现状的工作却一直没有停止。

从20世纪30年代开始,美国的每一届国会几乎都制定过支持公立学校的教育法案,但是在具体实施中总是困难重重,举步维艰。其主要困难包括:(1)部分天主教组织坚决要求国家像资助公立学校一样资助教区学校和私立学校,当然,这遭到了大部分新教和犹太教组织的反对;(2)一些南方的国会议员拒绝接受"在无视各州权力"的基础上,向白人和黑人学校平均分配联邦教育资金的法案;(3)地方各州因防备联邦投入过多会削弱地方各州的权力和积极性,因此予以消极抵制。

20世纪中叶,在美国的许多州还为黑人和白人提供分离的教育体制,形成种族歧视的教育现实,当时的这种分离制度,曾得到联邦最高法院的批准,认为学校虽然是分开的,但机会是平等的,有关的争议是没有意义的。自20世纪50—60年代以后,为消除义务教育阶段种族隔离现象的努力有了一定的成效,但工作的推进是十分艰难的。美国的部分州特别是南方各州,是维持种族隔离的最顽固的堡垒。

20世纪50年代,美国的一些州为黑人儿童提供的低于标准水平的校舍和低素质的教师及质量低劣的教学设备,引起了社会广泛的关注和强烈的不满。1952年12月,联邦最高法院受理了五起根据宪法对"分离但平等"原则提出的诉讼,并由最高法院明确提出:"我们决定在公立教育领域中废除'分离但平等'的原则,因为分离教育从本质上是不平等的。"20世纪50年代后,随着经济社会的发展,废除种族隔离制度和确立社会公正的呼声日益高涨。1954年美国最高法院对布朗诉托皮卡教委一案的裁决,终于推翻了58年前对普莱西诉弗格森案的裁决。

尽管美国最高法院1955年明令南方各州以"稳妥的速度"取消学校的种族隔离,可是,南方各州种族主义对布朗案的判决进行了大规模的抵制。此后 10 年，南方 11 个州中只有 2% 的黑人学生真正进入黑白合校的学校学习。为了对付南方州对布朗案判决的抵制，联邦政府不得不多次动用全副武装的军队，保护黑人学生进入南方州公立学校读书。① 据 1965 年 1 月 13 日《纽约时报》报道，"南部同盟"（Old Confederacy）11 州的种族平等学校里的黑人学生数目，已从 1963 年的 3.4 万名增至 1964 年的 6.4 万名。但在混合教室中就读的黑人儿童只占那些地区大约 300 万名儿童的 2.14%。该报所引用的一份调查报告表明，在住有白人和黑人儿童的 2200 个学区中，仅有 604 个设有种族平等的教室，可见在义务教育中消除种族隔离现象并非易事。但无论怎么说，美国最高法院布朗诉托皮卡教委一案的裁决从法律上判定"隔离是不平等的"、"分隔教育就其本质而言是不平等的"，判决种族隔离民族政策以及种族隔离的教育体制违宪，为黑人等少数族裔争取和享受与白人平等的教育权利提供了法律依据，无疑是继南北战争胜利后民主主义对种族主义的又一场历史性的胜利。

二 对处境不利群体的特别扶持

美国教育中，来自各方面的资料都不断表明：白人和少数民族学生之间在学业成绩方面存在很大的差异，一方面是亚裔美国人的学业成绩很好甚至超过了白人学生；另一方面是美国印第安人、美国黑人和一些西班牙语的民族，包括波多黎各人中却普遍存在极不相称的低学业成绩。从 20 世纪 60 年代起，美国针对低学业成绩的少数民族，曾实施优先教育权、补偿性教育、双语教育和学校的综合能力评价等措施，少数民族学生的学业成绩和受教育率有了一些提高。但是，这些少数民族学生入大学前和大学后的学习成绩和受教育率仍然落后于白人和亚裔美国人。②

在美国的处境不利人群中，除黑人、外来人口、少数民族之外，城市贫民亦是重要的组成部分。20 世纪 50 年代，即便是在美国的一些大城市中，也还存在贫民窟地区，那里的学校非常简陋，环境和条件都十分恶劣，青少年犯罪现象十分普遍。这不仅严重影响了一部分美国公民

---

① 吴明海：《美国少数民族教育立法问题的历史研究》，《清华大学教育研究》2004 年第 4 期。
② 胡玉萍：《文化视野中的美国少数民族教育问题与对策》，《比较教育研究》2003 年第 8 期。

子女的受教育问题，也对美国城市社会的正常发展造成危机。对此，不仅出现了民众示威等社会动荡，教育界和政府机构也给予了充分关注。对教师贫民提供良好的教育，建造条件适时的校舍，配备合格的教师，提供基本的经费资助，是这一时期社会呼吁的主要问题。

从20世纪50年代开始，美国先后开展了"社区控制"、"教育机会均等"、"先行教育"、"补偿教育"、"头脑启迪"等一系列消除义务教育中种族隔离现象、加大对薄弱学校的投入等措施。例如，20世纪80年代末，美国联邦教育经费中的相当一部分用于"补偿教育计划"。其中，40亿美元用于奖励先进学校和加强薄弱学校的发展。其间，为加强贫困人群的教育，从根本上改变处境不利人群的受教育状况，实现教育机会均等的努力从未终止过。随着美国国力的增强和教育改革的不断深入，扶持处境不利人群受教育有了很大的改变。美国社会上下都逐渐认识到应为所有儿童提供高质量的教育。

1961年，美国著名教育家J.B.科南特发表了他的《贫民区和郊区》一书，研究了大城市贫民区和当时快速发展的郊区学校的各种问题，警告联邦和各州当局如不重视这些学校的问题，正在积累的爆炸性的社会问题将对美国社会带来严重伤害。为此，应对贫民区和郊区学校给予特别的扶助政策。

"先行教育"是美国联邦政府20世纪60年代开始实施的教育措施，旨在为低收入家庭儿童提供教育和社会化的机会，打破"贫困圈"。该措施从1965年正式实施，有约55万儿童接受了这一先行教育。该教育的理论依据是：来自低收入家庭的儿童通常缺乏认知、社会性和身体等方面的刺激与经验，而这些又是儿童进入正式学校学习之前必须获得的经验。进行这样的教育，则可使由于贫困造成的许多问题得到缓解或补偿。其目的是：为儿童提供学习环境，使他们获得多种经验，以适合其年龄和发展特征，促进儿童社会性、认知、身体和情绪等方面的发展。美国的先行教育由学校或幼儿园教育、父母参与、健康服务、社会性服务和职员提高等多项因素构成。

另外，美国的先行教育还为低收入家庭和儿童提供社会性服务，帮助家庭分析、发现家庭的问题，帮助家庭得到社会福利等。由于先行教育中的许多教师和保育员没受过大学教育和高水平的训练，有些职员就是先行教育中的儿童的父母，因此他们要接受由专人指导的在职训练，

第十二章　经验借鉴：发达国家义务教育财政支出的特别扶持制度

先做教师助理，与儿童联系，了解先行教育的基本思路，方可正式开始工作。此外，先行教育还训练家庭访问者。每个家庭访问者负责10个家庭，执行先行教育的任务，使更多父母能更好地参与儿童教育，让儿童更多地与父母进行语言交流并参与家庭事务，为更好地接受小学教育做准备。目前，美国先行教育每年拥有10亿多美元的预算，服务于45万儿童，其中90%以上是穷困孩子。这一教育形式影响广泛，唤起了人们对早期教育的重视。

20世纪初，当"虽分离但平等"理论将黑人、少数民族子女及贫困家庭子女划入低水平的"分离"学校时，一些私立机构，如普通教育委员会（GEB）、皮博迪基金会（Peabady Fund）、斯莱特基金会（Slater Fund）、珍妮斯基金会（Jeannes Fund）、朱利叶斯·罗森沃德基金会（Julius Rosenwald）等，则提供了大量资金以加强黑人及少数民族子女的教育。但此举不能从根本上改变条件不利人群的受教育状况，资金也相对有限。

教育机会均等是美国民权运动长期为之奋斗的目标，也是美国联邦及各州的义务教育阶段特别关注的问题。1954年，联邦最高法院在名为"布朗与教育委员会"的立法中规定了全国公民接受公共基础教育的平等机会，并在此后大力推进了对处境不利人群（黑人、移民、女性）的普及教育。1986年兰德公司在对1940年以来美国黑人的经济状况进行调查后指出："持久的黑人经济状况好转的最安全和最有把握的途径，在于使黑人在好学校里接受更多的教育。"卡内基基金会在同期也对城市学校进行了调查并指出，扩大办学机会而不提高对处境不利人群进行教育的学校的质量，"无异于变相地实行种族歧视"，是违背教育机会均等原则的。

1965年，在联邦的财政预算中，要达到为全美的青年和儿童提供"充分的教育机会"的目的，计划总计投入41亿美元。20世纪80年代末，联邦教育行政部门将数千亿美元的教育经费中的相当部分用于"补偿教育计划"，其中40亿美元用于奖励先进学校和促进薄弱学校的发展。美国的一些州，如夏威夷州等，将联邦所拨的教育经费（占其教育经费总数的约10%）用于保证贫困家庭儿女全部入学之用。1980年以来，马萨诸塞州的剑桥市、密西西比州的杰克逊市、纽约州的纽约市、加州洛杉矶市等，都成立了可供低收入和少数民族家庭子女选择入学的"磁石学校",为改进质量差的学校,为处境不利人群提供有责任心及高质量的教育作出了重要的努力。这类"磁石学校"最初是由反对种族隔离而自愿组建的公立学校发展而来的,是从质量的角度又一次提醒美国国民,教育机会均等在一些领域和地区仍存在严重的差别或发展不平衡现象,要实现教育机会均等的目标还须做长久和深入的工作。

20世纪60年代中期以来,由美国的经济机会署(Office of Economic Opportunity)为代表倡导的"补偿教育"和"头脑启迪"计划,亦是美国特别扶持的一项重要的教育措施。该计划的目的是为美国处境不利的贫困家庭子女提供必要的学前教育,使其能在义务教育阶段适应学校的要求,在智能、情感和各方面的发展达到与其他儿童相等的水平。在这一方面,由于贫富差别和机会不均等已造成了许多实际问题,为在义务教育阶段真正解决教育机会均等带来了许多严重的问题和困难。1965年,联邦政府根据《初等和中等教育法》的规定,使相应的教育条件得到了一定的改善。

此外,从20世纪60年代开始,美国为在社会和学校中消除贫困和差别,开展了所谓的社区控制运动。这一运动力争改进社会服务、改善教育,使贫困者的生活充满希望,使他们及其子女成为独立的、能动的和有成就的人。在1964年通过的《经济机会法》中也涉及了相关的思想和内容,要求社区居民积极参与这一活动,改善条件低劣学校和黑人居住区学校的工作得到了强有力的推进。特别是60年代初的强大的反种族隔离运动和诸多黑人民权领袖的努力,使美国社会对黑人及贫困者的歧视受到有力的冲击。

为了从根本上改善处境不利人群的处境,使这些以往被忽视的,大约占人口1/3的贫困者摆脱困境,帮助他们重新建立起信心和希望,从肯尼迪政府和约翰逊政府时期起就开始了"向贫困开战"(War on Poverty)的努力。而在种种努力之中,他们认为打破贫困循环的机制关键在于使贫困者接受良好的教育,保证其有基本的营养、健康的心理和积极的进取精神。

值得注意的是,美国黑人、少数民族和贫困者在不懈的奋斗中逐渐形成的群体意识,也使美国社会和各级政府不得不对其权益和需求给予充分的重视。这从另一个方面表明,改善处境不利人群受教育的现状,不应只是靠施舍,也要靠其自身的觉醒和争取,靠其不断的奋斗和努力。

1972年，美国学者克里斯托弗·詹科斯发表了题为《不平等：美国家庭和学校教育的效应的重新评价》一书，指出美国的贫穷人口占总人口比例约为20%，而要真正改善其现状，光靠教育是不可能的，关键是要消除财富的分配上存在着的不合理现象，教育机会的均等应建立在合理的分配制度的基础之上。他的这一观点在美国曾产生了一定的影响。

20世纪80年代以后，随着美国国力的增强和其教育改革的深入，扶持处境不利人群的子女受教育，为所有的儿童提供高质量的教育逐渐成为美国社会的共识："文化脱盲"、"科技脱盲"、制定全国的科学教育标准、普及计算机教育等，都在一定程度上为处境不利人群的子女接受良好的教育创造了条件。

第二节 法国义务教育财政支出的特别扶持制度

法国是推行和实施义务教育较早的国家之一。义务教育的宗旨在于向全体适龄儿童提供接受基础教育的平等机会。为了实现这一宗旨，法国政府于19世纪末通过立法确立了义务教育的基本原则，即免费、公立、世俗性。此后，公立小学和公立初中在全国普遍开设，并逐步建立了以政府投资为主导的公共教育制度。与此同时，国家还对边远农村地区和社会中处境不利群体，制定了特殊政策，并在经费投资方面给予了特别支持。正是这些特别扶持的政策和措施，使义务教育得以在全国范围内，在不同社会职业层中得到比较平衡的发展和比较全面的实施。

在长期的教育实践中，法国根据本国的国情和实际需要，形成了在不利区域推行义务教育的特别扶持制度。法国根据东西部发展不均衡的实际情况，在西部农牧业地区和人口稀少的山区开设单班小学，这种同时容纳若干个年级的学生为一班的复式教学的实施，为偏远地区义务教育的实施，起到了积极的推动作用。法国即使在今天综合国力已居世界第四的情况下，仍然没有排除单班小学这种教学形式，这种形式在欧洲其他各国也依然存在，可见其在自然条件不利地区还具有相当的生命力。

一 对处境不利地区的特别扶持

法国推行和实施义务教育已有百余年的历史。在长期的探索中，法国根据自己的国情和实际需要，形成了在处境不利区域推行义务教育的特别扶持制度。其中，在农村偏远地区和山区普遍开设单班教学和在大中城市处境不利社区广泛建立优先教育区，应该说是其中十分重要而有效的措施。

（一）在农村偏远地区建立单班小学

法国虽然是老牌资本主义国家，但是由于历史原因以及地理和自然条件的差异，区域社会经济发展不平衡现象，在19世纪末全面实施义务教育之时已明显形成。法国区域发展失衡，首先表现为巴黎与外省之间，形成了鲜明对照的所谓"两个法国"。巴黎不仅是全国政治文化中心，还是经济金融中心。巴黎地区集中了全国人口总数的1/5，其人均国民生产总值亦远远高出全国平均水平。失衡的法国区域发展还表现在东西部之间存在的巨大经济梯度。以北起勒阿佛尔南至马赛划界，法国可分为东西两个部分，约占国土面积45%和人口总数2/3的东部内陆地区为发达区域，包括巴黎、里昂、马赛、里尔等大都市，及巴黎、诺尔—加莱、洛林、罗纳—阿尔卑斯四个大工业区。这里人口稠密，资源丰富，交通密集，被称为"富裕的工业法国"。相比之下，以农牧业为主的西部地区，工业少而农业比重大。由于经济结构单一，人口密度小，基础设施差，交通比较落后，被称为"贫穷的农业法国"。另外，法国山区约占国土面积的1/5，那里人口更为稀少，居民居住分散，生活条件较差。

法国全面实施义务教育始于19世纪80年代。而在当时，由于法国社会发展的严重失衡，全国3万多个市镇中的70%以上均面临着市镇规模小、人口密度小、适龄儿童人数少的问题，从而难以开办含有不同年级、不同班级的常规小学。而这一问题在边远农村地区和偏僻山区，尤为突出。为了在这类处境不利地区有效地推行义务教育，法国政府采取的一个重要办法，是在这类地区的各个市镇普遍开设单班小学。所谓单班小学，是一些超小规模的小学。它们只有一个教学班，几个或十几个学生，各年级混合编班。显而易见，开设单班小学必然增加教师岗位的设置数量，可能增大教育投资的成本，但却适应当时超小规模市镇人口稀少的实际需要，方便了学生就近在本市镇入学，因此有效地推动了义务教育的实施。

从19世纪末到20世纪中叶，法国单班小学的普遍开设，对在农村地区特别是在偏远地区和山区普及义务教育，起到了积极的推动作用。及至20世纪60年代，单班小学在法国公立小学中仍然占有相当大的比重。据法国国民教育部统计，1960—1961学年全国尚有公立单班小学19010所，占全国公立小学总数的25.6%。[1]

第二次世界大战之后的半个世纪中，法国在实现工农业和社会全面现代化的过程中，十分重视治理日益加剧的区域发展失衡问题，并自50年代中期起，制定和实施了一整套国土整治和区域经济发展政策，主要包括工业布局分散政策、农村结构改革政策、山区整治开发政策、滨海开发保护政策、老工业区振兴政策，等等。经过二三十年的领土整治，全国以中心城市及其卫星城为依托的区域经济网络已经形成，农村传统的单一经济结构得到了改变，东西部及城乡之间社会经济差距大大缩小。

随着法国国土整治和社会经济现代化进程的推进，农村地区单班小学的情况也发生了相应的变化，并呈现出逐年减少的趋势。特别是从70年代末以来，法国政府在农村地区推行适当集中办学的政策，鼓励相邻市镇的单班学校在自愿原则下，进行适当合并和重组，以便减少教师岗位设置，提高办学效益，并为儿童提供更为标准化的现代教育设施。这些政策导向导致单班小学的数量最近二十年来明显下降，由1970—1971学年的17973所降至1994—1995学年的6375所。[2] 但是单班教学并没有退出历史舞台，1994—1995学年仍然占到全国公立小学总数的18%左右。这说明在20世纪90年代，即使在法国这样一个综合国力居世界第四位的发达国家，单班小学在那些自然条件不利的地区仍然具有相当的生命力。

当前，在法国人口稀少的偏远农村地区，小学主要有三种形式：(1) 单班小学；(2) 集中型跨市镇小学，即由相邻市镇联合开办，其校舍集中建在一个市镇小学；(3) 分散型跨市镇小学，即由相邻市镇

---

[1] Reperes et References Statisuques Sur les Enseignements et la Formatio, 1994, p.41.

[2] IbId., 1996, p.27.

联合开办，但其不同年级的校舍可建在不同市镇的小学。1994—1995学年，上述三类小学的数量分别为 6375 所、970 所和 8317 所，占公立小学总数的比例分别为 18%、2.7% 和 23%。[1]

（二）在城市处境不利社区广泛建立优先教育区

第二次世界大战之后，法国经历了 20 世纪 50 年代和 60 年代经济发展的黄金时代以后，已基本解决贫困问题。但是，最近 20 年来由于经济进入较长期的衰退阶段，产生了两大严重的社会问题，其中之一是失业问题。法国失业问题恶化于 80 年代初，进入 90 年代后，失业率仍居高不下，甚至直线攀升，到 1996 年 9 月已达劳动总人口的 12.6%。法国的失业现象有两个显著特点。首先是长期失业率高，在失业者中失业时间超过一年以上者占 40% 以上。其次是 16—24 岁青年失业率高，达到 28.9%。法国面临的另一个社会问题是外籍人口问题。根据法国全国统计与经济研究所公布的资料，1991 年法国本土共有外国人 360 万，移民 410 万，约占全国总人口的 13.6%。

失业现象和移民问题致使法国社会两极分化加剧，在许多大中城市的郊区，由于聚居了来自各种处境不利社会职业层的家庭，如失业者、非熟练工人、移民等，形成了一些新的贫民社区。而位于这类社区内的中小学校，则因其所处的社会环境差，学生的家庭背景差，致使学校面临着更为严重的教育与教学问题。例如，学生学业失败现象严重，学校校风差，甚至暴力现象也时有发生。

为了消除不同社区之间教育发展不平衡现象，解决处境不利社区内学校教育质量与学业失败问题，法国政府于 1981 年制定了一项被称作"优先教育区"的政策，以便对处境不利社区的学校给予特别支持。

"优先教育区"政策遵循"给予最匮乏者更多、更好"的原则，对依据一定标准确定的学生学业失败率最高的区域实施特殊的教育政策，以提高教育质量，减少学生学业失败，缩小地区教育差距，促进基础教育均衡发展。一般来说，优先教育区的确立主要依据学校外部环境和内部环境两部分。学校外部环境主要包括学校的地理位置、社会环境、学校所在地区的经济水平、学生家长的职业等；学校内部环境主要包括学前教育入学率、小学与初中入学率、辍学率、外籍学生的比重、学校的

---

[1] La Scolarisation Dams Les Milieux, diffitiles INRP 1997, p. 32.

教育质量等。政府对优先教育区的评审通常每三年一次，一旦优先教育区的各项教育指标达到了国家规定的标准，该地区就不再享有各种优惠政策。①

1995—1996 学年，法国本土共建有优先教育区 558 个，主要集中在大中城市的郊区，其中巴黎三个学区共 68 个，里尔学区 64 个，马赛学区 31 个，波尔多学区 34 个。② 这些优先教育区几乎涵盖了法国境内所有处境不利的社区。558 个优先教育区共包括小学 5200 所，初中 679 所，另有职业高中或普通高中 127 所。③ 每个优先教育区内一般包括一所初中，数所小学，有时也包括 1 所职业高中或普通高中。在优先教育区内就学的小学生和初中生，分别约占全国同类学生总数的 11% 和 14%，高中生约占 3.7%。④

政府对优先教育区在教学、师资等方面给予特别支持，主要措施有以下几个方面：

第一，减少优先教育区内每个教学班的学生人数，为区内学校配置数量更多的教师以加强对学生的个别辅导。

第二，在优先教育区内鼓励 2 岁儿童入幼儿学校，使处境不利家庭的儿童能够较早接受正规的学前教育，从而弥补因不利家庭环境而造成的不足。1996—1997 学年，优先教育区内 2 岁儿童入学率达到 40%，高于其他地区 6 个百分点。⑤

第三，提高在优先教育区任教教师的工资待遇。政府对优先教育区内教师给予特别津贴，1997 年，该津贴额为一年 6741 法郎。⑥ 凡在优先教育区内小学和初中任教的教师均能享受该笔津贴。该津贴计入教师工资，由国民教育部支付。

二 对处境不利群体的特别扶持

免费是法国实施义务教育的基本原则之一。从 1881—1882 年颁布《费里法》起，学生在公立小学接受教育一律免交一切费用，这一制度

---

① 常宝宁：《法国义务教育扶持政策与我国教育均衡发展的政策选择》，《比较教育研究》2015 年第 4 期。
② Reperes et references statisriques sur lesenseignements et la formation, 1996, p. 43.
③ 法国国民教育部教育地图：Geographie scolaire 1997, p. 43。
④ Reperes et references statisriques sur lesenseignements et la formation, 1996, p. 42.
⑤ I'etat de I'ecp; e 1997, p. 37.
⑥ Enseigner daus les eceles et les lycees, 1997, 9, p. 19.

为全体儿童，特别是为家境贫苦儿童到公立小学接受初等教育创造了基本条件。1933 年，法国通过颁布法律，进一步实现了初中四个年级的免费教育。不过即便如此，学生上学仍然为家庭增加了许多经费支出，如课本费、学习用具费、上学交通费、学校午餐费等。而这些支出费用对于处境不利家庭来说，更是沉重的负担，由此也可能导致部分学生失学或辍学。为了切实帮助法国社会中处境不利群体中每个适龄儿童均能入学接受义务教育，政府在一个多世纪的普及义务教育实践中，针对学生家庭的具体困难，制定了一系列特别扶持的政策与措施。第二次世界大战之后，这些政策和措施日趋完善与健全。当前它们主要有以下几种形式：

（一）国家助学金制度

在法国，最早对贫困学生实行经费资助的措施开始于法国大革命时期。当时享受资助者只有两千余人。主要资助对象为接受高等教育者。

第二次世界大战以后，具体来讲从 1948 年起，法国逐渐建立了较为健全的由国家财政负担的助学金制度，以帮助家境贫苦的中学生和大学生。法国国家助学金完全是根据学生家庭经济情况发放的。享受国家助学金的学生人数占有相当的比例。据统计，1996—1997 学年，享受国家助学金的初中生为 102.8 万人，约占初中学生总数的 33%，其金额分每人 341 法郎和 1093 法郎两个档次[1]；享受国家助学金的高中生为 58.4 万人，约占高中学生总人数的 25%，享受国家助学金的大学生为 38.7 万人，约占大学生总人数的 20%。[2] 享受国家助学金学生家庭的社会职业分布，主要是工人、农业工人、失业者、服务人员和外籍移民。

（二）开学补贴制度

每年秋季开学，均增加了学生家长的许多开支。这些开支对于多子女的家庭来说，无疑是沉重的负担。为了帮助这些贫困家庭，国家建立了开学补贴制度，对家庭收入较低的学生家庭进行资助。享受这一补贴的学生年龄段为 6—16 岁，其金额 1997 年为每个学生 1600 法郎。[3]

---

[1] Geographie scolaire 1997, p. 32. 从 1994 年起，初中生的国家助学金改由家庭补助基金（caisse d'allocation familiale）发放。

[2] Panorama du systeme educatif francais 1997.

[3] Ibid.

(三) 上学交通补贴制度

为了解决义务教育阶段离校较远学生的上学交通问题，法国的做法是由中央和地方政府共同向学生提供部分或全部交通费用。从历年情况看，中央财政负担学生交通补贴费的60%左右，其余40%由省级财政负担。享受这一补贴的学生约占中小学生总数的20%。20世纪90年代，全法国96个省中有40个省已实行了学生上学交通费用全部由政府负担的做法。

(四) 教科书免费提供制度

对于贫困家庭来讲，为其接受义务教育的子女购买上学所用的课本无疑也是一种负担，为了减轻学生家庭的这一负担，法国的做法是向义务教育阶段全体学生免费提供课本。在小学，学生课本由市镇财政购买，然后免费分发给小学生使用。当学生升级时，应将课本还给学校，以便分发给下一届学生使用。由于小学生课本用纸精良，装订考究，一般可以反复使用3—4年。在初中，自1974年起，由中央和省财政首先根据初中一年级学生人数向学校提供课本购买补贴。从1978年，这种补贴已扩大到初中的所有四个年级。

(五) 午餐补贴制度

在法国，如学生在学校食堂用午餐，均可得到由国家资助的午餐补贴。1996—1997年学年享受午餐补助的大中小学生为373.5万人。[1]

(六) 设置教育成功个人项目

针对学习困难儿童，尤其是弱势群体的学习困难儿童，法国教育部2005年颁布的《学校未来的导向与纲要法》附加报告提出，通过设置教育成功个人项目，给予学习困难儿童特殊帮助。按照项目要求，对通过教育评估确定的学习困难儿童，学校要与学生或者学生家长共同签署《教育成功个人契约》："这份文件具体说明校内外的辅导措施，学生进展评估过程和家长监督的责任。项目的实施通常由学校教师负责，但学区督学将安排经过特殊培训的教师参与辅导，必要时也会请医生和心理顾问共同参与。为此，国家将在2006—2008年间，每年为小学增拨10700万欧元，为初中增拨13200万欧元的专项经费。"教育成功个人项目针对学生知识和能力上的差异，将实施分组补课，采取不同的措施

---

[1] Panorama du systeme educatif francais 1997.

来加强薄弱环节的教学,以满足不同学生的学习需求,进而提高学习效率,引导他们走向成功。[1]

第三节 日本义务教育财政支出的特别扶持制度

义务教育是以条件各异的所有儿童为对象、以强制性为主要特征的教育制度。目前,日本的免费义务教育期限为 9 年。日本在通过制定义务教育法规定监护人送适龄儿童就学义务的同时,还专项规定中央政府和地方政府设置学校、安排教师、配备设备等来保障儿童就学的义务。对义务教育的普及来说,后者所应履行的义务的重要性远远超过前者。也就是说,政府的义务比监护人的义务重要得多。

"教育机会均等"是近代以来日本公共教育制度的最基本的原则,《日本国宪法》(第 26 条)和《教育基本法》(第 3 条)都有相关规定。但是,我们从各国的义务教育中不难发现,实现"机会均等"并非易事,其阻力来自多方面,但主要的并非是经济因素。

一 对处境不利地区的特别扶持

日本政权由中央、都道府县和市町村三级组成,并实行地方自治。与政权结构相适应,日本实行财政联邦主义,即一级政府一级财政,各级财政只对本级政府负责,预决算由本级议会批准,独立征税,上下级财政间不存在行政和业务上的管理关系。日本没有独立的教育税,其教育经费主要由国家和地方公共团体的一般财政资金中支出。在日本初等中等教育财政中,义务教育经费是核心部分。

在保障义务教育经费的拨付方面,日本中央财政在义务教育经费分担中占了很大比例,中央负担日本国立学校所需全部经费和全部教科书经费,负担地方公立学校教职员工资、福利保障费的一半,校舍新建扩建费的一半,校舍危房改造经费的 1/3,受灾校舍建设费的 2/3,偏僻地区公立学校公用经费的一半,家庭经济困难学生补助费的一半。都道

---

[1] 常宝宁:《法国义务教育扶持政策与我国教育均衡发展的政策选择》,《比较教育研究》2015 年第 4 期。

府县负担公立学校教职员工资、福利保障费的一半,校舍危房改造费的1/3。市町村负担公立学校校舍新建扩建费的一半,校舍危房改造费的1/3,家庭经济困难学生补助费的一半,学校的公用经费。

为了保障学生受教育机会的均等,提高偏僻地区教育水平,日本1954年制定了《偏僻地区教育振兴法》。该法规定,为振兴偏僻地区的教育,中央财政补助市町村下列项目所需经费的一半:完善学校的教材和教具,教员的进修;教职员的住宅建造及其他生活福利;体育和音乐教育设施的配置;师生的保健;为便利学生上学采取的措施。法律规定,对在偏僻地区学校工作的教职员,应发给地区津贴等。日本为了促进校际均衡发展,在公立小学之间实行教师定期调换制度,平均每个教师约7年更换一次学校。调换一般是在同一县或市内进行的,教师工资待遇不变。①

日本对偏僻地教职员的待遇很优越。在日本,义务教育教职员工资据法律规定高于普通公务员。在1954年的《偏僻地区教育振兴法》(1974年第四次修订)中又规定,市、町、村的任务之一就是"为协助在偏僻地区学校工作的教员及职员的住宅建造和其他生活福利,应采取必要措施"。在该法中,还专门设有"偏僻地区津贴"一项,其中规定:"对……指定的偏僻地区学校或与其相当的学校……工作的教员与职员,发给偏僻地区津贴",月津贴额在本人月工资和月扶养津贴总额的25%以内;当教职员因工作变动或随校搬迁到偏僻地任教时,从变动或搬迁之口起二年内,对其发给迁居补县,月补贴额在本人月工资和月扶养津贴总额的4%以内。此外,还有其他各种形式的津贴,如寒冷地区津贴等。②

二 对处境不利人群的特别扶持

日本对处境不利群体的特别扶持制度可分为三种:(1)对残疾儿童的特别扶持制度;(2)对偏僻地区儿童的特别扶持制度;(3)对家庭经济困难儿童的特别扶持制度。

在日本,对"病弱"或"发育不全"的极特殊儿童,市町村政府

---

① 《日本:法定义务教育经费标准》,《教育》2007年第2期。
② 薛国凤:《日本教师"定期流动制"对解决我国偏贫地区义务教育师资问题的启示》,《上海教育科研》2011年第7期。

教育委员会有权免除这些儿童的就学义务，但是绝不允许"经济困难"成为免除就学义务的理由。也就是说，市町村政府只有对经济困难儿童予以援助使其就学的义务，没有因经济原因免除儿童就学义务的权力。《教育基本法》和《学校教育法》都有扶持"因经济原因就学困难者"的规定。《教育基本法》第3条第1项首先禁止了"教育上的任何歧视"，规定了所有国民享受均等的教育机会的权利，第2款接着规定了"国家和地方政府要对有能力，但由于经济原因而就学困难者采取扶持措施"。《学校教育法》第25条则规定："对由于经济原因而就学困难者的监护人市町村政府应予以必要援助。"这两项法律都把对因经济原因而就学困难者的援助规定为国家和地方政府的义务，而且援助对象限定于义务教育诸学校的学生。

研究日本的义务教育特别扶持制度，不可忽视1956年制定的《就学扶助法》。该法律的基本宗旨是对扶助家庭经济困难儿童就学的地方政府予以财政援助，以保证"义务教育的顺利实施"。也就是说，对因家庭经济原因而就学困难儿童直接实施扶助措施的是地方政府（主要是市町村政府），国家是通过负担所需经费的一部分（通常是1/2）的形式援助地方政府。援助内容可分为以下几种。

学习用品。市町村政府提供学生日常学习所需要的用品（包括笔记本、铅笔、蜡笔、课外读本、练习本、运动鞋等）或费用，对此国家补助1/2。

上学用品。市町村政府提供鞋、雨鞋、拖鞋（室内用）等上学用品，对此国家补助1/2。

校外活动经费。市町村政府提供学生参加学校组织的校外活动所需要的交通费、参观费等，对此国家补贴1/2。

上学所需的交通费。市町村政府提供学生上学时最经济的一般路程（小学离家4公里以上，中学离家6公里以上时）的交通费用，国家补贴1/2。上学利用水路的学生和残疾儿童不受上学距离的限制。

修学旅行费。市町村政府提供为参加修学旅行所需要的交通费以及住宿、参观、照相、医药品、旅行保险等所需费用，对此国家补贴1/2。

校内俱乐部活动经费和体育课用品。市町村政府对参加作为初中特别活动的校内俱乐部活动的学生以及为学生上体育课提供必要物品

(如柔道衣、剑道防具、滑雪板等)，国家对此补贴1/2。

新入学时需要的用品。市町村政府提供入小学或升初中时需要购买的物品（学生用背包、书包、校服、帽子等）或费用，国家补贴1/2。

监护人希望得到就学扶助，可以直接向地方政府教育委员会提出申请，也可以通过子女所在学校提出申请，没有规定固定的申请时间，随时都可以提出申请。除了《就学扶助法》以外，还有许多专项法律也规定了对家庭经济困难儿童的扶助措施，比如，《学校供餐法》规定国家对市町村负担的学校供餐设施费用和对家庭经济困难儿童采取的费用减免措施予以财政补助，《学校保健法》规定公立小学和初中以及特殊学校学生患传染性疾病等需要治疗时，地方政府要给予必要的援助，国家也要予以一定的补助，《生活保护法》规定国家要对"不能维持最低生活水平者"采取必要措施，由国家支付接受义务教育所需要的学习用品、学校午餐、交通等方面的费用，等等。

第四节　俄罗斯义务教育财政支出的特别扶持制度

俄罗斯1991年政治经济结构彻底变革之后，国内在经济与社会生活各个领域出现前所未有的危机。教育必然是最重的一个受灾区。由于国内民族纠纷、社会问题所造成的战乱儿童、单亲儿童、孤儿以及生活水准下降所造成的贫困家庭儿童日益增长，为有效地使所有儿童继续接受义务教育，俄罗斯对处境不利地区和处境不利群体制定了相关政策。

一　对处境不利地区特别扶持

俄罗斯目前农村人口只占总人口的1/4，但拥有比城市多两倍的农村学校，这些学校要承担600万农村学生的教学、教育和发展的任务。由于俄罗斯幅员辽阔，地广人稀，因此至今农村还保留着一定数量的小学、不完全中学和复式教学学校。复式学校的任务之一是实施基础义务教育。在农村经济结构的转换中，涉及农村学校的投资、办学方向、师资培养、课程结构等一系列问题。它们正面临着改革和不断完善。以农村复式学校为例，据俄罗斯一些社会学家分析，随着农村农场的私有化经营、租赁方式的产生和发展，适当保留传统形式的复式教学的学校是必要的，但是在教学方式上将会采取家庭教育、远距离教育等形式以满足农场主子女受教育的愿望。

俄罗斯农村中有成千上万的教师在默默耕耘，将自己的生命和青春献给了农村教育事业，为农村培养了大批有文化的新人。在他们身上融合了几代教育工作者的优秀品质。他们自强、自律、勤奋、负责，深受学生和农民的尊重和爱戴。在市场经济条件下，农村教师面临着技能的提高、精神发展、工作和物质条件的改善等问题。许多农村中学校长认为，农村学校需要的是掌握几门学科的知识和教学方法的教师，而不是传统的师范学院培养的只教一门学科的教师。最近几年，俄罗斯许多地区正在着手研究培养农村教师的新模式。如为农村有志做教师的中学毕业生开设师范班，为偏远农村学校的学生设立寄宿制的高级师范学校或初等师范学院，实施大学前农村教师职前培训，许多师范大学和学院为培养复式学校的教师设立专门的系科，开办宽专业的教学科目。

俄罗斯是一个多民族的国家，少数民族达 100 多个。在经济政治结构发生根本变革的俄罗斯，在少数民族地区的学校仅教授本民族语和俄语显然已不够。少数民族地区在试图加入世界经济市场的过程中，不仅要教本民族语、俄语，还要教其他与经济开发有关的英语、西班牙语等。为此，俄罗斯一些民族自治共和国的师范院校里开展宽专业语言文学方面的培养工作，组织外语讲座、竞赛、函授和面授。从大学二年级开始举办外语教学方法讲座、心理教育讲座。一些少数民族地区开设职业定向中心，定向中心再设进修班。大学教师每月一次到中心来同农村中学高年级学生一起研究问题、回答问题。从进修班中挑选那些立志献身教育，或想将自己的命运同教师职业联系起来的学生输送到师范院校，以便培养本民族所需要的教师。

最近几年，俄罗斯联邦加强了对农村小型学校的财政支持，为偏远地区高中学生开设师范职前训练，保送入高等师范院校，以保证偏远地区教师队伍的稳定性，保障农村教育的发展。

二 对处境不利群体的特别扶持

俄罗斯为了实施全民义务教育，通过一定的法律法规保证俄罗斯公民受教育的权利。1992 年，俄罗斯制定了《俄罗斯联邦教育法》，该法首先从法律上确定了义务教育的特别扶持制度的一般政策。对处境不利人群的儿童保证教育的优先权作了许多具体规定。包括为低收入家庭子女、多子女家庭和单亲家庭子女、残疾人子女、现役军人子女等提供的教育，由国家承担费用。

同时，在《俄罗斯联邦教育法》中规定：居住在俄罗斯联邦境内的俄罗斯联邦公民不受种族、民族、语言、年龄、健康状况、社会地位、财产状况、职位、社会出身、居住地点、宗教态度、信仰、党派以及是否有前科等情况的限制，均有受教育的机会。对初次接受普通教育和职业教育的俄罗斯公民，国家保证其在国立和地方教育机构接受国家教育标准范围内的免费普通教育和在竞试基础上的免费职业教育。在国家认可的非国立自费教育机构就学的公民，学校实施普通教育大纲和职业教育大纲，其学费由国家根据相应类型的国立和地方学校规定的学费给予补偿。为使需要社会救济的公民实现受教育的权利，国家可全部或部分承担他们在受教育期间的费用。国家通过特殊教育手段，对智力偏差的公民接受教育、矫正智力障碍和适应社会创造条件。国家对智力超常的公民提供专门的国家奖学金，以接受精英教育。

在国家保证教育优先权方面，在《俄罗斯联邦教育法》里还有具体规定，例如，国家为以下人员发放补助金和联邦法律规定的其他社会补助金：照料儿童至法定年龄的家长（或代理人）、低收入家庭子女、多子女母亲或单身母亲（或父亲）。残疾人、现役军人子女，教育机构中的孤儿和无双亲照管的儿童，其抚养费和教育费由国家全部承担。为生理发展有缺陷的学生设立特殊的具有矫正作用的学校或班级，以帮助他们进行治疗，接受教育和教学，适应社会并投身于社会。上述特殊教育学校（或班级）、英才学校均以较高标准拨发经费。此外，国家除了预算教育拨款途径，还建立了专项教育补助金，一般用于：一般学校的超支部分的相应补助；私立学校、社会力量办学的必要补助；奖励教学质量突出的学校；新建、扩建学校费用不足部分的补偿；支持农村地区、欠发达地区和少数民族地区发展教育事业。

2003年，俄国家杜马通过了新的《俄联邦教育法》。该法进一步确立了免费教育原则、彻底恢复国家在教育领域的地位、教育领域仍以公有制为主、禁止教育机构私有化、实行优惠政策稳定教师队伍、扩大教育普及性与改善各级学校教育质量等系列教育优先发展政策。①

第五节　韩国义务教育财政支出的特别扶持制度

义务教育的目标是使所有的学龄儿童都能接受同样的教育，有平等的教育机会，就学率达到100%。但由于地区间经济发展的不平衡，儿童身心发展的差异等因素的影响，义务教育很难达到这一理想目标。为了推进落后地区、不利人群的教育，韩国采取了很多特殊的措施，其中比较重视的是对偏僻地区和身心有障碍儿童的扶持。

一　对处境不利地区的特别扶持

为了推广义务教育，使所有地区的儿童都能接受同样的教育，韩国于1967年颁布了以振兴岛屿、偏僻地区的义务教育为目的的《岛屿、偏僻地区教育振兴法》。法律中所指的岛屿、偏僻地区是指没有得到地理上、经济上、文化和社会上优越条件的山区、边远的小岛、边境地区和矿山等地区。国家为了振兴岛屿、偏僻地区的义务教育，要优先于其他地区采取下列各款的措施，同时优先支付所需的以下经费：

（1）学校占地、教室、卫生保健室及其他教育事业所需要的设施的配置；

（2）教材、教具的配备；

（3）无偿供给教科书；

（4）保证学生上下学交通的必要措施；

（5）教师住宅的配置；

（6）合适的教员的配置；

（7）同时法律中规定了地方自治团体要采取的各款措施；

（8）要准备适合于岛屿、偏僻地区特殊情况的学习指导所需的资料；

（9）给教员优先研修的机会，并支付研修所需的经费。

---

① 马德益：《转型期俄罗斯教育优先发展战略的构建》，《外国中小学教育》2005年第3期。

此外，为了鼓励教师的积极性，还规定政府按照地区级别向在岛屿、偏僻地区学校工作的教员支付岛屿、偏僻地区津贴。

义务教育的普及要以完全免费来保障，但在整个20世纪50年代由于韩国经济处于萧条时期，政府难以承受教育财政的压力，从1952年开始全面推行初等义务教育时，只免除了小学生的学费，但向偏僻地区的部分学生免费提供教科书。当时为了确保义务教育经费的来源，韩国实施了"谁受益，谁负担"的原则，小学纷纷成立后援会由学生家长出钱解决学校经费不足问题。后来随着经济的发展，逐渐缩小了收取期成会费（后援会后来改为期成会）的范围，这一过程也是从岛屿和偏僻地区开始逐渐向城市推进的。

为了推广义务教育，韩国于1967年颁布了以振兴岛屿、偏僻地区义务教育为目的的《岛屿、偏僻地区教育振兴法》，主要内容包括：优先解决岛屿、偏僻地区学校用地、教室和学校网站等必要设施设备；提供免费教科书；为教师提供住房；给予教师优先研修的机会，并支付研修所需经费；准备适合于岛屿、偏僻地区特殊情况的学习指导资料；按照地区级别向在岛屿、偏僻地区学校工作的教师支付岛屿、偏僻地区津贴。[1]

20世纪70年代，韩国继续振兴偏远地区的义务教育。从1971年起，岛屿、偏僻地区初等学校的教育经费全部由国家负担。[2] 同时，国家努力推广免费教科书制度，岛屿、偏僻地区的所有儿童和一般地区的部分儿童能够享受免费使用教科书的待遇。到1975年，韩国有65.4%的儿童能够得到免费的教科书，1979年实现了全部免费的目标。[3]

中等义务教育的实施也是于1983年首先从偏僻地区开始推行的，并在1985—1987年政府拨款425亿元首先对偏僻地区的初中在校生实施免费教育。1985年偏僻地区享受免费教育的对象主要是初中一年级学生，人数达到62236人，1986年为初中二年级学生，人数达到24.9

---

[1] 王怀宇、张静：《看国外怎样谋划义务教育阶段教育平等》，《中国教育学报》2016年3月21日第3版。

[2] Cui rongshao："Trends and Problems of Rural Education Policy in South Korea"，载《公平、质量、效率："农村教育政策的抉择"国际学术研讨会论文集》，东北师范大学出版社2009年版，第68页。

[3] 孙启林、安玉祥：《韩国科技与教育发展》，人民教育出版社2004年版，第19页。

万人，1987 年为初中三年级学生，人数为 2.5 万人。目前，韩国的免费初等义务教育正从岛屿、偏僻地区向中小城市扩大。

此外，在义务教育实施过程中，韩国逐渐向义务教育阶段的学生提供学校餐，在所需经费方面，根据 1981 年颁布的《学校给食法》，经济发展水平不同地区的学生家长所负担的比例也是不同的。落后地区的学生所享受的优惠待遇更多一些，家长经济负担的减轻会推动普及义务教育的发展。

表 12 - 1　　　　　　　　学校供餐的经费来源

类型	国库负担	学生家长负担
岛屿、偏僻地区	设施费、运营费、食品费	
渔村、农村	设施费、运营费的全部，食品费的 1/3	食品费的 2/3
城市	设施费、运营费的全部	食品费的全部

资料来源：[韩]文教部：《教育白皮书》，1990 年，第 121 页。

二　对处境不利群体的特别扶持

为了使身心障碍者都能接受教育，韩国在各道设立特殊学校，并从 1971 年开始在高中以下的各级学校中设立特殊班级。到 1990 年特殊班级的数量已经达到了 3200 多个，其中，小学中的特殊班级数为 2502 个，就学儿童数为 24202 名，中学中的特殊班级为 668 个，在学儿童数为 5654 名。对于特殊儿童的教育已经从以特殊学校为中心转移到以特殊班级为中心。

根据韩国教育开发院的统计资料，1990 年在韩国全部就学儿童中特殊儿童所占的比例为 3.72%，人数为 365539 名，但其中在特殊学校或一般学校中的特殊班级中接受特殊教育的儿童只有 49936 名，占全部特殊儿童的 13.66%，与先进国家相比这一比率是比较低的。为了使更多的特殊儿童接受正规的教育，韩国正不断加大对特殊教育的投资并在政策上给予更多的优惠。

现在在特殊学校就学的儿童享受全额的免费教育，即使在私立学校，在学费方面也可以得到援助，而且根据 1977 年颁布的《特殊教育振兴法》（该法旨在振兴视听觉有障碍者及心理有障碍者的特殊教育，对他们实施生活中所必需的知识技能的教育，使他们能够参与社会生活），教师的工资支出、设施的运营费用、教育资料所需的经费等全部由国家或地方自治团体支援。同时国家和地方自治团体还可以在预算的范围内向在特殊教育机关内学习的特殊教育对象提供奖学金。

第十三章　国际比较：发展中国家义务教育财政支出的特别扶持制度

第一节　印度义务教育财政支出的特别扶持制度

独立后印度各级政府对处境不利地区的教育发展给予了特别关注，采取了相应的具体的扶持和保护措施。印度《宪法》第46条规定："增进表列种姓、表列部落和其他弱小阶层的教育和经济利益——国家应特别注意增进人民中弱小阶层之教育与经济利益，特别是'表列部落'和'表列种姓'的教育和经济利益，并应保护他们不受社会之不公待遇与一切形式之剥削。"该条同第45条一样，均作为国家政策指导原则。

一　对处境不利地区的特别扶持

根据1986年《国家教育政策》和1992年《行动计划》的精神，从20世纪80年代以来中央政府实施了一些旨在改善处境不利地区教育发展落后状况的计划或项目，有些项目得到了国外的援助，中央政府以专项补助的形式加大了对处境不利地区教育发展的扶持力度。这些计划或项目主要有以下一些。

1. 开展"普及义务教育"运动

考虑到印度在不同民族之间、城乡之间、男女之间、人口居住稠密区域与稀少区域之间、少数已经达到的目标群体和必须达到的目标群体之间，初等教育方面还存在明显差异，普及义务教育就应该倾向于为教育落后邦的弱势群体儿童创造入学机会。从中央拨款中划定一定的款项用于弱势群体儿童的教育，就是有效措施之一。地方层面上，由邦政府和中央直辖区为弱势群体儿童建立寄宿学校,尤其是在人口稀少的农村地区和其他落后地区。此外,还应普遍实施免费供应午餐、校服、课本和文具计划。印度全国教育研究与培训委员会还专门提供教育科研服务,编辑教科书、设计课程和培训师资。

2. 非正规教育计划

印度的正规教育系统尽管发展很快,但仍有大批学龄儿童滞留在正规教育系统之外。印度中央教育咨询委员会于1971年首次提出实施大规模的非正规教育规划。自1978年开始有组织地开展非正规教育,其实施机构称为"非正规教育中心"。此类中心主要由民间机构和村潘查雅特(Panchayat,现代印度农村的一种自治组织)组建。它的运作经费通常是由中央和邦政府平均分担。1979—1980年度开始在九个教育落后邦(安得拉邦、阿萨姆邦、比哈尔邦、北方邦、中央邦、查谟与克什米尔邦、拉贾斯坦邦、西孟加拉邦、奥里萨邦)实行"非正规教育计划",对象是仍滞留在正规教育系统之外的6—14岁年龄组儿童,包括正规学校的辍学生,家庭居住地未设学校的儿童,做工儿童,协助做家务如砍柴、喂养家禽、担水、照看弟妹、放牛等的儿童及未能在正规学校就学的女童,它们的失学人数占全印度的75%。这样,校外儿童就能够接受适合自身需要的具有相当水准的初等教育。

从1979—1980年印度教育部开始实施了非正规教育计划,1994—1995年中央政府向举办22.6万个非正规教育中心的14个邦/中央直辖区拨付9.4亿卢比,向举办2.9万个非正规教育中心的425个志愿者组织和实施普及初等教育试验和革新项目的37个志愿者组织拨付1.67亿卢比。"八五"期间尸批准支出70.4亿卢比,其中向有关的邦拨付6.25亿卢比,向志愿者组织拨付7.9亿卢比。

3. 黑板行动计划

为推进《国家教育政策》行动计划的实施,印度政府1987年开始实施黑板行动计划,使全国所有小学至少具备最低标准的办学条件,为每所入学人数足够的小学提供三名教师和三间教室。为高等小学提供:每个课堂至少一间教室,一间校长办公室,男女独立的卫生间,包含图书室的基本教学设施,每个课堂配备至少一名教师,能够及时为易损耗品和破损设备提供补给等。为保证黑板计划行之有效地实施,印度政府采取了如下措施:(1)通过教师培训计划,系统地培训教师使用教学用具；（2）邦政府负责维修破损设备及补给设备；（3）根据当地学校实际需求及课程设置需要，灵活购置教学用具；（4）为增加女童入学率，小学教师中女教师比例需达至少50%；（5）根据当地实际需要建造教学楼。中央政府负责拨款购置设备及支付教师工资，邦政府负责筹措资金建造校舍以及提供设备补给资金。

截至1993—1994年，黑板计划已覆盖至全部小学。"第八个五年计划"末，已为约30个符合条件的小学配备了三间教室和三名教师，并在2000年覆盖至所有剩余小学。

4. "农村教师培训计划"

1987年，印度政府在拉贾斯坦邦偏远经济落后农村地区实施"教师培训计划"，关注女童、表列种姓和部落以及其他边缘人群的教育问题，以改善当地由于教师缺勤、学生入学率低、辍学率高等情况导致小学教育难以为继的情况。"教师培训计划"在关注处境不利地区（表列种姓和表列部落）的孩子教育问题起到了积极的作用。印度教育中的性别不平等现象体现在女学生以及女教师比例低。该计划认为通过对农村地区代课教师进行系统培训，并且给予各种支持鼓励措施，以改善农村小学教育质量，特别是改善女童、表列种姓和部落以及其他边缘人群的教育问题。"农村教师培训计划"实施分为三个阶段，由拉贾斯坦邦政府、印度中央政府、瑞典国际开发署以及英国国际发展部共同出资完成，被认为是印度最为成功的小学教育计划之一。

5. 县初等教育计划

根据1986年《国家教育政策》的精神，印度实施了县初等教育计划，通过分散规划和目标分解实现普及初等教育，该计划的目标是把性别和社会群体间的就学人数、辍学和学习成就的差距降到5%以下，把全部小学辍学率降到10%以下，在基线水平上至少提高25%的平均成绩水平，保证所有小学儿童具有基本的认字和计数能力，在其他能力方面最低要达到40%的成绩水平。按照国家标准向所有儿童提供受初等教育（一年级至五年级）的机会，或是提供具有同等水平的非正规教育，1994—1995年中央政府提供资金9.4亿卢比，该计划得到国外大量援助。"八五"期间该计划拟在110个县实施，支出约1950亿卢比，其中约172亿卢比将来自国外。

6. 人民教育运动（Lok Jumbish）

该项目在瑞典国际开发署的资助下在拉贾斯坦邦实施。拉贾斯坦邦是印度教育发展最落后的邦之一，小学就学率为78%，高级小学（六年级至八年级）为43%，一年级至八年级的辍学率为65%，全邦识字率为39%。该项目的目标是通过动员人民参与，到2000年实现全民教育。第一阶段（1992—1994年）该项目覆盖数个县的25个乡，支出约1.8亿卢比，由瑞典国际开发署、印度政府和拉贾斯坦邦政府按3∶2∶1的比例分担。在第一阶段，新建小学204所，修缮144所，新增339个教师职位，向2120所小学提供了设备和教学材料，开办非正规教育中心650个，在1096个行政村开展了动员活动。1994—1997年为项目第二阶段，已批准支出8亿卢比，由上述三方按同样比例负担。

7. 比哈尔邦教育项目

比哈尔邦是印度教育发展最落后的邦之一，小学就学率为80%，高级小学（六年级至八年级）为27%，而一年级至八年级的辍学率高达79%，全邦识字率仅为38%。该项目的对象是社会被剥夺阶层如表列种姓、表列部落及妇女，项目从1991—1992年到1995—1996年实施5年，覆盖20个县的150个乡，总支出约36亿卢比，由联合国儿童基金会、印度政府和比哈尔邦政府按3∶2∶1的比例分担。到1994—1995年项目覆盖了7个县的98个乡。1994—1995年项目支出4.2亿卢比，其中中央政府负担2亿卢比。

二 对处境不利群体的特别扶持

印度的处境不利群体学生包括表列种姓、表列部落和其他弱势群体的学生。印度对处境不利群体学生从以下几个方面进行特别扶持。

1. 实施特别资助计划

1986年《国家教育政策》规定，从一年级开始向从事清扫、屠宰和制革工作的表列种姓家庭的儿童提供中小学奖学金计划，所有此类家庭的儿童不管其收入水平如何，都可享受该资助。喀拉拉邦对表列部落和表列种姓学生实行以奖学金形式为主的特别资助计划。"七五"期间（1986—1990年）用于表列种姓学生的奖学金数额总计达到676.1万卢比，"八五"期间（1991—1995年）支出约1400万卢比。1989—1990年、1990—1991年和1991—1992年用于表列种姓学生奖学金的支出分别为200万、230万和253万卢比。1989—1990年受益人数为20116

人。"七五"期间用于资助表列部落学生的支出为20万卢比，其中1989—1990年用于表列部落学生奖学金的支出为11.6万卢比，受益人数为2256人。对象是中学和高级小学年度考试成绩排在前两名的男生和女生，标准分别为每人每年60卢比和40卢比。

2. 整笔补助

喀拉拉邦规定，属于表列种姓的学生每年按年级给予数额不等的整笔补助，一年级至三年级每人每年给予40卢比的整笔补助，四年级每人每年45卢比，五年级每人每年80卢比，六年级至七年级每人每年90卢比，八年级至十年级每人每年125卢比。

3. 优秀成绩奖学金

喀拉拉邦政府设有优秀成绩奖学金，对象是在年度考试中成绩排在前两名的表列种姓和表列部落五年级至八年级的男女学生，标准为高级小学和中学学生分别为40卢比和60卢比。1990年米佐拉姆邦制定了《优秀成绩奖学金条例》，规定向在初等学校毕业考试中取得优秀成绩的家庭困难的学生设立220个奖学金名额，标准为每月100卢比。

4. 免费提供课本、午餐和校服

1958年《喀拉拉邦教育法》第30条规定："政府的职责应是保证向贫穷学生提供免费午餐、校服、书本。"阿鲁纳偕尔邦规定，向高中以下的少数民族学生提供免费教育，全部免费提供教科书，另外适当给予补助，数额依年级而定。

5. 全国初等教育营养资助计划

印度政府在全国范围内实施"午餐计划"，每个工作日为小学生提供免费午餐，以提高学龄儿童的营养水平。1984年，印度喀拉拉邦开始实施午餐计划。1995年印度政府通过了全国初等教育营养资助计划（National Programme of Nutritional Support to Primary Education），通过提高小学生的营养水平来增加学校入学率和出勤率。1997—1998年，该计划已在全国范围内实施。2007年对该营养计划进行了修改：每天免费为全国一年级至五年级小学生提供含有300卡路里及8—12克蛋白质的熟食。2007年，该计划覆盖了3479个教育落后街区的六年级至八年级学生，并将计划名称改为全国学校午餐计划（National Programme of Mid Day Meals in Schools）。同时，很多邦开始向出勤率达80%以上的学生免费发放3千克小麦或大米。该计划由中央政府及各邦政府共同拨款支持，拨款比例为3∶1。

6. 高度重视女童基础教育

1950年印度取得国家独立之后将"普遍的，免费的，而且对所有十四岁的孩子普及的义务教育"列入宪法。1986年印度《国家教育政策》（*The National Policy of Education*）指出："普及小学教育的一个关键问题是女童教育。"印度女童教育存在入学率低、辍学率高，且教育质量不高的问题。究其主要原因有三：一是家庭经济条件较差；二是社会观念重男轻女，不支持女童入学，特别是在印度存在童婚现象，让女童入学被认为是对家庭经济收入不利；三是小学女教师比例极低。在印度农村偏远地区，教师性别差异明显，女性教师比例明显低于男性教师，甚至极低。尤其是拉贾斯坦邦边远经济落后农村地区女生入学率非常低的一个主要原因是女性教师少。为此，印度自1987年开始实施"培养本地教师项目"（Shiksha Karmi Project，SKP），以改善拉贾斯坦邦边远经济落后农村的初等教育情况，特别是教师旷工、入学率低且辍学率高（尤其是女生）的情况。该计划通过对女性进行系统培训使其成为可以在拉贾斯坦邦边远经济落后农村任教的初等教育工作者。印度政府建立了一个女性教师培训中心，提高女性教师教学水平并吸引更多的教师在农村任教。该计划还提出了每个村庄有一男一女两位教师的原则，以鼓励更多女童入学接受教育。

7. 制定"最低知识水平"的要求

"最低知识水平"是印度发展初等教育的策略，意指接受了义务教育的学生在知识、能力方面应达到的最低水平，旨在提高义务教育的质量。包括正式与非正式两种层次，并把现实的、关键的、功能方面的知识学习都考虑进去。"最低知识水平"侧重于学生能力的培养。该计划于1990年由人力资源开发部开始提出并实施，分三步进行：一是建立15个实验点，约2000所学校的9000名教师和35000名学生参与了其中；二是实施范围进一步扩大；三是全国实施这一策略。该计划实施收效显著，切实提高了义务教育的质量。

8. 继续推行"全面扫盲计划"

鉴于到20世纪末，印度的儿童失学率和辍学率仍高达10%以上的状况，政府在2000年11月成立了旨在保证儿童入学率的全国性普及义务教育机构，规划目标是到2003年保证所有适龄儿童入学，并在2010

年完成 8 年学业前不辍学。为确保教育规划的实施，中央要求各级地方政府的教育经费尽快达到国内生产总值的 6%。

9. 实施"预留政策"，设定预留名额

"预留政策"是指在中央和地方政府机构、国营企业和教育机构（主要是重点大学和中小学）内，给予表列种姓 15%、表列部族 7.5% 和其他落后阶层 22.5% 的预留名额。独立后，印度废除了不可接触的阶层，并在教育机构和教育行业中留有一些职位给社会弱势群体。这种职位的预留，最初只想实行 10 年，却一直实施到现在。但是，具有讽刺意味的是，印度一方面在努力为社会平等和消灭社会等级而努力，另一方面却由于被归入弱势群体所具有的好处而促进了种族意识的不断增长。但这在一定程度上促进了不同种姓之间的教育公平。

第二节 泰国义务教育财政支出的特别扶持制度

作为发展中国家，泰国经济和文化基础都比较薄弱，除中心及旅游城市经济发展速度较快之外，大部分地区的条件还处于中等或中等以下水平，许多社会、经济、文化和宗教等方面的因素影响泰国的学龄儿童有效地入学接受基本的义务教育。根据泰国政府的分类，所谓的处境不利地区包括：（1）50% 以上儿童在家庭使用非泰语的地区，即少数民族聚居地位；（2）国家宣布的贫困地区；（3）偏远的农村地区；（4）城市贫民区。在（1）类地区，已推行了《地方语言为非泰语地区促进教育计划》。1984 年，在这些地区设学前班的小学已达 2935 所，计划的目标是这类地区每所小学均设学前班，在学前教育阶段即部分地解决母语和官方语言的交流和使用问题。在（2）类地区，实施了《经济贫困地区促进学前教育计划》。1984 年，在全国 38 个贫困府的 23 个府中，有 1462 所小学开设了学前班。政府为这两个计划提供了大笔经费以培训教师、学校管理人员和府区两级督学，以及购置教材教具，开展质量控制和评价等。农村地区学前教育的发展对巩固农村地区普及义务教育成果起了一定的作用。在（3）、（4）类地区，参照（2）类地区的做法，并在政策法规方面作若干调整。

一 对处境不利地区和人群的特别扶持

针对上述处境不利的地区，泰国政府从20世纪70年代开始着手努力改变现状，采取了一系列相关的扶持政策和措施。

1. 实行联校制

泰国的一些边远贫困地区，教师严重缺乏，有的学校只有一名教师，一所学校仅有2—3名教师的情况亦很普遍，复式教育的巨大工作量和自下而上的巨大压力使得教学质量很难保证。从20世纪60年代开始，泰国政府即开始倡导联校制，在弱弱结合、弱强结合、强强结合中寻求教育效益的提高和资源共享，互助互帮。20世纪60年代时泰国的23155所小学中有23001所小学参加了联校制，办了3512所联校。1980年，在政府的支持和协调下，联校制成为一种正规和固定的体制。其具体方法是联校像一个地区的中心校，由其将邻近的5—10所小学联合起来，组成一个基层管理团体，使各校之间共享资源、共商大事、共同解决困难。联校的管理由各校校长和联校董事组成，并成立负责联校管理委员会。管理委员会的职责是领导学校的各项活动，协调校际关系，以条件好、师资强的学校为骨干，带动薄弱校，从整体上提高地区的办学质量，并在筹措资金和校舍、设备的改善方面开展工作。

2. 义务教育年限改革

泰国于1921年开始实施4年义务教育；1960年教育纲要和1962年初等教育法中又将义务教育从4年延长到7年，将小学阶段分为初小4年、高小3年。由于这一政策脱离了当时的经济发展水平，实施效果不理想。之后，泰国义务教育年限缩短为6年，取消初小和高小的分段，同时增加在校学习时间，小学的每年在校时间由原来的180天增加到200天。这样，小学6年的全部学习时间与过去7年大体相同。这一政策的实施，对普及义务教育产生了重大影响，到20世纪80年代中期泰国已基本普及小学教育。之后，泰国政府在第七个五年计划（1992—1996）中提出逐步将普及义务教育年限延长为9年，争取在计划期间，全国公立小学500名毕业生能继续接受3年的初中教育。从1997年泰国颁布《第八个全国教育发展规划》，特别强调加强基础教育，把普及基础教育延长至整个中学阶段，12年义务教育被写入宪法，1999年国家教育法进一步细化，每个青少年将获得至少12年的免费基础教育机会，3年初中教育自此被纳入强制义务教育之中。2004年开始逐步落实，进一步提升为 15 年免费教育。

3. 设立流动图书馆

缺少图书馆是处境不利地区学校和贫困家庭子女学习的主要问题之一，对此泰国政府亦作了重要的推动工作，成立了专门的服务组织，目前泰国已有 4134 所学校加入流动图书馆服务系统，在现有的基础上一定程度地解决了图书短缺的困难。

4. 加强教师培训

泰国普及义务教育的一个重要问题是教师水平不高，数量不足。1965 年小学有 25337 所，当时师资不足的情况相当严重，很多人把教师职位当作跳板，流失严重，但到 1981 年时小学增加到 30671 所，教师问题更加严重，约有 8000 多所学校无法每个班配备一名教师，尤其是相当多的教师对改革后的教材不熟，也影响了教育工作。为此，泰国政府一方面大力提高教师待遇，使之享受政府公务员待遇，享受住房补助，直系亲属免费医疗，孩子免费读书，退休后享受 100% 的养老金。另一方面对教师进行系统培训，加快培训教师步伐等。

5. 1978 年课程改革

这次改革一个最大的特点是在中学引进学分制。它允许学生自由选课，完成学分即可毕业，使学生的学习更加灵活有效。学分制使学生们既拥有灵活的课程计划，又可以轻松地完成学业。摆脱了泰国过去旧学制僵化的课程设置，新课程改革让此后的泰国课程设置更加灵活。另一个重大变化是取消了中小学的全国毕业统考，改由学校自己出题统考或评价自己的学生，给予了学校更大的自主权，促使学校办学更加"自由化"和"多样化"。

6. 动员全国改革管理制度

泰国政府对普及义务教育非常重视，1921 年由国王签署法令：强行执行，动员全国全民、征收教育税，意在普及。泰国当时是专制制度，对教育实行集权制管理，但为实行普及教育，断然把办教权下放到府、县一级。1948 年为了提高教师地位，教师实行公务员制度，小学教育也随之由教育部统一管理，但很快发现对普及教育有不利影响，又通过各种方式把小学教育下放到府、县来管理。1980 年还专门成立全国及地方初等教育委员会及办事处，加强对普及义务教育的管理，负责筹备办学资金，动员群众支持办学，争取国内外大企业资助，真正贯彻全国办学、全民办学的精神正是 20 世纪 80 年代后，普及义务教育能保持在 95% 左右的最重要的原因之一。

二　对处境不利人群的特别扶持

所谓的处境不利人群，其困难主要在地域、经济条件、语言和宗教信仰等方面，其中有历史的原因，也有其他方面的原因。解决他们的问题一直是泰国政府和文教部门的难题。虽然其面临的困难在发展中国家普遍存在，但还是有着许多民族传统的特色，泰国政府正在努力因时因地地加以解决。针对上述处境不利的人群，泰国政府从 20 世纪 70 年代开始着手努力改变现状，采取了一系列相关的扶持政策和措施。

1. 向贫困生出借课本

1983 年，泰国政府拨款 1.3 亿铢（570 万美元）开展"向要书学生出借课本"计划，贫困学生在校所用课本由政府提供；同时，动员已毕业的学生向贫困学生捐送已用过的课本和图书。这一计划使 25% 的一年级至四年级小学生，50% 的六年级小学生可以借到所需的教科书。

2. 为学生提供午餐

泰国政府自 1952 年始，每年拨专款建立学生午餐免费制度，这一制度实施后即得到一些企业的支持。在部分地区午餐不是全免的，但学生只交很少的钱，小学生每餐只需交 2 铢；在一些边远贫困地区，午餐由师生共同种植的产品为主自给自足，据 1992 年统计，这类学校已达 8095 所。

3. 向学生出租自行车

为了给条件不利学生解决基本的交通工具，泰国北部的匹查努洛克府率先发起了这一运动，并得到社会有识之士的积极支援，随之政府亦拨转款设立和保持这一有意义的专项服务。

4. 大力发展福利教育

泰国普及义务教育 90 多年，认为普及教育的关键是边远贫困山区的儿童入学问题，其中最困难的是儿童要为自身的生存去干活赚钱。为了彻底改变这部分人的贫困问题，扭转他们已形成的恶性循环，保证贫困家庭的学生不会因为生存问题和家庭负担而辍学、退学，泰国政府对其实行全面福利教育，从而解决普及义务教育的死角，采取了一系列措施：不仅免费教育，还提供住宿、衣服、食物、课本，并且免费学习职业技能，为日后相应就业做准备，并对一部分人实行自动升级制。

此外，泰国政府还采取了在边远贫困及人群分散地区建立寄宿制学校等办法，为当地学龄儿童提供尽可能方便的就学条件。在立足于本国实际情况的基础上采取了一系列切实可行的政策与措施。再者，争取国际支持，特别是联合国教科文组织、儿童基金会等对其贫困地区的教育资助，也为当地教育的改善提供了重要的帮助。

第三节　印度尼西亚义务教育财政支出的特别扶持制度

为了消除绝对贫困，印度尼西亚政府近年来采取了一系列有目标的干预措施。例如，从 1994 年开始，印尼政府每年拨付 2 亿美元援助 23 个落后于全国经济发展水平的村落，经费主要用于各个村落开展创收活动的种子资金。针对人口分布不平衡造成的贫困，政府出资从人口稠密的爪哇岛迁移 75 万户家庭约 360 万人到人口较少的其他岛屿，以解决其没有土地而造成的贫困，经费主要用于向新移民提供农田和其他福利。

一　对处境不利地区的特别扶持

1. 教师教育培训

印度尼西亚的师范教育分为中等师范教育和高等师范教育。中等师范教育旨在培养幼儿园或小学的教师，其中，初级师范中学招收相当于小学毕业程度的学生，学制四年；普通高级师范中学和体育高级师范中学，招收普通初中毕业生，学制三年。师范及教育学院负责培养中学师资，招收普通中学或高级师范中学毕业生，现行学制为四年。培养计划划分为攻读学位的本科生班和文凭班。本科生班四年制或修满 160 个学分，可获得学士学位；再读二年研究生课程，共计 180 个学分，可获硕士学位；再读二年博士研究生课程，共计 220 个学分，可得博士学位。文凭班可获得四类证书：A1 证书 20 个学分（初中教师），A2 证书 60 个学分（初中教师），A3 证书 90 个学分（高中或初中教师），A4 证书 120 个学分（高中教师）。

2. 多种教育渠道并行

印度尼西亚政府认可多种教育渠道，包括正规的世俗初等学校、伊斯兰教初等学校、非正规教育的 A 类教学阶段（NFE Package A）识字班。A 类教学阶段识字班等同于初等学校，在识字班学习的人主要是那些不会读、写拉丁文字，不会用印度尼西亚语进行交际，缺乏基本教育的成人和农村地区初等学校的辍学儿童。识字班教学以小组学习为形式，通过逐步掌握 100 册学习教材而获得题材广泛的实际知识。

3. 开发初级中学

该计划目前被视为印度尼西亚普及九年义务教育的重要举措。开放初级中学实质为设在学生住处附近的学习中心，其对象是那些因各种原因不能进入正规初中学习的 13—15 岁儿童，学习场所由社区免费提供，可以是当地的学校、清真寺、乡镇礼堂等。学生以自学印刷教材为主，另有视听教材作为教学内容的补充。学习中心有志愿教师为学生提供服务并解答一般教学疑难问题。与此同时，学生每周到"母校"（与学习中心相联系的正规初级中学）接受 1—2 次学科教师的面授辅导，以巩固所学知识。开放初级中学课程设置与正规初级中学完全相同，因此，其毕业试卷也与正规初中的相同，考试合格者获得初中毕业证书。开放初级中学充分利用社区资源以及正规初级中学现有师资力量，在减轻政府教育投资压力的同时，又切实扩大了初中教育的就学机会，因此，这一办学模式受到社会的广泛认可，从 1989 年推广至今，其数量不断增加。

4. 教育分权

为实现教育民主，印度尼西亚政府自 1999 年开始将教育权力下放。1999 年地方政府法律的第 22 条款提出教育分权问题，重新勾勒了各级政府的权力和责任。它强调学校本位管理，各门学科也建立以能力达标为基础的新的课程框架。这些课程在分权后将满足各地的教育需求。为了保证多数人的利益并充分发挥政府的参与功能，教育权力和资源将由县和自治市教育部门下放到各个学区。教育权力下放后，印度尼西亚教师方面的变化日趋凸显。"教育质量在很大程度上有赖于教师的质量，教师是教育的第一资源，是教育变革的执行者，是提高全民教育质量的保证。""教师是未来推进优质教育的一个关键环节。教师不仅应了解新的教学方法，而且应知道如何应用它们。而且师生关系是教师为每个学生找到最佳教学方法的重要途径"。

二 对处境不利人群的特别扶持

1. 资格入学

在印度尼西亚，适龄儿童只要掌握1—5册教材即可具有基本的识字能力（脱盲），完成1—20册教材，即有资格参加初等学校同等学力考试，考试合格者可获得正规初等学校同等学力证书。有此证书的学龄儿童可以升入多种渠道的初中学习，也可以就业，一般还可获得收入较好的工作。非正规教育几乎都是由社区开办和承担的，识字班的教师和监督人员均为志愿人员，学习场地免费提供，政府只提供教材和支付分地区一级的监督人员的工资。从1973—1992年，已有1720万人参加了识字班的学习，政府为此提供的教材和教师辅导手册达1.65亿册。

2. 道德教育

印度尼西亚的道德教育除要求学生们将来成为一名出色的印度尼西亚公民，为社会作贡献外，大都强调为母校争光，以培养他们的荣誉感。印度尼西亚教育部规定，宗教课和建国五项原则道德课为小学至大学一年级的强制必修课程，并强调各学科的德育作用，如印度尼西亚语文、英语、社会科学及体育卫生等课程，都非常注意突出政治教育和道德熏陶的作用。此外，印度尼西亚的家庭、教会、社会习俗风尚、大众媒介（如报纸、电视、广播、电影及各种演讲）、社会团体或组织（如全国中学生联合会、大学生联合会、青少年娱乐俱乐部、公民管理成员训练队办事处）都对学校德育有重大影响。

3. 华文教育

印度尼西亚的华文教育以华文补习班为主。目前，全印度尼西亚有几百个补习班，分别由华侨团体、华校校友会及国民学校等开办。随着中印两国政治互信和经济联系的加强，印度尼西亚政府已把推广汉语、支持华文教育作为加强国际贸易与技术合作、发展国家经济需要的国策。2001年，印度尼西亚教育部决定将华文列入国民教育体系，华文将作为国民学校高中和初中选修的课程。2001年8月，印度尼西亚教育部颁布决定书，允许民间开办华文学校，其规模不受限制，学校可以自行安排和决定课程。而在西加里曼丹、廖内、北苏门答腊、占卑、巨港等地区，汉语被作为中小学的主要选修课程。

参考文献

一 著作类

[1] 埃尔查南·科恩·特雷：《教育经济学》，上海人民出版社 2009 年版。

[2] 财政部教科文司、教育部财务司、上海财经大学公共政策研究中心课题组：《中国农村义务教育转移支付制度研究》，上海财经大学出版社 2005 年版。

[3] 曹保印：《直击中国教育底线》，中国社会科学出版社 2004 年版。

[4] 常桂祥：《法治政治论》，山东大学出版社 2007 年版。

[5] 陈共：《财政学》，中国人民大学出版社 2004 年版。

[6] 陈尧：《参与和民主理论》，上海人民出版社 2006 年版。

[7] 陈振明：《公共管理学》，中国人民大学出版社 2005 年版。

[8] 成有信：《九国普及义务教育》，人民教育出版社 1985 年版。

[9] 丛树海：《财政支出学》，中国人民大学出版社 2002 年版。

[10] 戴小明等：《公共财政与宪政——民族地区公共财政法制研究》，中央民族大学出版社 2009 年版。

[11] 范先佐：《教育经济学》，人民教育出版社 1997 年版。

[12] 范先佐：《教育投资体制改革的理论与实践问题研究》，华中师范大学出版社 2003 年版。

[13] 高如峰：《义务教育投资国际比较》，人民教育出版社 2002 年版。

[14] 高如峰：《中国农村义务教育财政体制研究》，人民教育出版社 2005 年版。

[15] 何东昌：《中华人民共和国重要教育文献：1998—2002》，海南出版社 2003 年版。

[16] 胡平平、张守祥：《农村义务教育投入保障机制及管理体制》，科学出版社 2007 年版。

[17] 黄恒学:《公共经济学》,北京大学出版社 2006 年版。
[18] 姜明安:《行政法与行政诉讼法》,北京大学出版社 1999 年版。
[19] 蒋洪:《公共支出分析的基本方法》,中国财政经济出版社 2000 年版。
[20] 教育系统人力资源配置与学校编制管理课题组:《教育系统人力资源配置与学校编制管理研究》,北京师范大学出版社 2009 年版。
[21] 金东海:《少数民族教育政策研究》,甘肃教育出版社 2002 年版。
[22] 柯卫等:《社会主义法治意识与人的现代化研究》,法律出版社 2010 年版。
[23] 赖勤学:《转型与立序:公共财政与宪政转轨》,知识产权出版社 2008 年版。
[24] 李瑞峰、郭大、辛贤:《中国农村义务教育投入:现状及政策建议》,中国农业出版社 2008 年版。
[25] 李晓燕:《教育法学》,高等教育出版社 2002 年版。
[26] 李艳等:《农村义务教育制度选择论》,北京师范大学出版社 2009 年版。
[27] 李贞:《公平义务教育与中国财政体制改革研究》,经济科学出版社 2009 年版。
[28] 李忠斌:《民族教育投资与民族地区经济增长研究》,民族出版社 2007 年版。
[29] 栗玉香:《公共教育财政制度生成与运行》,中国财政经济出版社 2004 年版。
[30] 廖楚晖:《教育财政学》,北京大学出版社 2006 年版。
[31] 刘建发:《教育财政投入的法制保障研究》,经济管理出版社 2006 年版。
[32] 马国贤:《政府绩效管理》,复旦大学出版社 2005 年版。
[33] 马骏、牛美丽:《预算民主》,上海人民出版社 2008 年版。
[34] 马戎:《中国农村教育发展的区域差异:24 县调查》,福建教育出版社 1999 年版。
[35] 孟德斯鸠著:《论法的精神》,商务印书馆 1993 年版。
[36] 萨尔瓦托雷·斯基亚沃—坎波、丹尼尔·托马西:《公共支出管

理》，中国财政经济出版社 2001 年版。

[37] 桑贾伊·普拉丹：《公共支出分析的基本方法》，蒋洪等译，中国财政经济出版社 2000 年版。

[38] 上海财经大学：《公共政策研究中心》，上海财经大学出版社 2010 年版。

[39] 申书海：《财政支出效益评价》，中国财政经济出版社 2002 年版。

[40] 沈玉平等：《公共选择理论与地方公共财政制度创新》，中国财政经济出版社 2004 年版。

[41] 沈宗灵主编：《法理学》，高等教育出版社 1994 年版。

[42] 石金涛、魏晋才：《绩效管理》，北京师范大学出版社 2007 年版。

[43] 水延凯：《社会调查教程》，中国人民大学出版社 2003 年版。

[44] 宋雅芳等：《行政规划的法治化——理念与制度》，法律出版社 2009 年版。

[45] 苏霍姆林斯基：《苏霍姆林斯基选集》，王家驹译，人民教育出版社 2001 年版。

[46] 汪洪涛著：《制度经济学——制度及制度变迁性质解释》，复旦大学出版社 2004 年版。

[47] 王加林：《发达国家预算管理与我国预算管理改革的实践》，中国财经经济出版社 2006 年版。

[48] 王磊：《公共教育支出分析——基本框架与我国的实证研究》，北京师范大学出版社 2004 年版。

[49] 王善迈：《教育投入与产出研究》，河北教育出版社 1996 年版。

[50] 王世忠：《学校的社会责任与校长智慧》，湖北人民出版社 2009 年版。

[51] 王世忠：《制度视阈下的中国教育行政研究》，湖北人民出版社 2009 年版。

[52] 王世忠：《少数民族教育发展研究》，人民出版社 2013 年版。

[53] 王世忠：《新时期少数民族基础教育政策理论与实践》，中国社会科学出版社 2016 年版。

[54] 文跃然：《薪酬管理原理》，复旦大学出版社 2005 年版。

[55] 邬志辉：《农村义务教育经费保障新机制》，北京大学出版社 2008 年版。

[56] 小弗恩·布里莱姆、鲁龙·R. 贾弗尔德：《教育财政学——因应变革时代》，中国人民大学出版社2007年版。

[57] 徐曙娜：《公共支出过程中的信息不对称与制度约束》，中国财政经济出版社2005年版。

[58] 杨春福等：《自由·权利与法治——法治化进程中公民权利保障机制研究》，法律出版社2007年版。

[59] 杨军：《西北少数民族地区基础教育均衡发展研究》，民族出版社2006年版。

[60] 游劝荣：《法治成本分析》，法律出版社2005年版。

[61] 张诗亚、孟小军：《断裂与链接——西南民族地区基础教育类型研究》，广西师范大学出版社2007年版。

[62] 张体勤：《知识团队的绩效管理》，科学出版社2002年版。

[63] 张通：《公共支出管理——亚洲开发银行》，中国财经经济出版社2001年版。

[64] 钟雯彬：《公共产品法律调整研究》，法律出版社2008年版。

[65] 周金玲：《义务教育及其财政制度研究》，经济科学出版社2005年版。

[66] ［美］理德、［美］斯韦恩、朱萍：《公共财政管理》，蒋红译，中国财政经济出版社2009年版。

[67] 朱志刚：《财政支出绩效评价研究》，中国财政经济出版社2003年版。

二 期刊类

[1] 蔡斌、郭立天：《我国教育经费立法诸问题刍议》，《理论学刊》2004年第10期。

[2] 蔡红英：《农村义务教育经费政府分担机制研究》，《财政研究》2005年第3期。

[3] 蔡永红：《对教师绩效评估研究的回顾与反思》，《高等师范教育研究》2001年第3期。

[4] 陈·巴特尔：《试论加拿大原住民寄宿制学校制度的生与亡》，《民族教育研究》2011年第10期。

[5] 陈立鹏、李娜：《〈教育规划纲要〉：促进民族教育发展的重要依据——〈国家中长期教育改革和发展规划纲要（2010—2020年）〉

民族教育部分解读本期视点》，《中国民族教育》2010 年第 9 期。
［6］陈燕平、姚炜：《对我国农村基础教育财政投入问题的分析》，《财政研究》2004 年第 5 期。
［7］陈祎鸿：《民族地区义务教育均衡发展刍议》，《科教导刊》（上旬刊）2012 年第 6 期。
［8］楚旋：《改革开放以来我国教师工资政策的分析》，《教学与管理》2006 年第 9 期。
［9］丁建福、成刚：《义务教育财政效率评价：方法及比较》，《北京师范大学学报》（社会科学版）2010 年第 2 期。
［10］丁延庆：《我国义务教育基本建设费保障机制研究》，《中国教育学刊》2008 年第 3 期。
［11］杜育红：《农村寄宿制学校：成本构成的变化与相关的管理问题》，《人民教育》2006 年第 23 期。
［12］段华洽、邵光：《义务教育学校绩效工资实施过程中的问题思考》，《人力资源管理》2010 年第 6 期。
［13］范丽萍、李祥云：《国外义务教育财政制度研究综述》，《福建教育学院学报》2002 年第 10 期。
［14］范先佐：《农村中小学布局调整的原因、动力及方式选择》，《教育与经济》2006 年第 1 期。
［15］范先佐：《我国基础教育财政体制改革的回顾与反思》，《华中师范大学学报》2003 年第 8 期。
［16］付卫东、崔民初：《义务教育学校教师绩效工资政策分析》，《现代教育管理》2011 年第 2 期。
［17］高如峰：《中国农村义务教育财政体制的实证研究》，《教育研究》2004 年第 5 期。
［18］高如峰：《重构中国农村义务教育财政体制的政策建议》，《教育研究》2004 年第 7 期。
［19］郭建如：《基础教育财政体制变革与农村义务教育发展研究：制度分析的视角》，《社会科学战线》2003 年第 5 期。
［20］贺新宇：《民族地区义务教育经费投入的相关问题》，《财经科学》2007 年第 10 期。
［21］金国庆：《浅谈绩效工资背景下的教师评价问题》，《浙江教育科

学》2011 年第 2 期。

［22］ 李福华：《中小学工资制度改革的比较分析和模式构建》，《中国教育学刊》2002 年第 8 期。

［23］ 李红燕：《义务教育财政专项资金的绩效评价指标体系构建及其实施》，《西北民族大学学报》（哲学社会科学版）2011 年第 5 期。

［24］ 李尽晖：《西部农村寄宿制学校校长培训的问题与对策研究》，《教育发展研究》2006 年第 22 期。

［25］ 李名峰、李军超：《公共服务均等化视阈下的湖北城乡义务教育均衡发展研究》，《湖北行政学院学报》2013 年第 1 期。

［26］ 李萍、盘宇章、吕荣：《义务教育学校绩效工资改革的经济学分析》，《经济理论与经济管理》2010 年第 2 期。

［27］ 李韧竹：《我国农村寄宿制学校学生补贴政策研究》，《教育发展研究》2008 年第 19 期。

［28］ 李星云：《国外中小学教师工资制度对我国的启示》，《教育与经济》2008 年第 3 期。

［29］ 栗玉香：《教育财政效率的内涵、测度指标及影响因素》，《教育研究》2010 年第 3 期。

［30］ 廖文科等：《我国农村寄宿制学校学生膳食营养状况》，《中国学校卫生》2010 年第 9 期。

［31］ 刘建发：《论我国教育财政投入执法的思考》，《法制与经济》2006 年第 4 期。

［32］ 刘建发：《试论我国教育财政投入立法的依据和原则》，《湖湘论坛》2006 年第 2 期。

［33］ 刘建发：《我国教育经费立法的可行性》，《教育与经济》2005 年第 3 期。

［34］ 刘涛：《扩建寄宿制学校优化农村教育资源配置》，《人民教育》2006 年第 6 期。

［35］ 刘希平：《实施绩效工资向农村教师和班主任倾斜》，《中国农村教育》2010 年第 3 期。

［36］ 刘昕：《义务教育学校实施绩效工资的政策背景及实施建议》，《北京行政学院学报》2010 年第 1 期。

[37] 刘欣：《农村中小学布局调整与寄宿制学校建设》，《教育与经济》2006年第1期。

[38] 刘璐、王世忠：《民族地区义务教育经费保障机制实施状况研究》，《贵州民族研究》2014年第1期。

[39] 刘勇武：《农村寄宿制学校的媒介素养教育探索》，《中国广播电视学刊》2010年第8期。

[40] 刘泽云：《西方发达国家的义务教育财政转移支付制度》，《比较教育研究》2003年第1期。

[41] 刘泽云：《政府如何为农村义务教育埋单？——农村义务教育财政体制改革新论》，《华中师范大学学报》（人文社会科学版）2005年第3期。

[42] 刘仲：《关于发展民族教育的几点思考》，《理论前沿》2002年第4期。

[43] 柳劲松：《民族地区义务教育技术装备经费的使用效率研究——基于广西244所中小学的DEA分析》，《中国教育学刊》2013年第4期。

[44] 罗苏华、董曦：《浅析义务教育学校教师绩效工资改革》，《教育与教学研究》2003年第5期。

[45] 马冠生等：《我国农村寄宿制学校学生膳食营养认知需求分析》，《中国学校卫生》2010年第9期。

[46] 马骁：《我国财政监督的研究现状及其评价》，《财政监督》2007年第9期。

[47] 倪俊：《论教育支出结构与教育经费的充足和使用效率》，《北大教育经济研究》2006年第4期。

[48] 秦浩、金东海：《西北民族地区农村义务教育经费投入调查研究——基于甘肃、新疆、宁夏6个民族县的调查》，《民族教育研究》2011年第 期。

[49] 任运昌：《西部农村寄宿制学校给农民家长带来了什么——一项质的研究及其现实主义表达》，《当代教育科学》2006年第18期。

[50] 邵峰：《农村义务教育投入体制变迁及当前存在的问题与对策》，《河北师范大学学报》2005年第3期。

[51] 孙文娟:《开展政府效益审计必要性和对策的新思维》,《审计与经济研究》2005年第3期。

[52] 田正平、杨云兰:《建国以来中学教师工资制度的改革》,《教育评论》2008年第3期。

[53] 万吉军:《寄宿制学校学生消费引发的思考》,《教学与管理》2010年第19期。

[54] 王福明:《民族寄宿制学校建设浅议——以云南省楚雄彝族自治州为例》,《中国民族》2008年第2期。

[55] 王娟:《谈审计问责制》,《财会研究》2005年第11期。

[56] 王可、陈恩伦:《山区民族寄宿制学校发展的制度保障研究——以凉山州为个案》,《民族教育研究》2007年第5期。

[57] 王强:《国外义务教育财政转移支付模式:比较与启示》,《教育研究》2011年第3期。

[58] 王蓉:《我国义务教育财政问题研究:回顾与展望》,《教育与经济》2004年第4期。

[59] 王世忠:《论教育的公共产品属性及其判断标准》,《理论月刊》2005年第3期。

[60] 王世忠:《民族地区义务教育财政支出的绩效评价研究——基于湖北恩施土家族苗族自治州的调查》,《民族教育研究》2010年第6期。

[61] 王世忠:《农村教育贫困的根源——利益集团的视角》,《特区经济》2005年第5期。

[62] 王世忠:《提高农村教育质量的关键在哪里》,《人民日报》(理论版)2015年2月16日。

[63] 王迎雪:《义务教育阶段学校绩效工资实施中的几点思考》,《教育财会研究》2010年第1期。

[64] 王正才:《实行教师绩效考核提高教师综合素质》,《卫生职业教育》2005年第24期。

[65] 温辉:《受教育权入宪研究》,《法学家》2001年第2期。

[66] 杨玲等:《安徽省农村寄宿制学校教室宿舍厕所卫生学评价》,《中国学校卫生》2008年第9期。

[67] 杨润勇:《关于中部地区农村中小学寄宿制学校的调查与思考》,

《教育理论与实践》2009 年第 22 期。

[68] 杨茁:《问责与绩效评价:政府审计职能创新解读》,《求是学刊》2006 年第 9 期。

[69] 叶华强:《公共财政视角下我国农村义务教育供求状况分析》,《中国城市经济》2011 年第 26 期。

[70] 於鼎丞、廖家勤:《财政监督与监督财政》,《暨南学报》2003 年第 6 期。

[71] 袁志明:《财政性教育投入的国际比较与绩效评价》,《经济社会体制比较》2008 年第 4 期。

[72] 曾满超、丁延庆:《中国义务教育财政面临的挑战与教育转移支付》,《北京大学教育评论》2003 年第 1 期。

[73] 曾庆伟:《义务教育投资保障之思考》,《当代教育科学》2003 年第 17 期。

[74] 曾天山:《完善农村教育管理体制是发展农村教育的治本之策》,《教育研究》2003 年第 8 期。

[75] 詹清荣:《中国财政法治化创新的法哲学解析》,《法制与社会发展》2005 年第 2 期。

[76] 张传武:《改革办学模式全面办好农牧区寄宿教育——农村寄宿制学校办学模式改革研究与探索》,《内蒙古教育》2006 年第 9 期。

[77] 张传武:《农村寄宿制学校办学模式新探索》,《人民教育》2006 年第 23 期。

[78] 张大庆:《农村寄宿制学校办学模式探析——以湘西自治州为例》,《当代教育论坛》(管理研究)2010 年第 10 期。

[79] 张国霖:《教育法治化的内涵要素》,《教育评论》2001 年第 3 期。

[80] 张伦俊:《开征教育税是保证教育投资的根本选择》,《中国教育学刊》2003 年第 5 期。

[81] 张其志:《对发展性教师评价的审视与思考——与王斌华教授商榷》,《教育研究与实验》2005 年第 1 期。

[82] 张馨:《法治化:政府行为·财政行为·预算行为》,《厦门大学学报》(哲学社会科学版)2001 年第 4 期。

［83］张雄：《公共财政框架体系的建立与我国财政审计的发展》，《审计与经济研究》2004 年第 19 期。

［84］张学敏：《我国义务教育经费投入体制的变迁》，《教育科学》2003 年第 3 期。

［85］张玉林：《目前中国农村的教育危机》，《人大复印报刊资料——教育学》2004 年第 11 期。

［86］赵丽霞：《关于天津市农村义务教育现状的专题调查》，《上海教育科研》2004 年第 9 期。

［87］中央教育科学研究所课题组：《贫困地区农村寄宿制学校学生课余生活管理研究——基于广西壮族自治区都安县、河北省丰宁县的调研》，《教育研究》2008 年第 4 期。

［88］钟宇平等：《公平视野下中国基础教育财政政策》，《教育与经济》2002 年第 1 期。

［89］周宏：《关于当前我国农村义务教育管理体制改革的新思路》，《教育发展研究》2001 年第 1 期。

［90］左娇蕾、胡小琪：《我国农村寄宿制学校学生营养状况及干预策略》，《中国学校卫生》2010 年第 9 期。

三　学位论文类

［1］陈丰：《基于财政视角的城乡义务教育均衡发展研究》，博士学位论文，中国海洋大学，2014 年。

［2］陈静漪：《中国义务教育经费保障机制研究机制设计理论视角》，博士学位论文，东北师范大学，2009 年。

［3］刁瑜：《广西农村寄宿制学校可持续发展研究》，硕士学位论文，广西师范大学，2006 年。

［4］桂荣：《农村牧区中小学布局调整的问题及其对策研究——以通辽市库伦旗和锡盟东乌珠穆沁旗为个案》，硕士学位论文，内蒙古师范大学，2008 年。

［5］郭灵康：《我国政府间义务教育支出责任划分研究》，硕士学位论文，财政部财政科学研究所，2012 年。

［6］郝秀宁：《2001 年后义务教育财政体制改革对县域间教育财政支出差异的影响》，硕士学位论文，南京财政大学，2012 年。

［7］胡姝：《义务教育学校绩效工资实施下教师绩效变化之研究——以

湖北省荆州市若干学校为调查对象》，硕士学位论文，华中师范大学，2011年。

[8] 黄奇：《民族地区义务教育寄宿制学校办学问题研究——以广西壮族自治区H市、S县为例》，硕士学位论文，中南民族大学，2012年。

[9] 雷顺妮：《民族地区义务教育财政均衡：政策与效果——以湖北恩施州为例》，硕士学位论文，中南民族大学，2012年。

[10] 李晓刚：《义务教育阶段学校布局调整研究初探——以江苏省盐都县学校布局调整为例》，硕士学位论文，南京师范大学，2004年。

[11] 李亚楠：《民族地区义务教育财政支出绩效审计研究——以黔南布依族苗族自治州为个案》，硕士学位论文，中南民族大学，2011年。

[12] 刘凯：《河南省新野、淅川两县义务教育经费保障问题研究》，硕士学位论文，西北师范大学，2006年。

[13] 刘璐：《民族地区义务教育财政投入与使用法治化研究——基于黔南州布依族苗族自治州的个案》，硕士学位论文，中南民族大学，2011年。

[14] 刘颖：《我国义务教育财政参与式预算制度研究——基于恩施土家族苗族自治州的个案》，硕士学位论文，中南民族大学，2012年。

[15] 聂亮：《民族地区义务教育财政管理体制研究——以黔南布依族苗族自治州为例》，硕士学位论文，中南民族大学，2011年。

[16] 朴红月：《少数民族地区学校布局调整政策执行与影响研究》，硕士学位论文，中央民族大学，2011年。

[17] 师玉生：《县域义务教育均衡发展的现状与对策研究》，硕士学位论文，西北师范大学，2011年。

[18] 孙照辉：《我国农村义务教育办学模式的历史演变及改革方向研究》，硕士学位论文，东北师范大学，2007年。

[19] 谈晓奇：《克雷明教育生态学理论述评》，硕士学位论文，华东师范大学，2006年。

[20] 田恒平：《税费改革对农村义务教育的影响》，硕士学位论文，华

中师范大学，2005年。

[21] 同芳娥：《西部农村寄宿制学校的发展现状及其对策研究》，硕士学位论文，南京师范大学，2006年。

[22] 童艳：《民族地区中小学校布局调整的生态因素研究——以黔南布依族苗族自治州为个案》，硕士学位论文，中南民族大学，2012年。

[23] 王春梅：《青海省少数民族地区义务教育资源均衡配置现状研究——以青海省天峻县为例》，硕士学位论文，西北师范大学，2009年。

[24] 王靖：《民族地区义务教育教师绩效工资研究——以黔南布依族苗族自治州为例》，硕士学位论文，中南民族大学，2012年。

[25] 吴娟：《农村学校布局调整中的教师利益诉求》，硕士学位论文，华中师范大学，2011年。

[26] 吴晓：《民族地区义务教育财政支出绩效评价研究——以广西壮族自治区H县为例》，硕士学位论文，中南民族大学，2012年。

[27] 吴政富：《中国民族义务教育政策初探》，硕士学位论文，广西民族大学，2007年。

[28] 杨华章：《我国基础教育财政支出绩效评价问题研究》，硕士学位论文，首都经济贸易大学，2013年。

[29] 杨楷：《民族地区义务教育均衡发展研究——基于公共财政投入的视角》，硕士学位论文，中南民族大学，2011年。

[30] 杨蕾：《民族地区义务教育绩效工资实施状况的实证研究》，硕士学位论文，中南民族大学，2012年。

[31] 杨清溪：《义务教育阶段农村标准化寄宿制学校问题研究》，硕士学位论文，东北师范大学，2008年。

[32] 余莲婷：《推进义务教育公平促进和谐社会建设——以重庆市玛瑙学校为例》，硕士学位论文，重庆师范大学，2008年。

[33] 张布和：《建设和谐文化视角的少数民族教育质量评价研究》，博士学位论文，中央民族大学，2007年。

[34] 张春梅：《农村义务教育办学模式研究——从对东丰县办学模式的调查中引起的几点思考》，硕士学位论文，东北师范大学，2007年。

［35］张凤丽:《教育生态学视野中的学校发展研究》,硕士学位论文,福建师范大学,2010年。

［36］张宇:《义务教育阶段办学模式选择与财政政策》,硕士学位论文,东北财经大学,2005年。

［37］郑晓锋:《克雷明教育生态学理论探究》,硕士学位论文,浙江师范大学,2010年。

［38］周亚梅:《义务教育财政投入的公平与效率分析——以南安市为例》,硕士学位论文,福建农林大学,2013年。

［39］朱霞桃:《农村寄宿制学校留守儿童情况的调查研究》,硕士学位论文,合肥工业大学,2006年。

［40］朱艳红:《农村义务教育办学模式个案调查研究》,硕士学位论文,东北师范大学,2007年。

四 外文参考文献

［1］Marilyn Osborn, Patricia Broadfoot. Social Class, *Educational Opportunity and Equal Entitlement*: Dilemmas of Schooling in England and France, Comparative Education, 1997, (3): 375 – 393.

［2］Education Audiovisual & Culture Executive Agency, European Commission, Organization of the Education System in France (2009/2010): 48 – 60 ［EB/OL］. http: //eacea. ec. europa. eu/education/eurydice/documents/eurybase/eurybase_ full_ reports/FR_ EN. pdf, 2010 – 05 – 30.

［3］Charles A. Coppel, *Indonesian Chinese in Crisis (Southeast Asia publications series)*, New York: Oxford University Press, 1983.

［4］Rao, N., Cheng, Kai. M Narain, K., "Primary Schooling in China and India: Understanding How Socio – contextual Factors Moderate the Role of the State", *International Review of Education*, 2003, (49): 153 – 176.

［5］George William Skinner, *Chinese Society in Thailand: An Analytical History*, Ithaca: Cornell University Press, 1957. xvii + 459 pp.

［6］George William Skinner, *Leadership and Power in the Chinese Community of Thailand*, Ithaca: Cornell University Press, 1958, xvii + 363 pp. (Monographs of the Association for Asian Studies, Ⅲ). (Reprinted 1979 by Universities Microfilm International).

[7] George William Skinner, *Overseas Chinese in Southeast Asia*, Annals of the American Academy of Political and Social Science 321 (Jan. 1959): 136 - 47.

[8] George William Skinner, *The Thailand Chinese: Assimilation in a Changing Society*, Asia 2 (Autumn 1964): 80 - 92.

[9] George William Skinner, *Report on the Chinese in Southeast Asia*, December 1950, Ithaca: Cornell University, Southeast Asia Program, Department of Far Eastern Studies, 1951.

[10] Varaphorn Bovornsiri, *An Analysis of Access to Higher Education in Thailand*, Regional Institute of Higher Education and Development, 1985.

[11] Anuradha De, Jean Dreze, *Public Report on Basic Education in India*, Oxford University Press, 1999.

[12] Education in India - Fundamental Rights for 6 - 14 years old [EB/OL]. http://www.newsviews.info/education01.html.

[13] Sun Go, *The Rise and Centralization of American Public Schools in the 19th Century*, Davis, CA: University of California, 2009.

[14] Joe Bard, Clark Gardener, Regi Wieland, "National Rural Education Association Report - Rural School Consolidation: History, Research Summary, Conclusions and Recommendations", *The Rural Educator*, Vol. 27, No. 2, 2006.

[15] Christopher Berry, School Size and Returns to Education: Evidence from the Conclusion Movement, 1930 - 1970, Harvard University, Department of Government, 2003.

[16] Christopher Jenks, *Inequality: A Reassessment of the Effect of Family and Schooling in America*, New York: Basic Books, 1972.

[17] Nagel T., *Equality and Partiality*, New York: Oxford University Press, 1991.

[18] James S. Coleman: et al., *Equality of Educational Opportunity*, U. S. Government Printing Office, 1966; The Concept of Equality of Educational Opportunity, *Harvard Educational Review*, Vol. 38,

No. 1, 1968; *Equality and Achievement in Education*, Westview Press Inc., 1990.

[19] Caroline Dyer, *Operation Blackboard: Policy Implementation in India Elementary Education.*

后 记

由中南民族大学王世忠教授主持完成的国家社会科学基金一般项目"民族地区义务教育财政支出绩效评价与长效机制研究"（项目批准号：09BMZ035）已完成结项任务（结项证书号：20160670）。义务教育财政支出绩效评价是指采用科学、规范的绩效评价，对照统一制定的评价标准，按照绩效的内在原则，对经费投入的宏观的政府主体行为和经费使用的微观的学校主体行为、过程及其效果进行科学、公正的衡量比较和综合评判。简言之，即能否以低成本的方式办更多的有效果的事。

自2006年春季我国在西部实施农村义务教育经费保障新机制，实现了从"农村教育农民办"到"农村教育政府办"的根本性变革。在这个宏观背景下，对民族地区义务教育财政支出绩效评价及实现机制进行研究，具有较强的理论和实践意义。首先，本课题有助于加强民族地区义务教育财政支出绩效评价体系和相关制度建设，树立民族地区可持续减贫的理念，使有限的公共财政支出发挥更大的绩效。其次，本课题有助于拓展区域教育均衡发展研究的内容。我国是少数民族众多、文化各异、区域资源禀赋和区域社会经济基础差异较大的发展中国家，民族聚居地区、农村地区与贫困地区在地理空间上交互"叠加"，因此，义务教育财政支出的绩效评价和实现机制对如何将国家对民族地区有限的义务教育财政支出合理使用并优化配置具有一定实践价值。最后，本课题丰富了少数民族教育财政理论研究领域的内容：一方面，明确了民族教育财政研究的范围和对象；熟悉并掌握我国少数民族教育财政本身所具有的特殊矛盾及其在教育发展过程中的特点及规律；另一方面，从现阶段的研究文献看，其主要的研究方法是从民族学和社会学的角度，研究少数民族社会生产方式（主要是生产关系），多数是对现象的描述，而缺乏实证分析研究。本课题研究成果是对现有少数民族教育财政理论研究领域的有益补充。

本课题研究主要目标和任务有：第一，通过实地调查与比较分析对民族地区义务教育财政支出绩效评价进行理论梳理，并且对民族地区义务教育财政支出绩效评价历史沿革进行回顾，针对民族地区义务教育财政支出现状与问题进行调查分析，为研究方案设计提供依据。第二，依据公共支出过程中的信息不对称与制度约束的理论，对民族地区义务教育财政支出绩效评价的基本指标体系分类，尝试建构政府作为财政支出宏观主体的拨款评价体系、学校作为经费使用微观主体的质量评价体系以及政府、学校与社会力量等多元参与式绩效监测评价体系。第三，根据财政绩效评价的"经济性"（Economy）、"效率性"（Efficiency）、"有效性"（Effectiveness）的"3E"原则，通过对民族地区与民族地区之间的系统比较，探索民族地区义务教育财政支出绩效评价的执行和质量控制互动机制。第四，针对民族地区的特殊文化背景，选取代表性样本并进行个案分析，探讨相关制度设计的理论基础，构建民族地区义务教育财政支出绩效评价的实现机制，提出相关政策建议。

本课题的学术价值在于：本书丰富了我国民族地区教育财政理论研究领域的内容：一方面，民族地区教育财政研究有其特有的研究范围和对象，本书揭示我国民族地区教育财政本身所具有特殊的矛盾及其在教育发展过程中的特点和规律；另一方面，从现阶段的研究文献看，学界对财政支出整体框架的研究较多，对财政的投入与支出过程、支出名目的具体分析较少。其主要的研究方法是从民族学和社会学的角度出发，研究民族地区社会生产方式（主要是生产关系），多数是对现象的描述，而缺乏实证分析。本书的成果是一个对我国民族地区义务教育财政支出的理论和实证研究。在研究设计过程中，针对现有研究存在的问题，对我国民族地区义务教育财政支出过程和效果评价，即义务教育财政支出绩效评价与实现机制的建立进行的一个综合研究。

本课题的应用价值在于：我国义务教育财政体制随着教育改革发展的变化而不断改变着，这与我国每个时期的财政体制的大背景是分不开的，教育内部各层级的关系也随之发生根本性变化，政府教育管理权力出现分化和转移，政府管理职能也随之变化。在各级政府教育管理职能转变的背景下，构建义务教育财政支出的绩效评价和实现机制是实践义务教育均衡发展和落实政府管理职责的关键所在。特别是我国作为一个少数民族众多、文化各异、区域资源禀赋和区域社会经济基础差异较大的多民族统一国家，义务教育财政支出的绩效评价和实现机制，对如何将国家对民族地区有限的义务教育财政支出合理使用并优化配置具有一定实践价值。

本课题的社会影响和效益在于：课题组成员撰写并公开发表的系列论文，系该课题阶段性研究成果，对丰富理论研究具有一定贡献。同时，形成的四篇调研报告，对推动广西壮族自治区、贵州省、湖北省少数民族和少数民族地区农村义务教育财政体制改革，对进一步完善民族地区农村义务教育财政的投入结构具有较大的决策参考价值。其中，公开发表的论文《民族地区义务教育财政支出的绩效评价研究——基于湖北恩施土家族苗族自治州的调查》一文被中国优秀硕士学位论文数据库引用多次；《民族地区农村教师资源配置的困境与路径选择》一文被中国优秀硕士学位论文数据库引用多次。

总之，推动民族地区社会经济可持续发展的关键在于教育，而义务教育又是民族地区教育发展的重中之重。因此，探索民族地区义务教育财政支出绩效评价的内在机制，以改进民族地区义务教育财政支出制度，优化民族地区义务教育财政支出结构，改善教育经费合理分担格局，加大中央政府教育转移支付的力度，缩小地区差异，建立民族地区义务教育财政支出绩效评价制度，为政府制定相关政策提供科学的依据，对于加强民族团结、改善民族关系、实现各民族共同发展，具有重要的社会价值和重大的政治意义。